Algunos usos de
civilización y barbarie

Roberto Fernández Retamar

Algunos usos de civilización y barbarie

ocean
sur

7
SEVEN STORIES

New York • Oakland • London

Seven Stories Press/Ocean Sur
140 Watts Street
New York, NY 10013
www.sevenstories.com

ISBN: 978-1-921700-92-7
Library of Congress Control Number: 2013932376

152983483

Índice

Noticia   VII

I

Prólogo a *África en América*   3

Entrada en las Antillas de lengua inglesa   9

Nuestra América y Occidente   17

Contra la Leyenda Negra   63

Algunos usos de civilización y barbarie   89

El mestizaje cultural: ¿fin del racismo?   135

La Casa de las Américas
     ante el Quinto Centenario   141

Pensamiento de nuestra América:
     autorreflexiones y propuestas   155

De Drácula, Occidente, América
     y otras invenciones   191

Concierto para la mano izquierda   207

Un instante, un milenio   213

II

Fanon y la América Latina   219

Martínez Estrada: razón de homenaje   229

Desde el Martí de Ezequiel Martínez Estrada   247

Reyes desde otra revolución   269

Releyendo el undécimo tomo   279

Salvador Allende, muerto en campaña   287

Un siglo para el Amauta   291

Sobre Darcy, cuya lanza no se quebró jamás   303

Benedetti: el ejercicio de la conciencia   307

Leopoldo Zea, incitador de América   323

Notas   332

Noticia

Con el título de este volumen publiqué en Buenos Aires, en 1989 y 1993, sendas ediciones de este libro, el cual conoció una tercera en La Habana, en 2003. Esta última es la que reaparece ahora, como cuarta salida. La tercera formó parte de mis *Obras*, que Letras Cubanas está publicando en mi país, y los ensayos incluidos en esa ocasión (y en esta, que es similar) no eran los mismos que en las dos primeras. Por ejemplo, «Martí en su (tercer) mundo» pasó a formar parte del segundo tomo de dichas *Obras: Introducción a José Martí*, y «Leer al Che», del cuarto: *Cuba defendida*. En cambio, aquí hay trabajos que fueron recogidos en tres libros míos: *Ensayo de otro mundo* (La Habana, 1967; 2da. ed., corregida y aumentada, Santiago de Chile, 1969), *En la España de la eñe* (Badajoz, Santiago de Chile, 2001) y *Concierto para la mano izquierda* (La Habana, 2001), y tres artículos sueltos. Es decir, he redistribuido mis textos. Algunos que formaron parte de los libros recién citados irán a parar a tomos futuros de mi *Obras*; y otros, quizá no reaparezcan en ellas, las cuales no pretenden ser *completas*.

He agrupado los materiales de este libro en dos secciones: la primera aborda cuestiones generales; la segunda, individualidades. Dentro de cada sección, el orden es casi siempre cronológico. Y en ambos casos, señalo la ocasión en que los textos aparecieron originalmente.

Son obvios los vínculos de este libro con otros míos. Sin las lecciones de Martí, sin *Todo Caliban*, estas páginas no existirían, al menos en la forma actual. En el caso presente, al dar al conjunto el título de uno de sus ensayos, el más extenso y el de más vasto horizonte, quiero destacar así cómo fui acercándome a cuestiones que, con un nombre u otro, nos son esenciales: la cuestión del colonialismo en sus diversas formas, y por descontado las del anticolonialismo o contracolonialismo. Tal acercamiento, sobre todo al comienzo, no estuvo exento de ingenuidades o de esperanzas que la historia no sancionaría al menos por ahora. Y aunque algunas leves modificaciones han sido imprescindibles, no he querido, sin embargo, darme a un *aggiornamento* que el lector y la lectora deben realizar por su cuenta, si lo desean. Por otra parte, el que términos como «civilización» y «barbarie» hayan vuelto a ser desenfundados, en el más burdo y agresivo sentido, durante los días que vivimos, revela que los asuntos de que tratan estas páginas no se refieren solo al ayer, a pesar de lo mucho que para mal ha cambiado el mundo desde 1965 (fecha de los más tempranos de estos textos), y no obstante nuevas jergas de complacientes orígenes metropolitanos. Dichas jergas a menudo no hacen sino darles otro barniz a realidades que, lejos de haberse extinguido, se han agravado. Añado, por último, que las traducciones y los énfasis, si no indica otra cosa, son míos.

R.F.R.
La Habana, septiembre de 2006.

I

Prólogo a *África en América**

Esta revista, que aspira a ser voz de la América Latina y el Caribe, ha expresado por ello mismo su voluntad de servir de vínculo entre los países que llaman del Tercer Mundo. Con esta entrega, ratificamos que con los países subdesarrollados extramericanos tenemos contactos estrechos que miran a la semejanza de las osamentas económicas y sociales, y a veces también a la directa filiación humana. Esto último ocurre, concretamente, en el caso del África negra y la América Latina, especialmente esa zona americana que (como se ratifica en este mismo número) algunos autores, por similitud con el término «Indoamérica», han dado en llamar «Afroamérica». Si algún reparo puede hacerse a estas denominaciones, es que ellas hacen pensar en dos entidades autónomas: de un lado lo indio o lo africano, de otro lo «americano»; cuando en realidad esto último es precisamente la fusión, en condiciones distintas a las que les eran habituales, de lo europeo, lo indio y lo negroafricano. Por lo cual lo americano (o, si se quiere, y olvidándonos de la presuntuosa etimología: *lo latinoamericano*) incluye ya todas esas herencias.

Pero aquellas denominaciones tienen la virtud de subrayar con claridad determinados integrantes de nuestra cultura, y de permitir así articular esa cultura en torno a conceptos más científicos que los nombres de nuestros países (ese reguero de vanos pedacitos de

---

* Editorial del número 36-37, mayo-agosto de 1966, de la revista *Casa de las Américas*, dedicado a *África en América*.

papel que es nuestro mapa). Con la reserva apuntada, podemos, pues, aceptar que nuestra América comprende áreas de importante sustrato indio, herederas de las grandes civilizaciones que encontró (y dañó) aquí el europeo, y que esas áreas pueden ser llamadas Indoamérica; otras, donde tales civilizaciones no se habían desarrollado suficientemente a la llegada del europeo, quien con frecuencia las exterminó, y donde este introdujo masivamente africanos, por lo que puede hablarse a propósito de ellas de Afroamérica; y por último, zonas sin sustrato indio ni aporte africano suficientemente numerosos, en que lo europeo conocerá una evolución trasatlántica peculiar. Es cierto que, además de mezclarse entre sí, estas áreas, por la comunidad de estructuras y de problemas (desde lo económico y político hasta lo lingüístico), se integran en una unidad orgánica. Pero no es menos cierto que dichas áreas existen como parcialidades dinámicas, y que al atender a su existencia podemos derivar conocimientos útiles para la totalidad de nuestros países. Eso ocurre, de modo especial, al considerar el área afroamericana. De tal modo es trascendente el estudio de lo que encontramos aquí, que un escritor de otra zona, el argentino Ezequiel Martínez Estrada, pudo escribir estas palabras ya citadas en esta revista: «No somos europeos sino en los abonos artificiales, o en las zonas corticales, mientras el resto del organismo responde al sistema nutritivo y muscular del África.»

La Revolución Cubana ha auspiciado un nuevo acercamiento a este problema. Hasta su aparición, se consideró por regla general meta progresista, entre nosotros, liquidar el prejuicio que pretendía hacer ver a la «raza negra» como inferior a la «blanca». Hoy día, tal actitud se nos presenta como todavía paternalista. Hoy se trata de ir más allá: de asumir África, de asumir todas nuestras tradiciones reales, incluso, por supuesto, las poderosas tradiciones africanas.

No somos África, como no somos Europa: somos América, nuestra América. Pero esta es incomprensible sin sus raíces. Y

África es tanto más nuestra cuanto ahora hemos venido a verificar que las destartaladas naciones que habían surgido en este continente se parecerían mucho más a las que iban a surgir en la misma África, que a los estables y colonizadores países europeos o de la «América europea» que se ha tratado de remedar grotescamente. En otras palabras: África no solo está en nuestra raíz, sino que hoy mismo está hermanada a nosotros, en nuestra condición común de países subdesarrollados. Nos explica como pasado y como contemporaneidad real.

Y esa asunción de todas nuestras tradiciones, esa abertura planetaria (la cual no debe confundirse con la ficción inaceptable de un «Occidente» que se autopostula universal), solo pueden realizarse al fuego de una revolución. En Cuba lo hemos comprobado en tres ocasiones: las guerras contra España, la lucha contra Machado hace cerca de cuarenta años, la actual revolución socialista. En la medida en que las primeras fracasaron, se interrumpió también el proceso de fusión. En cambio, el desarrollo triunfante de la Revolución Cubana a partir de 1959 está soldando al país, lo está consolidando, afirmando y abriendo: como ahora somos más Cuba, somos ahora más África; como somos nosotros, somos mundo.

El propio continente nos ofrece, a solo noventa millas del primer Estado socialista de América, el ejemplo sangriento de los Estados Unidos, ese país que ya Martí vio yendo «de más a menos» y que por su intrínseca decadencia no encuentra —ni puede encontrar, dentro del sistema capitalista— manera de sobrepasar la heterogeneidad de sus orígenes. En vez de ese sobrepasamiento, el mundo contempla hoy allí el espectáculo de perros arrojados sobre ciudadanos negros que reclaman derechos elementales; de hogueras, ahorcamientos, atentados. Las contradicciones de ese país lo han llevado a asumir, sí, una tradición: la de los esclavistas, la de los negreros. «Como no sería un esclavo, no sería tampoco un amo», había dicho en su tierra Lincoln. Pero hoy los gobernantes de ese país se pretenden amos —amos del mundo, que se estiman con derecho a asesinar en Vietnam y se preparan para hacerlo en Cuba—, y esperan que nosotros, los descendientes de esclavos, no transgredamos nuestros límites. Los que se creen amos, consideran a los demás como esclavos. Por ello no puede extrañar la pasión con que los negros norteamericanos abordan sus problemas. Podemos no compartir siempre sus opiniones, pero entendemos, compartimos y admiramos su postura enérgica y violenta, que es hoy honor de su pueblo, honor del ser humano.

Nos ha interesado más, en este número, destacar estos aspectos, que propagar la manía folclórica que pretende vernos a nosotros, los subdesarrollados, como candorosos artífices de objetos destinados a museos y burocráticas instituciones. Nuestro concepto de África en América es bien otro. Con este número rendimos homenaje a un gran continente, África, que fue volcado a la fuerza en otro, América, cuya cultura contribuyó, contribuye a formar. Rendimos homenaje a hombres de carne y hueso que se han revelado creadores, valientes y a la altura de cualesquiera otros hombres. No ocultamos que esto nos enorgullece. Por otra parte, en vano hubiéramos pretendido ofrecer un panorama medianamente completo. Ese panorama sería nuestra historia toda. Aquí solo hemos podido tocar algunos puntos. Cualquier lector echará de menos aspectos tan definitivos como la música, que desde el jazz norteamericano hasta el tango rioplatense, pasando por las poderosas contribuciones de las Antillas y el Brasil, constituye la más perdurable creación lograda en este orden por nuestro continente. Su propia difusión, y la de otros aspectos similares, no hacía menester insistir en ellos. A pesar de esas ausencias, ofrecemos aquí un conjunto importante.

Como de costumbre, los textos fueron enviados especialmente para este número —con excepción del gran estudio, no superado hasta el día, del desaparecido Alfred Métraux; y, desde luego, de los «Documentos»,[1] la mayoría de los cuales se da por vez primera en español.

Creemos que es imprescindible dejar constancia, al frente de este número, de la importancia que poseen los trabajos del maestro que inició entre nosotros con rigor científico, a principios del siglo XX, los estudios del aporte africano a nuestra cultura: don Fernando Ortiz. Que en su venerable ancianidad haya tenido fuerza, tiempo y voluntad para dar un texto con destino a este número, aumenta nuestra gratitud a su persona y su obra. Es, pues, justo que esta entrega le esté dedicada, pues él adelantó y defendió valientemente lo que es hoy nuestra visión de nosotros mismos.

Entrada en las Antillas
de lengua inglesa*

A George Lamming y Kamau Brathwaite

Pocos países de nuestra América menos conocidos que los que forman el área caribeña de lengua inglesa. Y, sin embargo, su importancia es muy grande. Surgidos, como los demás países de la zona, de un atroz colonialismo, ejemplifican la originalidad, el tesón, la capacidad creadora de nuestros pueblos: y las tremendas dificultades que confrontan.

No está de más recordar lo que representa en nuestra historia, en la historia en general, el Caribe. No existe una encrucijada comparable en nuestra América, y no hay muchas así en el mundo todo. Al Caribe llegaron en el alba del capitalismo los primeros europeos, los mal llamados descubridores, y aquí comenzaron a implantar en América su «civilización devastadora», de que habló Martí, «dos palabras que, siendo un antagonismo, constituyen un proceso»: ella implicó el aplastamiento de la población aborigen, y la esclavización de millones de hombres y mujeres descuajados salvajemente del gran continente africano para hacer producir plantaciones, cuya estructura daría homogeneidad a la zona, desde el sur de los actuales Estados Unidos hasta el nordeste brasileño, pasando por el arco de las Antillas. Aquí, los gángsteres náuticos de las grandes

---

* Editorial del número 91, julio-agosto de 1975, de la revista *Casa de las Américas*, dedicado a *Las Antillas de lengua inglesa*.

potencias dirimían sus querellas de cuatreros, a las que sus mentidas historias darían pomposos nombres de guerras, almirantes y tratados. Aquí sobreviven aún, con un nombre u otro, colonias de los viejos imperios destartalados, y hasta del imperio yanqui (véase a Puerto Rico), que ya ha empezado a su vez a ser viejo. Pero aquí surgió también la primera revolución victoriosa de nuestra América, la formidable Revolución Haitiana, que venció (antes que España y Rusia) a tropas napoleónicas, abolió la esclavitud y abrió el camino a la independencia latinoamericana. Aquí se realizó, a finales del siglo XIX, la primera acción concreta para impedir «que se extiendan por las Antillas los Estados Unidos y caigan, con esa fuerza más, sobre nuestras tierras de América».[1] Aquí se inició en 1959, con la Revolución Cubana, la segunda independencia de nuestra América, el imperialismo yanqui sufrió en Girón, en 1961, su primera gran derrota militar en América, y el socialismo triunfante se hizo realidad en el Continente. Aquí se formaron hombres y mujeres como Toussaint L'Ouverture, J.J. Dessalines, A.S. Pétion, Henri Christophe, Paul Bogle, Carlos Manuel de Céspedes, Ramón Emeterio Betances, Máximo Gómez, Ignacio Agramonte, Ana Betancourt, Mariana Grajales, Antonio Maceo, José Martí, Charlemagne Péralte, Amy Jaques y Marcus Garvey, Pedro Albizu Campos, Julio Antonio Mella, Rubén Martínez Villena, Antonio Guiteras, Norman y Edna Manley, Jesús Menéndez, Lolita Lebrón, Fidel y Raúl Castro, Haydée y Abel Santamaría, Juan Almeida, Frank País, Camilo Cienfuegos, Francisco Caamaño. Aquí fueron atraídos héroes como Simón Bolívar, Henry Reeves, Carlos Roloff, Leoncio Prado, José Miró Argenter, Carlos Aponte, Ernesto Guevara, Tania. Aquí han nacido pensadores y escritores como Félix Varela, José María Heredia, Thomas Madiou, Beaubrun Ardouin, José Antonio Saco, José de la Luz, Gertrudis Gómez de Avellaneda, Eugenio María de Hostos, Antenor Firmin, Manuel de J. Galván, J.J. Thomas, Hannibal Price, Enrique José Varona, Juan

Gualberto Gómez, Fernando Ortiz, Ramiro Guerra, Emilio Roig de Leuchsenring, José Luciano Franco, Camila y Pedro Henríquez Ureña, Claude McKay, Jean Price Mars, Regino Pedroso, Juan Marinello, Nicolás Guillén, Pablo de la Torriente, Luis Palés Matos, Alejo Carpentier, C.L.R. James, Juan Bosch, Jacques Roumain, Roger Mais, Aimé Césaire, Eric Williams, Pedro Mir, Louise Bennet, Frantz Fanon, Jacques Stephen Alexis, Jacques Viau. Aquí, en el área marcada a fuego por la plantación, la fusión intensa de herencias africanas y europeas ha hecho brotar la música popular del siglo XX.

Pero aunque el Caribe de lengua inglesa no puede entenderse fuera del contexto general del Caribe, hemos querido consagrarle a aquel un número especial (como hicimos ya con Puerto Rico, y en otras áreas como México, Uruguay, Perú, Chile o Panamá), para destacar sus aportes y problemas específicos.

Cuba, por su condición de primer país socialista de América y a la vez de isla antillana de lengua española, se encuentra en una situación particularmente propicia para dar a conocer a los otros países de nuestro idioma las creaciones y problemas de las Antillas de lengua inglesa: creaciones y problemas tan cercanos a los nuestros. Después de todo, solo nos distingue el remitirnos a metrópolis diferentes, con las consecuencias lógicas que ello implica: habiendo sido Inglaterra el país europeo de crecimiento capitalista más uniforme y desarrollado, su colonialismo en esta zona, en comparación con el de España, fue también más desarrollado (es decir, más implacable, más subdesarrollante), y sus colonias, en consecuencia, para que Inglaterra fuera más rica, fueron ellas mismas más subdesarrolladas. Baste recordar los males pavorosos de la plantación en aquellas Antillas: su latifundio canceroso, su absentismo parasitario, su predominio abrumador de la mano de obra esclava; o el hecho elocuente de que la independencia política no llegara a esos países sino en estos años inmediatos: en

1962, a Jamaica y Trinidad-Tobago; en 1966, a Guyana y Barbados; en 1974, a Granada. Por lo demás, sus problemas son nuestros problemas; sus términos, nuestros términos: colonialismo, neocolonialismo, imperialismo, subdesarrollo, racismo; latifundio, plantación, monocultivo; esclavitud, travesía, trata; hacendados, mayorales, esclavos, cimarrones; caña, café, banano («plátano» decimos de preferencia en Cuba); ingenio, casa de vivienda («great house» dicen allá, traduciendo del portugués del Brasil: «casa grande»), barracón. No es solo que tengamos las palabras: es que tenemos los complejos culturales correspondientes. A veces, desde luego, el sincretismo no da resultados exactamente iguales, pero sí harto parecidos: la «pocomania» jamaicana (como el «vodú» haitiano) equivale a nuestra «santería»; ¿y habrá que explicarle a un cubano lo que es un «calypso» de Trinidad?: ¿acaso a nuestros raigales «soneros» no corresponden sus raigales «calypsoneros»? Orígenes, dolores, problemas, mezclas, creaciones, luchas, esperanzas: por encima de fútiles diferencias lingüísticas y de otra naturaleza, todo nos une no solo en una geografía común, sino sobre todo en una historia común. La cual ha de estar hecha de porvenir mucho más que de pasado.

A la serie de ensayos y de materiales poéticos y narrativos que reunimos en esta entrega (y que no tienen pretensión antológica, ya que carecemos de información para ello, sino la voluntad de ofrecer unas cuantas muestras del alto nivel alcanzado por esa literatura), hemos añadido, como «Documentos», algunas páginas que testimonian el pensamiento anticolonialista del área. Con frecuencia, ese pensamiento, al rechazar las grotescas imposiciones metropolitanas, ha reivindicado con energía el orgullo de nuestras raíces africanas. Indudablemente esa prédica contribuyó al combate contra el colonialismo y el neocolonialismo, y a dar confianza en sí y sentido de su dignidad al oprimido y al discriminado, incluso más allá de nuestras fronteras: es magnífico, por ejemplo, que la estrella negra de Garvey haya sido llevada por N'Krumah a la bandera de Ghana. Pero también el enemigo ha sabido tergiversar en no pocos casos esa lucha admirable, valiéndose de lo que René Depestre ha llamado «las aventuras de la negritud». Así, sangrientos tiranos en Haití o títeres neocolonialistas en África han pretendido encubrir sus fechorías con el manto de una supuesta «negritud» que evaporaría la lucha de clases y haría plausible la explotación y el crimen si el explotador inmediato —el mediato es el sistema capitalista mundial—, si el mayoral fuera de la misma «raza» que el explotado. Contra esta mistificación escribió el presidente de Guinea Sekú Turé:

> No hay cultura negra, ni cultura blanca, ni cultura amarilla. Como no hay tampoco civilización negra, ni civilización blanca, ni civilización amarilla. // Hay pueblos de colores diferentes, religiones diferentes, nacionalidades diferentes, que expresan en forma diferente sus pensamientos, sus voluntades, y utilizan para hacerlo medios diversos y diferentes según el nivel de su desarrollo intelectual, técnico y moral. // La negritud es, pues, un concepto falso, un arma irracional que favorece lo irracional fundado en la discriminación racial, arbitrariamente ejercida con los pueblos de África, de Asia, y con los hombres de color en América y Europa.[2]

Ya Martí, en vísperas de desencadenar la guerra de 1895, había proclamado: «Hombre es más que blanco, más que mulato, más que negro. Cubano es más que blanco, más que mulato, más que negro.» Y Ho Chi Minh diría en este siglo: «a pesar de la diferencia de colores no hay más que dos razas en el universo: la de los explotadores y la de los explotados».

En las Antillas, donde se mezclan hombres y mujeres de todos los colores y de todos los orígenes, este hecho es patente. Constituimos lo que Fanon llamó «pueblo antillano»,[3] formado

por haitianos y cubanos, jamaicanos y puertorriqueños, domini-
canos y barbadienses, martiniqueños y guyaneses, ciudadanos de
Trinidad-Tobago y de Surinam y de Guadalupe y de Curaçao y de
Aruba y de otros países; hombres y mujeres cuyos antepasados vinieron o fueron traídos de África, de Asia, de Europa, pero que, en
última instancia, sin desdeñar en absoluto nuestros orígenes, nos
definimos sobre todo por lo nuevo que creamos en común, por el
futuro que hemos de construir en lucha: un futuro sin explotación,
sin discriminación, sin miseria, sin analfabetismo, sin colonialismo,
sin imperialismo: sin capitalismo, en fin, que es la causa de los males anteriores.

Una última observación preliminar: el nombre. Los antillanos
de lengua inglesa suelen rechazar que su área sea incluida dentro
de la «América Latina», aduciendo el escaso papel desempeñado
por el mundo latino en su formación. No les faltaría razón en esto,
si «América Latina» fuera una definición científica, como la de un
cuerpo químico, y no un mero nombre, como el de un río o una
persona. Pero sobre esta base, no se ve por qué preferir la denominación «West Indies», ya que «Indias Occidentales», lejos de ser
una definición, es la consagración de un error. Nosotros traduji-
mos en los textos de este número «West Indies» como «Antillas»
(y a menudo, aunque en el original no se dijera explícitamente,
«Antillas de lengua inglesa»), según los versos de Nicolás Guillén
en su magnífico *West Indies Ltd.* de 1934: «West Indies, en inglés.
Y en castellano, / las Antillas». (Como también «indio», por lo
general, significa en las páginas que siguen «proveniente de la
India».) No podemos olvidar que en esto, como en tantas cosas,
nos nombró el enemigo.

«Todavía, con toda precisión, no tenemos siquiera un nombre»,
dijo Fidel hace cuatro años. Pero no vale la pena desangrarse en
discusiones que pueden hacerse bizantinas. Lo importante, lo indiscutible es que las Antillas de lengua inglesa (incluida por supuesto

Guyana), como las de lengua española o francesa u holandesa, o las que hablan *créoles*, o papiamento u otras lenguas, son, todas, partes de nuestra América: la que se extiende «desde donde corre el Bravo fiero hasta donde acaba el digno Chile», y abarca «las islas dolorosas del mar»: esa América que es una «en el origen, en la esperanza y en el peligro».

Nuestra América y Occidente*

A Pablo González Casanova y Abelardo Villegas

Clarificar las denominaciones

El intento (la necesidad) de definir el ámbito histórico propio de nuestra América va acompañado, como es habitual en casos similares, por la búsqueda de la denominación que mejor corresponda a ese ámbito: esa denominación contribuye a mostrar el grado de conciencia que se tiene de aquello que se aspira a aprehender. El hecho, sin embargo, no debe exagerarse: aunque uno de los primeros países en constituirse como nación en el mundo moderno haya sido España, el término «español» no es español, sino provenzal, como señaló el profesor suizo Paul Aebischer (*Estudios de toponimia y lexicografía románica*, Barcelona, 1948) y glosó con complacencia, y su gota de delirio, Américo Castro (*Español palabra extranjera: razones y motivos*, Madrid, 1970).

En el caso de nuestra América, los nombres sucesivos que ella ha ido recibiendo, en un proceso que al parecer aún no ha concluido, revelan no solo indecisión en cuanto al nombre, sino también un ensanchamiento del área geográfica e histórica que le corresponde. Bien puede decirse, pues, que se trata de un concepto en expansión.[1] Su mayor antecedente concreto hay que buscarlo en el magno

---

*   Publicado originalmente en *Casa de las Américas*, no. 98, septiembre-octubre de 1976.

proyecto de Bolívar, quien al convocar desde Lima, el 7 de diciembre de 1824, al congreso que se celebraría en Panamá dos años después, reitera su confianza en que «las repúblicas americanas, antes colonias españolas, tengan una base fundamental». Cuando, en la segunda mitad del siglo XIX, surja y se difunda la denominación «América Latina», ella abarcará no solo a «las repúblicas americanas, antes colonias españolas», sino también a otras como Brasil y Haití. Por último, su contenido es aún mayor cuando José Martí escribe en 1884: «Pueblo, y no pueblos, decimos de intento, por no parecernos que hay más que uno del Bravo a la Patagonia.» Y aunque el propio Martí usara ocasionalmente, entre otras, la expresión «América Latina», prefirió sobre todo la denominación «nuestra América», la cual permite no quedar presos de las trampas etimológicas. La «América Latina» (más allá de lo que en un principio se quiso que esta expresión significara, es decir, tomada *ahora* como sinónimo de «nuestra América») incluye no solo pueblos de relativa filiación latina, sino también otros, como los de las Antillas de lengua inglesa y holandesa, más bien alejados de tal filiación; y, por supuesto, los grandes enclaves indígenas. En este sentido amplio emplearé la expresión.

Una tarea que debía ayudarnos a delimitar el ámbito histórico latinoamericano consiste en confrontar su realidad con la propia de otro ámbito al que hemos estado vinculados, y que, al parecer, disfruta de más claridad en cuanto a su propia definición: el llamado «Occidente» o «mundo occidental». Esa confrontación es lo que me propongo hacer, de manera sumaria, en estas páginas, a partir de la forma como ella ha sido abordada por pensadores latinoamericanos representativos a lo largo de nuestra historia. Sin embargo, un problema se presenta de inicio: la farragosa bibliografía en torno a «Occidente» o «mundo occidental», al contrario de lo que podría pensarse por el uso frecuente de estos términos, es, en general, harto insatisfactoria y escandalosamente mistificadora. Para saber qué es «Occidente» o «mundo occidental», me ceñiré a algunos datos, mínimos, abriéndome paso entre la maleza.

«La segunda posguerra», escribió José Luis Romero en 1953, «ha dejado de hablar de "cultura occidental" y prefiere hablar de "mundo occidental".»[2] Lo que no sabemos con exactitud es cuándo empezó a hablarse de «cultura occidental», de «civilización occidental» o de «Occidente» a secas, en el sentido que tiene hoy. Es cierto que «Occidente» remite en Europa, sobre la base de obvias alusiones geográficas, a imperios políticos y cismas religiosos, pero el contenido moderno del término es otro. La expresión apenas se insinúa en las *Lecciones sobre la filosofía de la historia universal*, de Hegel,[3] quien prefiere hablar allí de «el corazón de Europa» (I, p. 108), «el hombre europeo» (íd.), «la humanidad europea» (I, p. 209), cuando no de «el mundo germánico» (II, cuarta parte). Sabemos, sin embargo, que antes de mediar el siglo XIX se hablaba en Rusia de los «occidentalistas», es decir, los modernizadores frente a las trabas feudales; y en nuestra América, por esa fecha, Andrés Bello se refería, con un sentido ya cercano, a «Occidente». En la propia Europa occidental, el uso de la denominación está ya ampliamente extendido en la segunda mitad del siglo XIX. Sin embargo, su apogeo vendrá en el siglo XX, a raíz del triunfo de la Revolución de Octubre en Rusia, y en abierta oposición a ella, cuando Spengler publique su *Decadencia de Occidente* (1918-1922), y se afirmará con *Estudio de la historia* (1934-1954), de Toynbee. Las raíces violentamente reaccionarias de estas obras (Chamberlain en un caso,[4] Gobineau en otro)[5] explican su boga, hace unos años, en los países capitalistas, y el uso de «cultura occidental», «mundo occidental» u «Occidente» (enfrentado a «Oriente») como arma predilecta del arsenal ideológico burgués durante la etapa más cruda de la Guerra Fría.

Una definición serena y aceptable del concepto la ofreció en 1955 Leopoldo Zea al decir: «llamo mundo occidental u Occidente al conjunto de pueblos que en Europa y en América, concretamente los Estados Unidos de Norteamérica, han realizado los ideales culturales y materiales de la Modernidad que se hicieron patentes a partir del siglo XVI».[6] ¿A partir del siglo XVI? En el primer tomo de *El capital* (1867), Marx había escrito: «aunque los [...] inicios de producción capitalista ya se nos presentan esporádicamente en los siglos XIV y XV en algunas ciudades del Mediterráneo, *la era capitalista* solo data del *siglo XVI*».[7] Ya José Carlos Mariátegui había hablado en 1928 de «la sociedad occidental o, mejor dicho, capitalista». Y el propio Zea dirá en 1957: «el capitalismo, esto es, el mundo occidental».[8]

Ahora estamos en terreno más firme: aquellos países, primero de Europa, como Holanda, Inglaterra, Francia, Alemania, y luego de zonas pobladas por europeos[9] (quienes las despoblaron o casi de *los otros*), que conocieron un pleno desarrollo capitalista, son «el mundo occidental». El boticcelesco surgimiento de ese «mundo» (es decir, del capitalismo) fue descrito en líneas inolvidables por Marx:

> El descubrimiento de las comarcas auríferas y argentíferas en América, el exterminio, esclavización y soterramiento en las minas de la población aborigen, la conquista y saqueo de las Indias Orientales, la transformación de África en un coto reservado para la caza comercial de pieles-negras, caracterizan los albores de la era de producción capitalista. Estos procesos idílicos constituyen *factores fundamentales de la acumulación originaria.*

A partir de tales «procesos idílicos», el mundo occidental creció vertiginosamente, a expensas del resto del planeta, cuya explotación fue imprescindible para el desarrollo de aquel. En la propia Europa, su parte *geográficamente* más occidental (España y Portugal), que haría tan importante contribución al desarrollo capitalista *de otros países*, no conocería ella misma, sin embargo, ese desarrollo, quedando al cabo marginada de Occidente (como una zona arcaica que podría llamarse «paleoccidental»), lo que afectaría de modo decisivo el destino de su vasto imperio colonial americano.

Si las metrópolis ibéricas, España y Portugal, quedaron en la periferia de Occidente, no es extraño que a sus colonias americanas les correspondiera destino similar. Sin embargo, no le falta razón a José Luis Romero cuando habla de América como del «primer territorio occidentalizado metódicamente». No solo por el trasvasamiento a estas tierras, a partir del siglo XVI, de múltiples elementos culturales provenientes en lo inmediato de Europa, que aquí vendrían a conocer nueva vida y a fundirse con otros elementos, sino porque nuestra América está uncida, desde la arrancada misma del capitalismo, al mundo occidental, a cuyo desarrollo contribuyó decisivamente la rapaz y múltiple explotación (colonial primero y neocolonial después) que nuestros países, en su mayoría, no han dejado aún de padecer. Autores como Spengler pueden considerar a la América Latina excluida de Occidente, lo que se corresponde con el hecho de que, en el interior del mundo capitalista, los nuestros no son países explotadores, sino explotados: pero, *por eso mismo*, vinculados unos y otros en una historia común. Independientemente del grado de conciencia que se tuviera de ello, esa vinculación, esas relaciones han sido esenciales y permanentes, desde los orígenes mismos de lo que iban a ser tanto «el mundo occidental» como «la América Latina», que *se desarrollan a la vez*, dialécticamente enlazados, a partir del siglo XVI. Es absurdo pretender trazar la historia de nuestros países con prescindencia de la de esos otros países, los «occidentales». ¿Pero se ha visto con bastante claridad que también es imposible trazar la verdadera historia de tales países con prescindencia de la nuestra? Esto es lo que subraya, por ejemplo, Eric Williams en su *Capitalismo y esclavitud*

(1944). Lo que no obsta, desde luego, para que exista una historia individual (es decir, una realidad específica) tanto de aquellos países como de los nuestros. Enrique Semo ha escrito con razón:

> en cada etapa de desarrollo de la formación socioeconómica de los países latinoamericanos, está presente la relación metrópoli-colonia, que se transforma así en *una constante* de su historia, pero no en *su historia*, como lo quisieran algunos historiadores y economistas que subestiman o niegan la importancia de los factores internos y que reducen el complejo devenir histórico a la dicotomía simplificada metrópoli-colonia.[10]

Las ideas expuestas por latinoamericanos sobre las relaciones entre nuestra América y el mundo occidental se inscriben dentro de este complicado marco histórico.

Las primeras visiones

Escritores antillanos como Aimé Césaire y Frantz Fanon, nacidos en colonias francesas, han denunciado el absurdo de que a los niños negros de esas Antillas se les enseñara en la escuela a repetir: «Nuestros antepasados los galos...» Esta denuncia es desde luego irreprochable. Pero vale la pena llamar la atención sobre la violencia que también supone el que a los niños en Francia se les haga repetir esa frase. Pues los galos ¿son los antepasados de quienes ni hablan su lenguaje, ni visten como ellos vistieron, ni fueron educados en sus creencias, ni apenas son sus herederos «raciales», es decir zoológicos? ¿No sería más congruente que a esos niños se les enseñara a decir: «Nuestros antepasados, los invasores (o aun los descubridores) de la Galia...»? Sin embargo, tal cosa, según lo que sé, no ocurre. Todavía hoy, Asterix el galo es el héroe de los niños (y de los mayorcitos) franceses, quienes, leyendo y viendo sus simpáticas aventuras, escritas por cierto en una lengua neolatina, no se identifican con las tropas romanas, sino con el pequeño e imaginario héroe galo y sus amigos. Esas violencias, dolorosas o risueñas, conforman la historia, la tradición de un país. Sin embargo, no faltan aquellos a quienes siguen pareciendo escandalosas las palabras angustiadas que Martí escribiera hace más de ochenta años: «La historia de América, de los incas a acá, ha de enseñarse al dedillo, aunque no se enseñe la de los arcontes de Grecia. Nuestra Grecia es preferible a la Grecia que no es nuestra. Nos es más necesaria.»[11] No hay, sin embargo, otra manera de abordar seriamente nuestra historia que arrancar de sus verdaderas raíces. Y las raíces verdaderas de lo que iba a ser llamado América son, desde luego, los hombres que la descubrieron y poblaron y levantaron sobre su suelo culturas tan extraordinarias como cualesquiera otras. Solo que, para empezar, un término infeliz ha contribuido a embrollarlo todo, con plena conciencia de quienes, *pro domo sua*, lo forjaron y contribuyeron a propagarlo.

A lo largo de la historia, hay numerosos casos de encuentros de dos comunidades y sojuzgamiento de una por otra.[12] El hecho ha solido llamarse de muy diversas maneras: a menudo, recibe el nombre de invasión o migración o establecimiento. Pero la segunda llegada de europeos a estas tierras (la primera, la de los vikingos, ocurrió sin pena ni gloria, hace cerca de un milenio), llegada que podría llevar distintos nombres (por ejemplo, El Desastre), ha sido reiteradamente llamada descubrimiento, El Descubrimiento. Tal denominación, por sí sola, implica una completa falsificación, un Cubrimiento de la historia verdadera. Los hombres, las culturas de estas tierras pasan así a ser cosificados, dejan de ser sujetos de la historia para ser «descubiertos» por el Hombre, como el paisaje, la flora y la fauna. Y este nombramiento implica la teorización de una praxis incomparablemente más lamentable. La pavorosa destrucción que los paleoccidentales —y luego los occidentales de pleno derecho, con más brío y desfachatez— realizan de los aborígenes americanos, será considerada por Celso Furtado «una verdadera hecatombe demográfica […] casi sin paralelo en la historia humana»; y Laurette Séjourné no vacila en llamarla «un cataclismo, frente al cual palidecen las más sombrías catástrofes de la historia».[13] Así se inició la metódica occidentalización de América de que hablaría José Luis Romero.

La primera visión que en estas tierras se tiene de lo que iba a ser el mundo occidental, es la visión de aquella «hecatombe», de aquel «cataclismo»: la visión que pudieron transmitir los sobrevivientes de aquellos aborígenes a quienes llamaría paleolatinoamericanos, de no ser el nombre tan paquidérmico. Poco ha llegado a la posteridad de esa inicial visión indígena: en las páginas piadosas y enérgicas de hombres como Bernardino de Sahagún; en textos como los que compilara Miguel León Portilla en los libros *Visión de los vencidos* (1959) y *El reverso de la conquista* (1964). Es la imagen del espanto y del horror que van sembrando a lo largo de un continente aquellos a quienes los sitiados en Tenochtitlan llaman los «popolocas»; o como traduce el padre Garibay: los bárbaros.

Pero si a algunos pueden parecer escandalosas las palabras en que Martí se refiere a los indígenas americanos como nuestros primeros antecesores, más escandalosas aún les parecerán a muchos las palabras en que Alejandro Lipschütz llama al negro africano traído a América como esclavo el «indígena "importado"»: el hombre que vino a ocupar en muchas zonas de América el lugar del indio en vías de extinción, «dándole a él también calidad de indígena esclavizado».[14] La visión que estos otros antecesores de los latinoamericanos actuales tienen del mundo occidental apenas difiere, naturalmente, de la de los otros «vencidos», los aborígenes americanos, aunque tuvo aún menos ocasión de ser documentada, y se halla desperdigada en cantos y plegarias. Pasado el primer tercio del siglo XIX, un esclavo negro cubano de gran talento, Juan

Francisco Manzano, escribirá su autobiografía, donde se continúa esa dolorosa visión.

Sobre estas comunidades indígenas —la del indio autóctono; la del negro, «indígena "importado"»—, arrojadas brutalmente a la base de la pirámide en calidad de esclavos abiertos o velados, se sobreimponen, como explotadores, los hombres venidos de Europa, situados entre un feudalismo en derrota que aquí recibirá un aire a la vez nuevo y pútrido, y un capitalismo incipiente que pugna por abrirse paso. Si indios y negros africanos saben inequívocamente, desde el primer instante, que ellos son otra cosa que el mundo occidental —y se convierten así, en cierta forma, en reservas de la otredad americana—, los descendientes más o menos directos de europeos tardarán muchos años en sentirse realmente distintos, si no de los europeos en general, al menos de los correspondientes metropolitanos. Muy pronto, sin embargo, van surgiendo rasgos diferenciadores que durante mucho tiempo no tienen más que un significado colonial: o, a lo más, provincial. Así, el nacido en América se distinguirá del nacido del otro lado del Atlántico por ser *criollo*. Es significativo que este término, que aparece ya a finales del siglo XVI,[15] se emplee inicialmente, en el portugués del Brasil —de donde irradiará a los otros idiomas—, para designar al negro *americano*, ya no africano, y solo más tarde abarque también al blanco nacido aquí, hasta quedar, finalmente, reservado de preferencia a este último. Para entonces, han ido surgiendo barruntos de burguesías latinoamericanas que al cabo, en el siglo XVIII, se sentirán entrabadas dentro de las osificadas y parasitarias estructuras de los imperios ibéricos. El hombre que no dudaba en considerarse un español —o un portugués— de Ultramar, comienza a subrayar con orgullo su condición *criolla*, es decir, distinta. A principios del siglo XIX, el sagaz Alejandro de Humboldt podrá escribir: «los criollos prefieren que se les llame *americanos*; y desde la paz de Versalles, y especialmente después de 1789, se les oye decir muchas veces con orgullo: "yo no soy *español*: soy americano"».[16] A la dramática otredad del indígena —y de aquel, lleno de futuro, a quien Martí llamará «el mestizo autóctono»— viene a sumarse la relativa otredad del criollo. Que ella es relativa, lo revelará el siglo XIX, al final del cual Martí podrá hablar con toda justicia de «el criollo exótico». Pero, por el momento, se abre la primera posibilidad concreta de ruptura.

De la primera independencia a la neocolonia

Y esa primera posibilidad concreta de ruptura, que acabará encarnando en las guerras de independencia, va acompañada por la pregunta sobre la especificidad de nuestra América, sobre su relación con el mundo, el cual resulta ser de hecho el mundo más o menos occidental: pregunta que de momento asume con frecuencia la forma de una polémica con las respectivas metrópolis. Esas metrópolis eran varias: sobre todo, dada la extensión en América de sus dominios coloniales, España y Portugal, las cuales para entonces ya era obvio que constituían naciones atrasadas; la lucha contra ellas, pues, adquiriría también el sentido de una modernización. Ese no era el caso, sin embargo, en lo tocante a otras metrópolis (Francia, Inglaterra, Holanda), que tenían en el Caribe pequeñas posesiones de donde extraían pingües ganancias.

Contra Inglaterra se había peleado ya en la otra América una guerra anticolonialista y revolucionaria: la que daría la independencia a las Trece Colonias. Y si bien el mundo había conocido en los siglos XVI y XVII las revoluciones burguesas de Holanda e Inglaterra, «la guerra norteamericana por la independencia en el siglo XVIII», de la que nacerían los Estados Unidos, «tocó a rebato para la clase media de europea».[17] No es extraño, pues, que repercutiera entre las capas entonces más avanzadas de nuestra América, las cuales, sin embargo, como se pondría de manifiesto a lo largo del siglo XIX, no compartían los caracteres ni las condiciones de las que encabezaron la lucha en las Trece Colonias. Era con los estados semifeudales y esclavistas del Sur de los Estados Unidos con los que cabría comparar a buena parte de nuestra América. Y esos estados habrían de ser combatidos y vencidos por los del Norte, casi un siglo después de la *Declaración de Independencia* de 1776, para hacer viable el pleno desarrollo del capitalismo en aquel país, cuyos habitantes merecieron así, en lo adelante, el título que les daría Toynbee de «occidentales americanos».[18]

Sin embargo, entre finales del siglo XVIII y buena parte del siglo XIX, más repercusión tuvieron en nuestra América los aportes ideológicos y prácticos de la Revolución Francesa y sus consecuencias, y la astuta política inglesa en torno a los destartalados imperios ibéricos. Aunque presentándose como modelo tentador e incluso deslumbrante para las balbucientes burguesías latinoamericanas, solo al final del siglo XIX, cuando ya han engullido la mitad del territorio mexicano, se han consolidado como nación de capitalismo monopolista y preparan las primeras aventuras imperialistas, los Estados Unidos comienzan a influir directa y poderosamente en los destinos latinoamericanos. Estas son las principales realidades occidentales que pesan sobre el vasto, complejo e inconcluso proceso de independencia de nuestra América, y sobre las ideas que lo acompañan.

Ese proceso, que está aún por estudiarse en profundidad, puede ser visto en tres momentos, que implican otras tantas maneras de plantear nuestras relaciones con el mundo occidental: la Revolución Haitiana, entre finales del siglo XVIII y principios del XIX; la separación de las colonias ibéricas continentales, que comienza en 1810; y la guerra de independencia de Cuba, a finales del siglo XIX. Los dos momentos iniciales (la primera independencia de nuestra América) implican luchas contra naciones europeas y contra colonialismos más o menos tradicionales, además de esfuerzos por consolidar en el Continente burguesías nacionales. El tercer momento supondrá una lucha no solo contra un viejo colonialismo, sino contra el naciente imperialismo, y no está encabezado ya por un proyecto de burguesía nacional: razones por las cuales, más que verlo como el último capítulo de este proceso, lo que también es, debe considerársele sobre todo como el primer capítulo de un nuevo proceso: el que ha de conducir a la segunda, definitiva independencia.

En la Revolución Haitiana, que suele olvidarse que es el inicio de la independencia de nuestra América,[19] se dan situaciones extraordinarias, únicas; y situaciones que reaparecen, con variantes lógicas, en otras zonas americanas, e incluso en otras zonas coloniales del resto del mundo. Entre las primeras, baste recordar su condición íngrima de victoriosa revolución de esclavos. Entre las segundas, el hecho memorable de ver a L'Ouverture y a Dessalines esgrimir las ideas más avanzadas y generosas de Occidente (las ideas igualitarias, anticolonialistas y antiesclavistas de la Revolución Francesa en ascenso) contra las tropas opresoras del representante y heredero directo de aquella revolución burguesa, Napoleón: tropas que debían restablecer en Haití el colonialismo y la esclavitud. Se revela así en nuestra América, de manera ejemplar, la contradicción entre admirables ideas de Occidente y la praxis de ese mismo Occidente. Es fenómeno que veremos repetirse con frecuencia: hasta que el capitalismo en ocaso, definitivamente curado de toda veleidad revolucionaria, ajuste su teoría con su práctica, y engendre ideas tan deleznables como su propia acción: será «el asalto a la razón», según la expresión luckacsiana, que acabará conduciendo al fascismo desembozado, y de cuyas raíces pueden hablar larga y dolorosamente los pueblos latinoamericanos, y los pueblos coloniales y semicoloniales en general.

Si bien la Revolución Haitiana ayudó a la independencia de las colonias iberoamericanas continentales (recuérdese el generoso auxilio de Pétion a Bolívar), su repercusión en los países de estructura similar al Santo Domingo francés fue compleja. Ante el ejemplo haitiano, que en cierta forma coronaba y enriquecía un cimarronaje multisecular, las oligarquías criollas de los países esclavistas de economía de plantación, situados en las Antillas, se sustrajeron a la onda emancipadora, para no correr el riesgo de ver repetirse los sucesos haitianos en sus propias tierras. Ello reforzó sus nexos con las metrópolis, especialmente allí donde un latifundio devorador y un frecuente absentismo habían restado ya toda fuerza y arraigo a esa clase sin porvenir alguno, como en las colonias inglesas, cuyas oligarquías habían permanecido sordas a la «campanada» de 1776. Ello explica que las colonias inglesas del área no empezaran a conocer la independencia política sino hasta la séptima década *del siglo XX*; y que la única colonia holandesa en América que haya alcanzado su independencia haya sido Surinam, *en noviembre de 1975.*

En las colonias ibéricas de economía de plantación, sin embargo, aunque el ejemplo haitiano sofocó también, por el momento, las ansias separatistas de las oligarquías nativas (las cuales, además, en el caso de Cuba, conocieron un súbito enriquecimiento al heredar los mercados de Haití), el desarrollo relativamente limitado del latifundismo y del absentismo, entre otras razones, permitió el crecimiento de un patriarcado criollo que entraría en contradicción con la metrópoli. Por ejemplo, pocos pensadores latinoamericanos defendieron con tanto vigor y tanta continuidad la existencia de una nacionalidad distinta de la metropolitana (en este caso, la cubana frente a la española) como José Antonio Saco. Aunque en él el concepto de nacionalidad cubana excluía a los negros, a los que llama siempre «africanos» (a pesar de ser la mitad de la población del país), lo que nos recuerda, *mutatis mutandis,* a pensadores de otras zonas americanas, como muchos del Cono Sur, con la consiguiente demanda, en ambos casos, de inmigración «blanca»; sin embargo, tal concepto defendido tenazmente por Saco, por insuficiente que fuera, no llegó a cuajar en el patriciado de las colonias inglesas y holandesas del área, y contribuye a explicar la distinta evolución histórica de estas últimas en relación con las Antillas de lengua española.

Pero si tales fueron entonces las reacciones del patriciado criollo antillano frente a la Revolución Haitiana, muy otra sería, por supuesto, la fervorosa actitud de los esclavos. Primer país negro libre del mundo moderno, el formidable ejemplo de Haití desbordaría las fronteras no solo de nuestra América, sino del Continente todo, llegando a conmover a la propia África. Por otra parte, el cese de la esclavitud y la destrucción del sistema de plantación en Haití, la ruptura de sus vínculos políticos con Francia y el feroz bloqueo a que esta (auxiliada por otras metrópolis) lo sometió hicieron reactualizar en el pueblo haitiano formas económicas e ideológicas más cercanas a África que a Occidente (formas que estudiarían después amorosamente sus más agudos intelectuales),[20] hasta que Occidente, bajo la forma de desembarcos de infantes de marina estadunidenses, lo hizo volver al redil, esta vez en calidad de neocolonia. Así, el primer país latinoamericano en obtener su independencia recorrería, a pesar de su vigorosa originalidad, un camino similar al de los otros países de nuestra América.

El segundo momento en el proceso de independencia de nuestra América es la separación de las colonias ibéricas continentales. También aquí Napoleón desempeñará un papel importante: ocupada la península ibérica por sus tropas (a las que el pueblo español hostigará heroicamente con sus «guerrillas», aportando de paso este vocablo al mundo), las colonias iberoamericanas empiezan a desgajarse de sus metrópolis por distintas vías: violentas en el caso de Hispanoamérica, evolutivas en el de Brasil. En esencia, aunque habrá proyectos aún más radicales, se asiste entonces a los intentos de burguesías nacientes por cortar sus vínculos con naciones atrasadas, España y Portugal, y atemperarse a los esquemas de otras naciones, esta vez avanzadas. No parece exagerado decir que la relación de nuestra América con el mundo (verdaderamente) occidental ha de convertirse en una de las preocupaciones básicas de los pensadores latinoamericanos de la época: una época fundamental, porque es el momento en que nuestra América intenta organizarse en forma de naciones modernas.

Pero a esa época de organización la antecede, en lo inmediato, la de la ruptura política: las magnas guerras independentistas, cuyo ímpetu generoso cuaja en el ideario lleno de destellos magníficos y con frecuencia utópicos de hombres como el Libertador Bolívar, quien quiso conservar en la independencia la unidad que Hispanoamérica había tenido en la colonia, pero no pudo hacer realidad su proyecto: en vez de la unidad que hubiera debido facilitar una modernización, un desarrollo capitalista poderoso, nuestra América se fragmentó aún más, corroída por lastres arcaicos, y se hizo presa relativamente fácil de Occidente. Bolívar había previsto: «es menester que la fuerza de nuestra nación sea capaz de resistir con suceso las agresiones que pueda intentar la ambición europea; y este coloso de poder, que debe oponerse a aquel otro coloso, no puede formarse sino de la reunión de toda la América Meridional».[21] El proyecto bolivariano incluía también, apoyada en aquella unidad y aquel desarrollo, la proclamación de una originalidad, de una autoctonía americana, que no desconocía los valores de Occidente, pero que en forma alguna se contentaba con repetirlos. Por el contrario, subrayando con su habitual energía nuestras peculiaridades, Bolívar exclamaba en 1815: «Nosotros somos un pequeño género humano [...] no somos indios ni europeos, sino una especie media entre los legítimos propietarios del país y los usurpadores españoles»; y en 1819:

> tengamos presente que nuestro pueblo no es el europeo, ni el americano del Norte, que más bien es un compuesto de África

y de América, que una emanación de la Europa; pues que hasta la España misma deja de ser europea por su sangre africana, por sus instituciones y por su carácter. Es imposible asignar con propiedad a qué familia humana pertenecemos. La mayor parte del indígena se ha aniquilado; el europeo se ha mezclado con el indio y con el africano. Nacidos todos del seno de una misma madre, nuestros padres, diferentes en origen y en sangre, son extranjeros, y todos difieren visiblemente en la epidermis; esta desemejanza trae un reato de la mayor trascendencia.

La hazaña bolivariana va acompañada, pues, por un pensamiento cuya fuerza fermental aún no se ha agotado. Lo veremos adquirir nuevo ímpetu en Bilbao, en Martí e incluso en nuestros días. Por ello no es extraño que durante el siglo XIX encontrara resonancia en pensadores radicales preocupados por subrayar tanto la necesidad de la unión latinoamericana como la especificidad de nuestra América.

Pero el conjunto de los pensadores representativos de la etapa de organización de las repúblicas latinoamericanas mostrará por lo general otro rostro. Ya había sido dejado atrás el proyecto de unidad continental. Ahora había que proponerse un proyecto más modesto, aunque necesario: el de impulsar las burguesías nacionales en las repúblicas nacidas de la fragmentación del mundo colonial ibérico. Pero ¿cuáles burguesías? Estos hombres dan a ratos la impresión pirandelliana de ser pensadores burgueses en busca de su burguesía nacional. Las desvencijadas metrópolis no podían ofrecerles ejemplos en este orden, porque tampoco habían conocido desarrollo de sus burguesías. Ello aviva en aquellos pensadores su voluntad de separarse definitivamente de las viejas metrópolis y asumir otra filiación: no quieren ser ya españoles o portugueses de Ultramar, *porque pretenden ser occidentales de Ultramar*. Y no solo en cuanto a los *métodos* a emplear, en lo que tenían razón (la historia demostraría que no hay otra *vía* de desarrollo capitalista que la seguida por Occidente), sino en cuanto a *ser* Occidente, sin más diferencia que la de encontrarse del otro lado del océano. Por supuesto, la problemática específica de cada zona pesará fuertemente en el pensamiento de estos hombres y en su planteo sobre la relación de nuestra América con el mundo occidental. La situación no será la misma en países de rico sustrato indígena que en países donde no se dio esa realidad, como los del Cono Sur, por añadidura pobres durante la colonia y requeridos de mano de obra para desarrollarse. En el primer caso (aunque no faltaran ejemplos de ello en las oligarquías desarraigadas),[22] no era fácil a sus pensadores representativos considerarse sin más «occidentales»; en el segundo, en cambio, la tentación parecía muy fuerte.

Ya Andrés Bello (quien, como se sabe, no practicó el antiespañolismo primario de muchos de estos hombres) dirá explícitamente en 1844 que «la misión civilizadora que camina —como el sol— de Oriente a Occidente, y de que Roma fue el agente más poderoso en el mundo antiguo, la España la ejerció sobre un mundo occidental más distante y más vasto».[23] Por una parte, es difícil no ver aquí una réplica a Hegel, quien había planteado que «la historia universal va de Oriente a Occidente», pero también que «Europa es absolutamente el término de la historia universal»;[24] por otra parte, para Bello es bien clara nuestra relación con el mundo occidental: no somos sino «un mundo occidental más distante y más vasto». Y así, como partes de un todo privilegiado, la providencia nos ha separado del resto de la humanidad: «comparemos», dice en 1843, «a la Europa y a nuestra afortunada América con los sombríos imperios del Asia [...] o con las hordas africanas en que el hombre [es] apenas superior a los brutos». Este planteo alcanzará su formulación arquetípica en nuestra América en 1845, cuando el argentino Domingo Faustino Sarmiento publique su *Civilización y barbarie*. No es menester glosar esta obra clásica, suficientemente conocida.[25] Pero sí decir que no es posible aceptar, como se ha sostenido, que ella implique tan solo la ideología de una burguesía emprendedora, llevada naturalmente a rechazar las pesadas sobrevivencias feudales que entrababan su desarrollo, entonces progresista. Si tal fuera la verdad, quizá este enérgico texto sería irreprochable. Solo que «civilización», término que un siglo atrás el mundo occidental ha forjado para nombrarse de la mejor manera a sí mismo,[26] es aquí *lo occidental* (no solo los *métodos* occidentales); mientras que «barbarie», en este caso, no son solo las sobrevivencias precapitalistas, sino también las persistentes y originales *realidades americanas*. Sarmiento, figura contradictoria, pero llena siempre de brusca y plausible sinceridad, no lo ha de ocultar; en su libro *Conflicto y armonías de las razas en América* (1883), escribirá: «en el *Conflicto de las razas*, quiero volver a reproducir, corregida y mejorada, la teoría de *Civilización y barbarie*». Dejemos que el propio Sarmiento nos exponga, en sus claras palabras, esa teoría «corregida y mejorada»:

> Puede ser muy injusto exterminar salvajes, sofocar civilizaciones nacientes, conquistar pueblos que están en posesión de un terreno privilegiado; pero gracias a esta injusticia, la América, en lugar de permanecer abandonada a los salvajes, incapaces de progreso, está ocupada hoy por la raza caucásica, la más perfecta, la más inteligente, la más bella y la más progresiva de las que pueblan la tierra; merced a estas injusticias, la Oceanía se llena de pueblos civilizados, el Asia empieza a moverse bajo el impulso europeo, el África ve renacer en sus costas los tiempos de Cartago y los días gloriosos del Egipto. Así pues, la población del mundo está sujeta a revoluciones que reconocen leyes inmutables; las razas fuertes exterminan a las débiles, los pueblos civilizados suplantan en la posesión de la tierra a los salvajes.

Estos criterios los expondrá por la época de *Civilización y barbarie*, con no menor claridad, otro prohombre del liberalismo argentino: Juan Bautista Alberdi, en sus *Bases y puntos de partida para la organización política de la República Argentina* (1852). «Las repúblicas de la América del Sur», dice allí Alberdi, «son producto y testimonio vivo de la acción de la Europa en América. Lo que llamamos América independiente no es más que la Europa establecida en América [...] Todo en la civilización en nuestro suelo es europeo...». Y más adelante: «nosotros, los que nos llamamos americanos, no somos otra cosa que europeos nacidos en América. Cráneo, sangre, color, todo es de fuera.» En cuanto a la nueva filiación a que se aspira:

> Con la Revolución americana acabó la acción de la Europa española en este continente; pero tomó su lugar la acción de la Europa anglosajona y francesa. Los americanos de hoy somos europeos que hemos cambiado de maestros: a la iniciativa española ha sucedido la inglesa y francesa. Pero siempre es la Europa la obrera de nuestra civilización [...] La Europa de estos días no hace otra cosa en América que completar la obra de la Europa de la media edad [...] // Es tiempo de reconocer esta ley de nuestro progreso americano, y volver a llamar en socorro de nuestra cultura incompleta a esa Europa que hemos combatido y vencido en los campos de batalla.

Ello implica, naturalmente, entrar en contradicción con la obra y el pensamiento de los libertadores. Alberdi lo reconoce explícitamente:

> Los libertadores de 1810 [...] nos enseñaron a detestar bajo el nombre de *europeo* a todo el que no había nacido en América [...] la cuestión de guerra se estableció en estos términos: *Europa y América*, el viejo mundo y el mundo de Colón [...]

> En su tiempo esos odios fueron resortes útiles y oportunos; hoy
> son preocupaciones aciagas a la prosperidad de este país.

Por supuesto, a fuer de *europeo nacido en América*, Alberdi mostrará
hacia los aborígenes americanos un odio y un desprecio característi-
camente occidentales:

> Hoy mismo, bajo la independencia, el indígena no figura ni
> compone mundo en nuestra sociedad política y civil [...] El
> indígena nos hace justicia: nos llama *españoles* hasta el día. No
> conozco persona distinguida de nuestras sociedades que lleve
> apellido *pehuenche* o *araucano* [...] ¿Quién conoce caballero entre
> nosotros que haga alarde de ser indio neto? ¿Quién casaría a su
> hermana o a su hija con un infanzón de la Araucania y no mil
> veces con un zapatero inglés? // En América, todo lo que no es
> europeo es bárbaro: no hay más división que ésta: 1°, el indíge-
> na, el salvaje; 2°, el europeo, es decir, nosotros [...]

Estos pensadores sudamericanos de aspiración burguesa llegaron
pues a hacer suya de tal manera la ideología de las burguesías *de los
países capitalistas desarrollados,* que introyectaron plenamente incluso
aspectos de esa ideología como el racismo y el consiguiente desprecio por los pueblos no occidentales (que en este caso resultaban
ser nuestros propios pueblos): racismo y desprecio imprescindibles
para facilitar la tarea conquistadora y expoliadora que había realizado *y continuaba realizando* Occidente,[27] esta vez con la colaboración más o menos voluntaria de pensadores locales inficionados de
tales ideas. Entre ellos, los más consecuentes con esta aberración
proceden, cuando tienen poder para hacerlo, a exterminar física-
mente a sus pueblos (indios, gauchos) e importar metropolitanos.
El clásico apotegma de Alberdi: «En América gobernar es poblar»,
hay que entenderlo como poblar de «occidentales», y despoblar de
aborígenes...

Junto a estos gravísimos desenfoques, que lamentablemente fueron la norma en demasiados países, existieron actitudes bien distintas entre los pensadores latinoamericanos de esta etapa de organización, al considerar nuestra relación con el mundo occidental. Y no solo en el México del indio Juárez, quien al hacer frente a las tropas de Maximiliano, difícilmente hubiera suscrito la sugerencia de Alberdi de que debíamos dar «espontáneamente a la civilización el goce de este suelo», o su idea de que «ya América está conquistada, es europea, y, por lo mismo, inconquistable». En el propio Cono Sur se mantuvieron ideas mucho más saludables para el destino de nuestra América. Baste recordar algunas obras de los chilenos José Victorino Lastarria y Francisco Bilbao. El primero dedicó la parte inicial de su libro *La América* (1865) precisamente al tema «América y Europa». Y aunque también él cree en una relativa identificación entre ellas («ambos continentes están al frente de la civilización moderna y ambos son enteramente solidarios en la empresa de propagar esta civilización»), no deja de señalar las relaciones verdaderas:

> La América conoce a la Europa, la estudia sin cesar, la sigue paso a paso y la imita como a su modelo; pero la Europa no conoce a la América y antes bien la desdeña y aparta de ella su vista, como de un hijo perdido del cual ya no hay esperanza. Un solo interés europeo, el interés industrial, es que presta atención a la América, el que se toma la pensión de recoger algunos datos estadísticos sobre las producciones y los consumos del Nuevo Mundo, sobre los puertos, las plazas comerciales y los centros de población de los que pueda sacar más provecho. Pero los agentes de aquel interés, es decir los mercaderes de Birmingham, de Manchester y Glasgow, de Hamburgo, del Havre y de Burdeos, de Cádiz y de Génova, llegan a la América creyendo que arriban a un país salvaje, y aunque pronto se persuadan de que hay acá pueblos civilizados, no consienten jamás

en creer que los americanos se hallan a la altura de los europeos y los suponen colocados en un grado inferior. El interés industrial domina desde entonces completamente la vida del europeo en América, y por larga que sea aquí su mansión, jamás llega a comprender los intereses sociales y políticos del pueblo en donde hace su negocio, y siempre está dispuesto a servir sólo a su negocio, poniéndose de parte del que le da seguridad para sus ganancias, aunque sea a costa de los más sagrados intereses del pueblo que le compra o le vende. He aquí el único lazo que hay entre la Europa y la América ibera. He ahí el único interés que los gobiernos europeos amparan y protegen, el único que su diplomacia y sus cañones han servido hasta ahora, el único que los inspira en sus relaciones con los gobiernos de la América que ellos llaman bárbaros y salvajes.

El vehemente Francisco Bilbao publica a raíz de la invasión francesa a México su libro *La América en peligro* (1863), donde plantea que «todo se perderá [...] si no hacemos de la causa mexicana la causa americana»; rechaza «la grande hipocresía de cubrir todos los crímenes y atentados con la palabra civilización»; y señala como ejemplo de «la prostitución de la palabra [que] corona la evolución de la mentira», el hecho de que «"El civilizado" pide la exterminación de los indios o de los "gauchos"». En *El Evangelio americano* (1864), añadirá: «¡Colonización, inmigración, gritan los políticos! ¿Por qué no colonizáis vuestra tierra con sus propios hijos, con vuestros propios hermanos, con sus actuales habitantes, con los que deben ser sus poseedores y propietarios?» Con angustiada urgencia, expone:

> Nuestro derecho a la tierra, nuestro derecho de gobierno, nuestra independencia, nuestra libertad, nuestro modo de ser, nuestras esperanzas, nuestra dignidad, nuestro honor de hombres libres, todo es hoy amenazado por la Europa. ¡La *conquista* otra

vez se presenta! ¡La *conquista* del Nuevo Mundo! Las viejas naciones piráticas se han dividido el Continente, y debemos unirnos para salvar la civilización americana de la invasión bárbara de Europa.

Impugnando el sofisma de la supuesta «civilización», exclama Bilbao: «¡Qué bella civilización aquella que conduce en ferrocarril la esclavitud y la vergüenza!» Y dando muestras de ser un dialéctico agudo:

> ¿No véis que todos los progresos materiales son armas de dos filos, y que los cañones rayados sirven del mismo modo a la libertad o la opresión? [...] ciencia, arte, industria, comercio, riqueza, son elementos que pueden producir el bien y el mal, y son elementos de barbarie científica de la mentira, si la idea del derecho no se levanta como centro. [...]. El viejo mundo ha proclamado la civilización de la riqueza, de lo útil, del confort, de la fuerza, del éxito, del materialismo. Esa es la civilización que rechazamos. Ese es el enemigo que tememos que penetre en los espíritus de América, verdadera vanguardia de traición, para preparar la conquista y la desesperación de la República. [...] En este siglo XIX que, según los escritores de pacotilla que repiten vulgaridades aceptadas, no es ya el siglo de las conquistas [...] estas viejas naciones que se titulan *grandes potencias* dicen que civilizan, conquistando. Son tan estúpidas, que en esa frase nos revelan lo que entienden por civilización. [...] Os habéis, pues, revelado, grandes potencias, grandes prostitutas, a quienes hemos de ver arrastradas a los pies de la Revolución o de la barbarie, por su barbarie o su mentira. [...] Francia, que tanto hemos amado, ¿qué has hecho? [...] Conquistar a Argelia, saquear en China, traicionar y bombardear en México [...] La Inglaterra [...] ¿qué hace en la India la libre nación de las pelucas empolvadas y de los lores rapaces? [...] Atrás, pues, lo que se llama

civilización europea. La Europa no puede civilizarse y quieren que nos civilicen.

Bilbao continúa argumentando no solo contra «el enemigo externo», sino también contra «el elemento de alianza que pueda encontrar» en «el elemento interno», el cual «consta de todo aquello que sea contrario a la religión del pensamiento libre, a la soberanía universal, al culto de la justicia con nosotros mismos, con los pobres, con los indios», y censura de nuevo «la colonización del país con extranjeros, cuando los hijos del país se mueren de hambre», así como «el desconocimiento y negación del derecho de los hombres libres, llamados los indígenas, y la suprema injusticia, la crueldad hasta la exterminación que con ellos se practica». Al final, el radicalismo apasionado de este demócrata, después de vituperar al «monarquista, papista, jesuita, católico, imperialista, aristócrata, esclavócrata» que habla «de libertad y derecho y de justicia», reclama «otro mundo, otro tiempo, otra vida». Sí, sería otro tiempo —este— el que haría justicia a Bilbao. Por desgracia, en su época acabó por prevalecer aquella «vanguardia de traición para preparar la conquista y la desesperación de la República» que él temiera, aunque no necesariamente en la forma de la ocupación directa. Y los pensadores que cumplieron esa tarea (sean cuales fueren sus méritos, a veces grandes, en otros órdenes), sentaron las bases ideológicas, y a menudo prácticas, para que nuestra América fuese colonizada de nuevo: ya no por naciones atrasadas (¡*vade retro*!) sino por naciones verdaderamente occidentales, como Inglaterra y los Estados Unidos, y conservando los atributos formales de la independencia. Esa nueva forma de colonialismo que se inicia, como tantas cosas, en nuestra América, sería conocida como neocolonialismo.

Hacia la segunda independencia

Ya estaba avanzado en nuestra América este proceso cuando José
Martí, al comentar en 1889 la primera conferencia panamericana
en Wáshington, escribía: «de la tiranía de España supo salvarse la
América española; y ahora [...] urge decir, porque es la verdad,
que ha llegado para la América española la hora de declarar su segunda independencia». Martí había sabido ver con claridad cómo
«un pueblo de intereses distintos, composición híbrida y problemas pavorosos» intentaba «ensayar en pueblos libres su sistema
de colonización». A diferencia de los países hispanoamericanos
continentales, para esa fecha Cuba y Puerto Rico tenían aún por
delante la obtención de su independencia, y Martí habría de preparar la guerra que debía hacerla posible. Esa guerra sería, según
su propia imagen, la estrofa final del poema de 1810; pero, al haber
transcurrido casi un siglo entre la guerra bolivariana y la martiana, esta última se realizaría en condiciones bien distintas a aquella:
ya Cuba no estaría obligada solo a combatir contra un país paleoccidental como España, sino además a detener la amenaza del
país que se alzaba como la cabeza más nueva y emprendedora de
Occidente, el país que imantó el pensamiento liberal hispanoamericano, llevó a Andrés Bello a llamarlo «nuestro modelo bajo tantos
respectos», hizo exclamar a Sarmiento en la Argentina y a Justo
Sierra en México que debíamos convertirnos en los Estados Unidos
del Sur, y había pasado a ser, a finales del siglo XIX, la más poderosa encarnación del mundo occidental y el más formidable valladar
contra el proyecto de que nuestra América cuajara como una realidad suficiente. En medida considerable, hablar desde entonces de
la América Latina y el mundo occidental, será hablar de nuestra
relación con los Estados Unidos: la nación que en 1776 proclama-
ra, por vez primera en América, su derecho a la independencia y
realizara una gran revolución anticolonial (aunque conservando la

esclavitud), y apenas un siglo después despuntaba como el nuevo amo de los países de la otra América. Habiendo vivido en los Estados Unidos desde 1880, y habiendo detectado con claridad lo inminente de la agresión imperialista, Martí escribiría a su amigo mexicano Manuel Mercado, el 18 de mayo de 1895, la víspera de morir en el campo de batalla, que su tarea había sido y sería

> impedir a tiempo con la independencia de Cuba que se extiendan por las Antillas los Estados Unidos y caigan, con esa fuerza más, sobre nuestras tierras de América […] impedir que en Cuba se abra, por la anexión de los imperialistas de allá y los españoles, el camino que se ha de cegar, y con nuestra sangre estamos cegando, de la anexión de los pueblos de nuestra América al Norte revuelto y brutal que los desprecia […] Viví en el monstruo y le conozco las entrañas: —y mi honda es la de David.

Tan desafiante programa coronaba la meditación y la práctica radicalmente anticolonialistas de Martí, quien había recibido en su temprana juventud lo mejor de la herencia de Varela, Heredia, Luz y Céspedes en Cuba, y acabaría de formarse en el México democrático donde aún estaba vivo el recuerdo de Juárez, junto a las grandes figuras intelectuales de la Reforma, y en las lecciones bolivarianas.

En 1877, en Guatemala, Martí hace un primer balance de su concepción de «nuestra América» (denominación que ya había bocetado en México), y explica:

> Interrumpida por la conquista la obra natural y majestuosa de la civilización americana, se creó con el advenimiento de los europeos un pueblo extraño, no español, porque la savia nueva rechaza el cuerpo viejo; no indígena, porque se ha sufrido la injerencia de una civilización devastadora, dos palabras que, siendo un antagonismo, constituyen un proceso; se creó un pueblo mestizo en la forma […]

En 1884, Martí denuncia

> el pretexto de que la civilización, que es el nombre vulgar con
> que corre el estado actual del hombre europeo, tiene derecho
> natural de apoderarse de la tierra ajena, perteneciente a la bar-
> barie, que es el nombre que los que desean la tierra ajena dan
> al estado actual de todo hombre que no es de Europa o de la
> América Europea [...]

Y entre 1889 y 1891 (es decir, en los momentos en que se celebran
en Wáshington las primeras conferencias panamericanas) da a la
luz sus documentos capitales sobre la especificidad de nuestra
América: varios textos de *La Edad de Oro*, el artículo «Vindicación
de Cuba», los artículos sobre aquellas conferencias, el discurso
«Madre América», y sobre todo el ensayo «Nuestra América», de
1891: en este último, verdadero manifiesto programático, resume
apretadamente sus criterios sobre esta cuestión, vital en su pensamiento. Aunque ya lo había hecho antes, allí rechazará definitivamente la falsa dicotomía sarmientina: «el mestizo autóctono», dirá,
«ha vencido al criollo exótico. *No hay batalla entre la civilización y
la barbarie, sino entre la falsa erudición y la naturaleza*». Si el propio
Andrés Bello había querido precaver a la juventud chilena, en 1848,
«de una servilidad excesiva a la ciencia de la civilizada Europa»,
considerando que «somos ahora arrastrados más allá de lo justo
por la influencia de la Europa, a quien —al mismo tiempo que nos
aprovechamos de sus luces— debiéramos imitar en la independencia del pensamiento»; advertencia que veríamos repetirse incluso
en hombres contradictorios como Sarmiento o Alberdi, no es extraño escuchar a Martí exclamar en 1891:

> éramos una máscara, con los calzones de Inglaterra, el chale-
> co parisiense, el chaquetón de Norteamérica y la montera de
> España [...] Ni el libro europeo ni el libro yanqui daban la clave

del enigma hispanoamericano [...] A adivinar salen los jóvenes al mundo, con antiparras yanquis o francesas, y aspiran a dirigir un pueblo que no conocen.

La exclamación, más de una vez, lo es de veras, y revela al hombre de acción más que al mero pensador:

No les alcanza al árbol difícil el brazo canijo, el brazo de uñas pintadas y pulseras, el brazo de Madrid o de París, y dicen que no se puede alcanzar el árbol. Hay que cargar el barco de esos insectos dañinos, que le roen el hueso a la patria que los nutre [...] ¡Estos hijos de nuestra América, que ha de salvarse con sus indios, y va de menos a más; estos desertores que piden fusil en los ejércitos de la América del Norte, que ahoga en sangre a sus indios, y va de más a menos!

Frente a los servidores de la supuesta «civilización», Martí subraya con energía los rasgos propios de nuestra realidad histórica, y la necesidad de que ella sea abordada con un pensamiento nacido de esa realidad:

La incapacidad no está en el país naciente, que pide formas que se le acomoden y grandeza útil, sino en los que quieren regir pueblos originales, de composición singular y violenta, con leyes heredadas de cuatro siglos de práctica libre en los Estados Unidos, de diecinueve siglos de monarquía en Francia. Con un decreto de Hamilton no se le para la pechada al potro del llanero. Con una frase de Sieyès no se desestanca la sangre cuajada de la raza india [...] El buen gobernante en América no es el que sabe cómo se gobierna el alemán o el francés, sino el que sabe con qué elementos está hecho su país.

Pero a sus ojos esta tarea ya no podría ser realizada en nuestra América por quienes habían renegado de nuestros pueblos, tildándolos de inferiores, y, so capa de civilizadores, servían de caballo de Troya para la nueva colonización. Martí rechaza enérgicamente la añagaza racista («no hay odio de razas, porque no hay razas», dice), y plantea con claridad: «Con los oprimidos había que hacer causa común, para afianzar el sistema opuesto a los intereses y hábitos de mando de los opresores». «Con los oprimidos», «con los pobres de la tierra» se levanta esta visión nueva, radical, insuperada de nuestra América: ya no es la suya la visión de un pensador de aspiración burguesa, sino de un demócrata revolucionario extremadamente radical, portavoz de las clases populares, que inaugura una nueva etapa en la historia y en el pensamiento de nuestra América. Por ello podrá decir Noël Salomon no solo que «fue el cubano José Martí, sin duda alguna, el primero que construyó línea a línea una teoría consecuente y coherente de la personalidad hispanoamericana capaz de afirmarse por sí misma, ajena a los modelos exteriores», sino también que de él «data, en verdad, la "toma de conciencia" que ha derivado, en relación con un vasto movimiento histórico (de la Revolución Mexicana a la Revolución Cubana y a las nuevas formas de los movimientos liberadores de hoy), hacia las grandes corrientes culturales e ideológicas discernibles en el siglo XX»[28] en la América Latina.

La actitud de Martí, al menos parcialmente, sería compartida por otros demócratas revolucionarios latinoamericanos. Por ejemplo, el peruano Manuel González Prada, quien, a propósito de la etnología, a la que llama «cómoda invención [...] en manos de algunos hombres», expresa: «donde se lee barbarie humana tradúzcase hombre sin pellejo blanco».[29]

Pero la obra martiana (como, en cierta forma, la de González Prada), aunque admirada por su hermosura, resultó demasiado avanzada para su circunstancia: habría que esperar a la inserción orgánica del materialismo dialéctico e histórico en nuestra América, varias décadas más tarde, para que su tarea fuera

plenamente entendida y continuada. Durante el primer cuarto del
siglo XX, sería el pensamiento de un ideólogo burgués nacionalista,
el uruguayo José Enrique Rodó, el que encontraría amplia acogida
en nuestra América. A raíz de la intervención yanqui en la guerra
de independencia de Cuba, en 1898 (esa intervención temida por
Martí y que, al decir de Lenin, inaugura la época del imperialismo moderno), y en abierto rechazo de ese hecho, Rodó publica su
ensayo *Ariel* (1900), donde opone a los aspectos más crudos de la
sociedad estadunidense una supuesta espiritualidad de nuestros
países. Lo que Rodó censura, con mayor o menor conciencia del
hecho, es el estadio de mayor desarrollo que había alcanzado el
mundo occidental (es decir, el capitalismo estadunidense), sugi-
riendo para la América Latina formas culturales propias del capitalismo de países de la Europa occidental que aparecían a sus ojos
como menos agresivos (criterio que, por supuesto, no podían compartir otras zonas coloniales o semicolonias del planeta: piénsese
en la India, Indochina, el mundo árabe o el África negra). Esta fórmula pareció atractiva a diversos sectores de nuestra América: desde aquellos en los que alentaba un pensamiento burgués realmente
nacional, y por tanto necesariamente antimperialista, hasta capas
que evolucionarían, a partir de ese antimperialismo, hacia posiciones socialistas, y en un momento de su formación encontraron
estímulo en la prédica rodoísta. No deja de ser curioso comparar
esta nueva manera de plantear nuestra relación con el mundo occidental (Europa sí, los Estados Unidos no), con la que buena parte de la intelectualidad liberal latinoamericana del siglo XIX había
sustentado: los Estados Unidos sí (después de todo, también son
América), Europa no, cuando esta última implicaba las metrópolis
o significaba aún la forma más agresiva del capitalismo, y se hacía
presente en invasiones y amenazas para nuestra América. También
es útil compararla con el criterio realista y astuto de Martí: «mientras llegamos a ser bastante fuertes para defendernos por nosotros

mismos, nuestra salvación, y la garantía de nuestra independencia, está en el equilibrio de potencias rivales».[30] Ese equilibrio habría de romperse pronto: en lo que toca a nuestra América, con la intervención yanqui en Cuba, en 1898; en lo que toca al planeta todo, con la llamada Primera Guerra Mundial.

Cuando esta última estalle, ya está desarrollándose en nuestra América un notable proceso democrático-burgués: la Revolución Mexicana iniciada en 1910, la cual, después de una lucha compleja en que participaron y fueron vencidos demócratas revolucionarios como Ricardo Flores Magón y Emiliano Zapata, acabará consolidando a una burguesía nacional que no despreciaba los caracteres específicos de su pueblo, como habían hecho tantas viceburguesías decimonónicas. Nuestra relación con el mundo occidental vuelve a ser, en esa coyuntura, tema de apasionadas discusiones, como las que sostiene José Vasconcelos en obras signadas por un desafiante utopismo: tal es el caso de *La raza cósmica: misión de la raza iberoamericana* (1925) e *Indología: una interpretación de la cultura iberoamericana* (1927). Al brutal racismo de los «civilizadores» del siglo XIX, Vasconcelos opondrá entonces la idea de una fusión de razas a ser realizada en nuestra América: lo que si por una parte se abre generosamente al Continente todo (y explica la repercusión latinoamericana que su prédica alcanzó durante esos años), por otra parte pretende diluir la lucha de clases en aspiraciones de unidad ontológica que sentarían las bases del moderno pensamiento burgués mexicano. Al consolidarse ese pensamiento —esa burguesía—, Samuel Ramos ofrecerá, con referencia exclusiva a México, una obra harto más reposada: *El perfil del hombre y la cultura en México* (1934), en cuya estela escribirá Octavio Paz *El laberinto de la soledad* (1950).

El utopismo engendrado por aquella circunstancia, sin embargo, no se extingue del todo, reapareciendo, también de modo reposado, y referido a una América ideal, en Alfonso Reyes (*Última Tule*, 1942;

Tentativas y orientaciones, 1944), y, con mayor asidero en la realidad social, en el dominicano Pedro Henríquez Ureña, quien impugna en «La utopía de América» (1922)

> la era del capital disfrazado de liberalismo [pues] dentro de nuestra utopía, el hombre deberá llegar a ser plenamente humano [cuando deje] atrás los estorbos de la absurda organización económica en que estamos prisioneros: [En Europa] sólo una luz unifica a muchos espíritus: la luz de una utopía, reducida, es verdad, a simples soluciones económicas por el momento, pero una utopía al fin, donde se vislumbra la única esperanza de paz entre el infierno social que atravesamos todos.

Y añade en «Patria de la justicia» (1924):

> Si nuestra América no ha de ser sino una prolongación de Europa, si lo único que hacemos es ofrecer suelo nuevo a la explotación del hombre por el hombre (y por desgracia ésa es hasta ahora nuestra única realidad), si no nos decidimos a que ésta sea la tierra de promisión para la humanidad cansada de buscarla en todos los climas, no tenemos justificación: sería preferible dejar desiertas nuestras altiplanicies y nuestras pampas, si sólo hubieran de servir para que en ellas se multiplicaran los dolores humanos [...] que la codicia y la soberbia infligen al débil y al hambriento.

Enfrentado a un panorama histórico bien distinto del mexicano (que todavía en 1938 podía mostrar el gallardo gesto nacionalizador de Lázaro Cárdenas), el argentino Ezequiel Martínez Estrada inicia con *Radiografía de la pampa* (1933) un enjuiciamiento crítico de la Argentina —el país donde los Sarmiento, los Mitre, e incluso en pleno siglo XX figuras progresistas en otros órdenes, se habían considerado representantes de la «civilización» contra la «barbarie» —, que lo llevaría a escribir en su libro *Diferencias y semejanzas entre los países de la América Latina* (1962): «No somos europeos sino en los abonos artificiales, o en las zonas corticales».

La idea de que los latinoamericanos verdaderos «no somos europeos», es decir «occidentales», ya había encontrado sostenedores enérgicos, sobre todo entre los voceros de comunidades americanas tan visiblemente no «occidentales» como los descendientes directos de los aborígenes y de los africanos. Los grandes enclaves indígenas en nuestra América (que en algunos países son una «minoría nacional» que constituye una mayoría real) no requieren argumentar esa realidad obvia: herederos directos de las primeras víctimas de lo que Martí llamó «civilización devastadora», sobreviven a la destrucción de sus civilizaciones como pruebas vivientes de la bárbara irrupción de *otra* civilización en estas tierras.

Los americanos descendientes directos de africanos, que ya habían realizado la hazaña haitiana, defendieron brillantemente en 1889, por boca del angloantillano J.J. Thomas, autor de *Froudacity*, su plena capacidad para participar creadoramente en la civilización traída a América por europeos. Pero el siglo XX verá no la argumentación de que los negros americanos son capaces de incorporarse al mundo occidental, sino la proclamación abierta de que rechazan esa incorporación, por considerarse portadores de otra civilización, representantes de un mundo diferente. Otro angloantillano, T. Albert Marrishow, expondrá esta idea en un panfleto de 1917, *Ciclos de civilización*, donde se anticipa a lo que Spengler acuñará después como «decadencia de Occidente», pero añade el anuncio de un próximo ciclo de civilización con predominio africano. Y el jamaicano Marcus Garvey, el más relevante de estos antillanos y el primero de ellos en alcanzar repercusión universal, lanzará a los negros del mundo entero su consigna de *regreso a África*.

Estos planteos, como en otro orden los de Martí, no podían ser plenamente entendidos hasta que no encarnara y se desarrollara en nuestra América el materialismo dialéctico e histórico, en la tercera década de este siglo. Será a partir de entonces cuando, avanzando en la dirección señalada por el demócrata revolucionario González Prada, Mariátegui escriba que «el problema del indio» es un «problema económico social»; y que «la suposición de que el problema indígena es un problema étnico se nutre del más envejecido repertorio de ideas imperialistas. El concepto de las razas inferiores sirvió al Occidente blanco para su obra de expansión y conquista».[31] Y Alejandro Lipschütz explicará que una correcta política de las nacionalidades permitirá la plena inserción de las comunidades autóctonas en el mundo latinoamericano moderno, al mismo tiempo que ellas conservarán sus respectivas culturas.[32]

En lo que toca al fundamental aporte negro a ese mundo latinoamericano («Traemos / nuestro rasgo al perfil definitivo de América», dirá en 1931 el poeta Nicolás Guillén), aunque se escribirán trabajos de la importancia de los del cubano Fernando Ortiz, el brasileño Gilberto Freyre y el venezolano Miguel Acosta Saignes, la sobrevivencia de la terca obstinación de las oligarquías «civilizadas» locales en negar aquel aporte, a fin de hacerse admitir como sucursales decentes por las metrópolis, llevaría, explicablemente, a desarrollar planteos como los iniciados por Marrishow y Garvey: planteos que Frantz Fanon, con aguda visión de revolucionario, colocaría en su justa luz: «Que haya un pueblo africano,» dice Fanon, «lo creo; que haya un pueblo antillano, lo creo. Pero cuando se me hable de "ese pueblo negro", trato de comprender. Entonces, desgraciadamente, comprendo que hay allí una fuente de conflictos. Entonces trato de destruir esa fuente». Y más adelante: «Parece [...] que el antillano, después del gran error blanco, está en vías de vivir ahora el gran espejismo negro.»[33]

Indios y negros, pues, lejos de constituir cuerpos extraños a nuestra América por no ser «occidentales», pertenecen a ella con pleno derecho: más que los extranjerizos y descastados «civilizadores». Y era natural que esto fuera plenamente revelado o enfatizado por pensadores marxistas, pues con la aparición en la Europa occidental del marxismo, a mediados del siglo XIX, y con su ulterior enriquecimiento leninista, ha surgido un pensamiento que sienta en el banquillo al capitalismo, es decir, al mundo occidental. Este pensamiento solo podía brotar en el seno de aquel mundo, que en su desarrollo generó a su sepulturero, el proletariado, y su consiguiente ideología: pero esta no es ya una ideología occidental, sino en todo caso *posoccidental*: por ello hace posible la plena comprensión, la plena superación de Occidente, y en consecuencia dota al mundo no occidental del instrumento idóneo para entender cabalmente su difícil realidad y sobrepasarla. En el caso de la América Latina, ello se hace patente cuando el materialismo dialéctico e histórico es asumido y desarrollado por figuras heráldicas como el peruano José Carlos Mariátegui y los cubanos Julio Antonio Mella y Rubén Martínez Villena. El primero escribió:

> la época de la libre concurrencia en la economía capitalista ha terminado en todos los campos y en todos los aspectos. Estamos en la época de los monopolios, vale decir de los imperios. Los países latinoamericanos llegan con retardo a la competencia capitalista. Los primeros puestos, están definitivamente asignados. El destino de estos países, dentro del orden capitalista, es de simples colonias.[34]

Y también escribió que nuestra América «no encontrará su unidad en el orden burgués. Ese orden nos divide, forzosamente, en pequeños nacionalismos. A Norteamérica sajona le toca coronar y cerrar la civilización capitalista. El porvenir de la América Latina es socialista». Lo que implica revelar que dentro del mundo occidental nuestro destino es «de simples colonias», y que nuestro porvenir exige *salir* de ese mundo.

Algunos comentaristas de Mariátegui han dicho que él era marxista *pero* que desarrolló criterios propios en relación con los problemas de nuestra América. En realidad debe decirse que de veras era marxista *porque* desarrolló tales criterios. Lenin, quien enriqueció el marxismo en la época imperialista y del triunfo de la primera revolución socialista (circunstancias que Marx y Engels no llegaron a vivir), consideraba que el alma viva del marxismo era el análisis concreto de las situaciones concretas. Entre los primeros análisis de esa naturaleza relativos a los problemas específicos de la América Latina se encuentran los de hombres como Mariátegui, Mella, Martínez Villena, lo que les permitió situar cabalmente a nuestros países, a nuestra América, dentro de la problemática mundial. A partir de ellos, con la formidable anticipación de Martí, los abordajes válidos sobre la ubicación de la América Latina ya no se harán solo con respecto al «mundo occidental», sino en relación con el mundo todo, del cual Occidente es solo un capítulo, aunque un capítulo inesquivable. De ahí que la aceptación o el rechazo del materialismo dialéctico e histórico por los pensadores latinoamericanos no sea en absoluto una etapa más en la historia de su aceptación o rechazo de ideas «occidentales», sino más bien todo lo contrario. Así como los «occidentalistas» rusos de 1840 eran los modernizadores frente a los rezagos feudales, pero los «occidentalistas» españoles en torno a 1920 serán los retardatarios frente a la nueva modernidad, el socialismo (para ceñirnos a dos áreas europeas periféricas), de modo similar, los latinoamericanos que a partir de la Revolución de Octubre abrazan creadoramente el pensamiento socialista revolucionario podrán ser voceros de lo más genuino de nuestra América, mientras quienes lo rechazan aduciendo que lo consideran una doctrina extraña, inadaptada a nuestra realidad, serán de hecho continuadores de los «civilizadores» del siglo XIX: es decir, quienes sirven de cauce a nuestra sujeción al mundo occidental y a nuestra consiguiente explotación por el imperialismo. Quizá cuando esto se puso de manifiesto por primera vez de una manera más visible fue en la polémica que sostuvo Mella contra las pretensiones apristas de impugnar la aplicación del marxismo a nuestra América. Poco después de haber participado en el Primer Congreso Mundial Antimperialista celebrado en Bruselas, escribía Mella en 1928:

> Para decir que el marxismo [...] es exótico en América hay que probar que aquí no existe proletariado; que no existe imperialismo con las características enunciadas por todos los marxistas; que las fuerzas de producción en América son distintas a las de Asia, Europa, etcétera. Pero América no es un continente de Júpiter, sino de la Tierra. Y es una cosa elemental para todos los que se dicen marxistas [...] que la aplicación de sus principios es universal. Así lo han comprendido los obreros de América cuando, mucho antes de que se escribiera el nombre del «ARPA» [sic], habían fundado grandes partidos proletarios (socialista, comunista, laborista, etcétera) basados en la aplicación del marxismo en América.[35]

Así hemos entrado en los tiempos presentes, los de nuestros contemporáneos. Al preguntarse ellos por la relación de la América Latina con el mundo occidental, encontraremos a quienes, de hecho, siguen manifestándose como ibéricos de Ultramar, o, en mayor medida, como occidentales de Ultramar (enfatizando nuestra identificación sea con la Europa occidental, sea con los Estados Unidos); y también a quienes insisten en considerar a determinados núcleos de latinoamericanos (sobre todo indios o negros) como cortados de la historia común. Pero tales planteos (a pesar de lo brillantes que algunos, por excepción, puedan parecer) no son sino sobrevivencias de visiones viejas. Solo aquella perspectiva posoccidental, solo aquella inserción verdadera de la realidad latinoamericana en la del mundo *todo*, permite el abordaje justo del problema.

Tal perspectiva es lo que da valor al pensamiento de autores que, aunque no la asuman plenamente, han sentido de alguna manera su influjo vivificador, el cual los lleva, en primer lugar, a descubrir la condición dependiente de nuestro pensamiento, secuela de otras dependencias, y el melancólico carácter de sucursal de muchas de nuestras ideas («sucursal de la civilización moderna» nos llamó, con entusiasmo comercial, Sarmiento), lo que en no pocos puntos nos acerca a otras zonas coloniales o semicoloniales de la Tierra. Ello se hace patente, por ejemplo, en la evolución de filósofos como el mexicano Leopoldo Zea y el peruano Augusto Salazar Bondy. El primero, ahincadamente preocupado por la genuinidad del pensamiento de nuestra América y su ubicación con respecto al mundo, sobre todo el mundo occidental (*América como conciencia*, 1953; *América en la conciencia de Europa*, 1955; *América en la historia*, 1957; *Latinoamérica y el mundo*, 1960), escribe en una obra reciente (*Dependencia y liberación en la cultura latinoamericana*, México, 1974): «el problema es saber a qué tipo de universalismo se arriba, a qué tipo de apertura. ¿Al universalismo y apertura propios del neocolonialismo, o al universalismo y apertura a que aspiran pueblos como los nuestros?». Y también:

> Se habló de libertad de los mares y libertad de comercio, como ahora de libertad de inversión, para afirmar el derecho de unos intereses sobre otros. Esto es la libertad como instrumento de dominación, la libertad como justificación de quienes en su nombre afirmaron y afirman sus intereses, justificando en nombre de la libertad crímenes en Asia, en África y en nuestra América. El liberalismo, paradójicamente, como filosofía de la dominación.

Salazar Bondy, después de una destacada carrera como expositor de la filosofía occidental más o menos al uso, planteó en un pequeño libro de madurez, ¿*Existe una filosofía de nuestra América*? (1968): «dependientes de España, Inglaterra o Estados Unidos, hemos sido y somos subdesarrollados —valga la expresión— *de* estas potencias y, consecuentemente, países con una cultura de dominación». Y también:

> el problema de nuestra filosofía es la inautenticidad. La inautenticidad se enraíza en nuestra condición histórica de países subdesarrollados y dominados [...] [Pero nuestra filosofía] puede ganar su autenticidad como parte del movimiento de superación de nuestra negatividad histórica, asumiéndola y esforzándose en cancelar sus raíces.

Por desgracia, la promisoria evolución de este pensador, acuciada por el proceso revolucionario peruano iniciado en 1968, al que se vinculó estrechamente, quedó truncada por su temprana muerte a principios de 1974 (véase el número que le dedicara la revista *Textual* en diciembre de ese año).

Una evolución en cierta forma similar a la de estos hombres es la del brasileño Darcy Ribeiro, quien ha abordado el problema no a partir de la filosofía sino de la antropología, en una de las obras más ambiciosas publicadas en nuestra América durante estos años: la «serie de cuatro estudios de antropología de la civilización en los que», según sus palabras, «se procura repensar los caminos por los cuales los pueblos americanos llegaron a ser lo que son ahora, y discernir las perspectivas de desarrollo que se les abren». La primera parte del segundo de estos estudios seminales (*Las Américas y la civilización*, 1969) está enteramente consagrada a «La civilización occidental y nosotros»: allí pasa revista a «las teorías del atraso y del progreso», y considera después «la expansión europea» y «la transfiguración cultural». Ribeiro propone para los pueblos extraeuropeos del mundo moderno, en general, una «tipología étnico-nacional» que distingue «cuatro grandes configuraciones histórico-culturales»: *Pueblos Testimonios, Pueblos Nuevos, Pueblos Trasplantados* y *Pueblos Emergentes*. Los tres primeros aparecen representados en nuestra América, y en cierta forma corresponden a las zonas que ya habían sido señaladas como «Indoamérica», «Afroamérica» y «Euro-américa»: México y Perú serían ejemplos de la primera; Brasil y Cuba, de la segunda; y Argentina y Uruguay, de la tercera. En partes sucesivas de su libro, Ribeiro estudia los caracteres y la manera de relacionarse con el mundo occidental de cada uno de esos «Pueblos» (esas zonas); y en la quinta y última parte, «Civilización y desarrollo», considera los «modelos de desarrollo y patrones de atraso», para concluir:

> la revolución tecnológica supone para los pueblos subdesarrollados, como requisito básico, una revolución social interna y un enfrentamiento decisivo en la órbita internacional. Solamente por esta vía podrán arrancar de las manos de las clases dominantes internas y de sus asociados extranjeros, igualmente comprometidos con un atraso que les ha sido altamente lucrativo, los instrumentos de poder para la formulación del orden social.

Tales pensadores llegarían a sentir el impacto de la Revolución Cubana, que influirá incluso en hombres mayores, como Martínez Estrada, y por supuesto en autores más jóvenes, enriqueciendo sus obras con la repercusión del acontecimiento histórico más trascendente ocurrido en nuestra América desde la primera independencia. De hecho, tal acontecimiento es el inicio de «la segunda independencia» reclamada por Martí setenta años antes de 1959. No en balde en 1953, al desencadenar el nuevo proceso revolucionario, el propio Fidel Castro señalaba en José Martí a su autor intelectual. Y como había ocurrido ya en los tiempos de la primera independencia, cuando los dirigentes de la revolución armada, y sobre todo Bolívar, resultaban ser además los más agudos voceros de la ideología que animaba a esa acción, otra vez volvería a ocurrir algo similar al romper la segunda independencia: hombres como Fidel Castro y Ernesto Che Guevara, a la vez que encabezarían la acción armada, serían los expositores más cabales del pensamiento que crecía de consuno con aquella acción: ese pensamiento iba a fundir (de modo parecido a como haría para su tierra Ho Chi Minh) la línea anticolonialista, nacional-revolucionaria (representada en nuestro caso por Martí), con el socialismo entrañado con nuestra realidad, que no sería mero «calco y copia», sino esa «creación heroica» exigida y avanzada por Mariátegui,[36] y expresaría un proceso revolucionario ininterrumpido que llevaría a la etapa socialista. Ello tenía que incidir, desde luego —y de modo fundamental—, en la distinta manera de relacionarnos con el mundo. Cuando aún la revolución no había entrado en su etapa socialista, pero ya habían sido tomadas medidas radicales y liberadoras que la anunciaban, el periódico más consistentemente reaccionario del país deploraba en un editorial: «Cuba pertenece a la cultura occidental, y tenemos la seguridad de que su pueblo no desea renunciar a ella.»[37] El pueblo cubano, por supuesto, renunció gozosamente no a la «cultura occidental» (lo que hay allí de «cultura», críticamente recibida, es irrenunciable), sino a la explotación a que durante más de cuatro siglos lo sometiera el llamado mundo occidental; y no para integrarse en un presunto mundo oriental, sino para arribar a la sociedad posoccidental, ecuménica, que anunciaron Marx y Engels y comenzó a realizar la Revolución de Octubre; a la sociedad socialista mundial destinada a cancelar en todo el planeta la prehistoria de la humanidad.

Aunque numerosos textos individuales de dirigentes y otros intelectuales revolucionarios cubanos dan fe de las ideas que acompañan esa primera inserción de nuestra América en la historia mayor, los más relevantes de esos textos son por lo general productos de una elaboración colectiva («el genio», había anunciado Martí en 1882, «va pasando de individual a colectivo»): baste recordar, por ejemplo, la *Segunda Declaración de La Habana* y el *Informe Central al Primer Congreso del Partido Comunista de Cuba*, que Fidel Castro diera a conocer en 1962 y 1975 respectivamente.

El primero de esos documentos ofrece a los pueblos latinoamericanos una visión verdadera de su historia, y un programa de lucha para la obtención de la segunda independencia, fresca aún la hazaña de haber propinado al imperialismo yanqui, en Girón, su primera gran derrota militar en América, y apenas iniciada la construcción del socialismo en este Continente. Arrancando de la memorable carta última a Manuel Mercado de José Martí, la *Declaración* se pregunta:

> ¿Qué es la historia de Cuba sino la historia de América Latina?
> ¿Y qué es la historia de América Latina sino la historia de Asia, África y Oceanía? ¿Y qué es la historia de todos esos pueblos sino la historia de la explotación más despiadada y cruel del imperialismo en el mundo entero?

Y después de abordar «las circunstancias históricas que permitieron a ciertos países europeos y a los Estados Unidos de Norteamérica un alto nivel de desarrollo industrial [que] los situó en posición de poder someter a su dominio y explotación al resto del mundo», proclama: «Cuba y América Latina forman parte del mundo. Nuestros problemas forman parte de los problemas que se engendran de la crisis general del imperialismo y la lucha de los pueblos subyugados: el choque entre el mundo que nace y el mundo que muere». En esa lucha, nuestra América, que en su conjunto se liberó el pasado siglo del viejo colonialismo pero no de la explotación, está llamada a tareas especiales:

Con lo grande que fue la epopeya de la independencia de América Latina, con lo heroica que fue aquella lucha, a la generación de latinoamericanos de hoy les ha tocado una epopeya mayor y más decisiva todavía para la humanidad. Porque aquella lucha fue para librarse del poder colonial español, de una España decadente, invadida por los ejércitos de Napoleón. Hoy le toca la lucha de liberación frente a la metrópoli imperial más poderosa del mundo, frente a la fuerza más importante del sistema imperialista mundial y para prestarle a la humanidad un servicio todavía más grande del que le prestaron nuestros antepasados.

Y con un aliento que fue el de Bolívar, que fue el de Martí, en los instantes ígneos de nuestra historia:

Esta epopeya que tenemos delante la van a escribir las masas hambrientas de indios, de campesinos sin tierra, de obreros explotados, la van a escribir las masas progresistas; los intelectuales honestos y brillantes que tanto abundan en nuestras sufridas tierras [...]. // Y esa ola de estremecido rencor, de justicia reclamada, de derecho pisoteado que se empieza a levantar por entre las tierras de Latinoamérica, esa ola ya no parará más. Esa ola irá creciendo cada día que pase [...]. // Porque esta gran humanidad ha dicho: «¡Basta!» y ha echado a andar. Y su marcha de gigantes, ya no se detendrá hasta conquistar la verdadera independencia, por la que ya han muerto más de una vez inútilmente. Ahora, en todo caso, los que mueran, morirán como los de Cuba, los de Playa Girón, morirán por su única, verdadera, irrenunciable independencia.

El *Informe*, después de un panorama de la historia de Cuba («la última colonia de España, y hoy [...] el primer país socialista de este hemisferio»), hace un balance de las luchas, las victorias, las

grandes realizaciones, e incluso los errores —valientemente expuestos— de los diecisiete años iniciales de la primera revolución
socialista de América, así como plantea las metas a alcanzar en el
próximo quinquenio. Al ofrecer un panorama de la situación mundial, expone:

> Se ha repetido que nuestra época se caracteriza por ser el mo-
> mento histórico de transición del capitalismo al socialismo,
> período en el cual se incrementan además las luchas por la li-
> beración nacional de los pueblos como parte del proceso de
> liquidación de los vestigios del colonialismo y de la presencia
> neocolonial que el imperialismo ha determinado en vastas zonas
> de la tierra. // En los últimos años, el rasgo más distintivo de
> ese tránsito lo ha sido la llamada distensión internacional. Sin
> tomar en cuenta ese factor, no será posible comprender los cam-
> bios que tienen lugar en el ámbito de nuestra propia región con-
> tinental. [...] Nuestro pueblo puede sentirse orgulloso de que
> en alguna medida ha contribuido a ese retroceso histórico del
> imperialismo norteamericano al demostrar, a noventa millas de
> aquél, que un pueblo pequeño, sin otra fuerza que su decisión
> moral de resistir hasta la muerte misma, y la solidaridad del mo-
> vimiento revolucionario internacional, era capaz de hacer frente
> a la embestida imperialista de la principal potencia opresora en
> toda la historia de la humanidad.

Y abordando la situación de nuestra América trece años después de
la *Segunda Declaración de La Habana*:

> No está ahora la América Latina en vísperas inmediatas de cam-
> bios globales que conduzcan, como en Cuba, a súbitas transfor-
> maciones socialistas. Es claro que éstas no son imposibles en
> algunos de los países latinoamericanos. Pero lo que define las
> circunstancias de nuestra América es sobre todo una conciencia

generalizada, no sólo en su clase obrera y en los pueblos, sino también en zonas decisivas de sus gobiernos, de que la contradicción de intereses entre la América Latina en su conjunto y cada uno de nuestros países en particular con la política mantenida por el imperialismo norteamericano, no puede resolverse por la vía de la entrega o la conciliación, sino que requiere una resistencia conjunta que ya está en marcha.

Casi al concluir, el vasto *Informe* puede afirmar: «Lo que ocurre aquí [en Cuba], como ayer ocurrió en el imperio de los zares y en tantos otros pueblos de la tierra, es símbolo del futuro del mundo.»

En documentos como estos, nuestra América se piensa a sí misma, y piensa al mundo, por vez primera, desde una perspectiva realmente universal.

El precoz latinoamericano Inca Garcilaso de la Vega, al preguntarse en el siglo XVII «si el mundo es uno solo o si hay muchos mundos», se había respondido «que no hay más que un mundo».[38] Occidente se encargó de demostrarlo, llegando, en busca de riquezas, a todos los rincones, y convirtiendo a las tierras más alejadas en partes de un mismo sistema, el capitalista, que solo empezaría a ser sobrepasado a partir de Octubre de 1917. A Occidente, pues, al capitalismo, se debe la primera mundialización del mundo (realizada para su exclusivo provecho), que describiría en 1848 el *Manifiesto comunista*. Sin embargo, cuantos quisieron preservar de veras nuestro rostro, original y difícil, nuestra contribución específica a la humanidad, contra las formas variadas del colonialismo (es decir, contra la empobrecedora sumisión al mundo occidental), se vieron obligados siempre a enfatizar nuestra otredad: «Nosotros somos un pequeño género humano», escribió insuperablemente Bolívar en 1815. Pero el hombre en cuyo pensamiento alcanzó incandescencia esta certidumbre de la realidad distinta de nuestra América, José Martí, también expresó: «Patria es humanidad»;

y supo avizorar, más allá de sus tiempos «de reenquiciamiento y re-
molde», «cómo se viene encima, amasado por los trabajadores, un
universo nuevo». Con la Revolución Cubana ha dado sus primeros
pasos en nuestra América ese universo nuevo, donde «Occidente»
y «Oriente» acabarán por no ser más que antiguos puntos cardinales en la aventura planetaria (y ya incluso extraplanetaria) del ser
humano total.

Contra la Leyenda Negra*

A los compañeros españoles,
dentro y fuera de España, en 1976.
Y en 1992, a Federico Álvarez, que tiene
tres patrias y una fidelidad ejemplar.

La herencia paleoccidental

La estimulante discusión, reverdecida estos años, en torno a la cultura latinoamericana, ha llevado a destacar la genuinidad de nuestras herencias indígenas, amerindias o africanas, y a señalar las distancias o, si se quiere (para decirlo con términos que acuñó Alfonso Reyes), las «simpatías» y las «diferencias» con «Occidente», es decir, con los países de capitalismo desarrollado: esto último es imprescindible, pues si no somos europeos, sí somos en cambio, como dijo Lipschütz, «europoides».

Pero hay otra fuerte herencia que casi me atrevo a llamar intermedia: ni indígena ni, en rigor, «occidental», sino a lo más, como he sugerido en otra ocasión, «paleoccidental»: la herencia ibérica. En un intento, por modesto que sea, de precisar las raíces de nuestra cultura, no es posible soslayar nuestras relaciones con aquella. Voy pues a presentar algunas ideas generales sobre esas relaciones,

---

* Leído en el Simposio Internacional de Estudios Hispánicos realizado en Budapest en agosto de 1976, y publicado originalmente en *Casa de las Américas*, no. 99, noviembre-diciembre de 1976.

centrándome en los polos más visibles de las mismas: España e
Hispanoamérica.

Que una parte considerable de nuestra cultura proviene de fuente española, es obvio. Aunque hablar de «fuente» implique usar una
metáfora, y aunque no pueda exagerarse el peso de aquella parte
en la elaboración ulterior de nuestra cultura, tampoco puede minimizarse, y todavía menos pretenderse borrarla de un plumazo. Es
mucho más que la lengua lo que recibimos de España. Pero incluso
en la lengua se revela la forma peculiar como ocurrió esa recepción. Menéndez Pidal, al hablar de la unidad del idioma, explicó:
«Hay, podemos decir, dos tipos de lengua española culta, como hay
dos tipos de inglés: uno europeo y otro americano, distintos fundamentalmente por algunas peculiaridades de pronunciación.»[1] Esa
diferencia visible (o, mejor, audible), que también puede llamarse
riqueza, no implica, por suerte, riesgo de fragmentación de nuestro
idioma, como ocurrió con el latín a la caída del Imperio Romano, y
como temieron (y combatieron), en el siglo pasado, Andrés Bello
y Rufino José Cuervo, ya que «los pueblos en que se fraccionó el
Imperio español se comunican hoy entre sí mucho más que cuando formaban un solo Estado».[2] La unidad de nuestro idioma, pues,
sin mengua de los enriquecimientos que cada zona le aporta, se ha
conservado, y es de desear que se conserve, garantizándose así una
fructuosa intercomunicación y la pervivencia de un vínculo homogéneo con el resto del mundo.

Más allá de la lengua la situación es, desde luego, mucho más
compleja. A los hispanoamericanos nos gusta repetir, en relación
con los españoles, que no descendemos de los que quedaron, sino
de los que vinieron, cuyos hijos dejaron ya de ser españoles para
hacerse, primero, criollos, y luego, mezclados con otras etnias, latinoamericanos. Este planteo es lógico: hace más de siglo y medio que
la América española inició su separación política del maltrecho y
decadente Imperio español, el cual perdería sus últimas posesiones

americanas, Cuba entre ellas, en 1898. Y, por otra parte, la primera definición de Hispanoamérica se hace en contrapunto con España, y supone, necesariamente, señalar las diferencias con esta: señalamiento complejo, como bien se sabe, y en el que el énfasis en destacar lo que nos distingue de la vieja metrópoli, sin generar soluciones verdaderamente propias, ayudó a que muchos sucumbieran ante las propuestas de nuevas y voraces metrópolis: como si cambiar de amo, según advirtiera Martí, equivaliera a ser libres.

La asunción de tales propuestas «occidentales», que fascinaban a ciertos grupos hispanoamericanos ávidos de modernización, fue facilitada por el estado lamentable en que se encontraba España, y la explotación inicua a que sometía a estas tierras donde surgían nuevas naciones; pero a ello coadyuvó también el hecho de que España y lo español habían estado marcados, desde el siglo XVI, por una feroz campaña adversa que se ha dado en llamar la Leyenda Negra. Vale la pena detenerse un momento en ella, cuya aceptación acrítica, como se verá, es negativa en general, y en especial para nosotros mismos.

Razones para la Leyenda Negra

En apariencia, esta Leyenda Negra fue provocada por el compartible rechazo a los crímenes monstruosos cometidos en este Continente por los conquistadores españoles. Pero el menor respeto a la verdad histórica muestra que esto es sencillamente falso. Los crímenes existieron, sí, y fueron monstruosos. Pero, vistos con la perspectiva de los siglos transcurridos desde entonces, no más monstruosos que los cometidos por las metrópolis que sucedieron con entusiasmo a España en esta pavorosa tarea, y sembraron la muerte y la desolación en todos los continentes: en comparación con las depredaciones de Holanda, Francia, Inglaterra, Alemania, Bélgica o los Estados Unidos, para mencionar algunas ilustres naciones occidentales, si algo distingue a la conquista española no es la proporción de crímenes, en lo que ninguna de aquellas naciones se deja aventajar, sino la proporción de escrúpulos. Las conquistas realizadas por tales países tampoco carecieron de asesinatos ni de destrucciones: de lo que sí carecieron fue de hombres como Bartolomé de Las Casas, y de polémicas internas como las que encendieron los dominicos y sacudieron al Imperio español, sobre la legitimidad de la conquista: lo que no quiere decir que tales hombres, siempre minoritarios, lograran imponer sus criterios, pero sí que llegaron a defenderlos ante las más altas autoridades, y fueron escuchados y en cierta forma atendidos. El investigador francés Pierre Vilar, quien aborda la historia de España con erudición y enfoques correctos, ha podido escribir:

> Es hermoso para una nación colonial haber tenido un Las Casas, y no haberlo dejado aislado y sin influencias. La Escuela de Salamanca, con Melchor Cano, Domingo de Soto y Francisco de Vitoria, a mediados del siglo XVI, hizo pasar la discusión del plano humanitario al plano jurídico del «derecho de gentes».

Y también: «Lo esencial, de hecho, es distinguir entre una práctica brutal (pero no más brutal que cualquier otro tipo de colonización) y una doctrina, e incluso una legislación, de intenciones sumamente elevadas (que han faltado frecuentemente a colonizaciones más modernas)».[3]

Conviene también saber lo que sobre aquella Leyenda Negra han dicho otros irreprochables anticolonialistas y defensores de las comunidades masacradas (tanto por el Imperio español como por los que llegaron después): Fernando Ortiz, Alejandro Lipschütz y Laurette Séjourné.

Para Fernando Ortiz, «la conquista del Nuevo Mundo fue una realidad ciertamente crudelísima», pero «ni tan leyenda ni tan negra», ya que la negrura de su humanísima inhumanidad no fue exclusiva de España, ni más tenebrosa que la de todos los otros genocidios y sojuzgamientos de unas gentes por otras, realizados a sangre y fuego o con las más refinadas técnicas mortíferas, cuando los infrenados afanes de poder y codicia entenebrecen las conciencias aunque se cubran con alardes de fatalismo ideológico, destinos manifiestos, predestinaciones o servicios a Dios.[4]

Alejandro Lipschütz, por su parte, estima que

tal leyenda negra es ingenua; y peor que eso, es maliciosa propaganda. Es ingenua, porque los conquistadores y primeros pobladores no son exponentes de la cultura moral del pueblo español; y es maliciosa propaganda, porque en forma igualmente tremenda se han realizado, y todavía están realizándose, todas las conquistas de tipo señorial.[5]

Y también piensa que

con igual razón se debiera confeccionar una leyenda negra antiportuguesa, antibritánica, antifrancesa, antialemana, antirrusa, antiyanqui. En los tremendos sucesos que se resumen con las palabras de Las Casas «La destrucción de las Indias» no hay nada que fluyera simplemente del hecho de haber sido españoles los conquistadores de América y sus primeros pobladores, o si se quiere, de haber sido ellos de raza española. Todo fluye del hecho de ser ellos instrumentos ciegos o videntes del régimen señorial, avasallador, trasladado a un marco tribal ajeno, por medio de la conquista […] en el *pogrom* de la conquista de América se exterioriza el carácter inmanente del régimen señorial. Si se quiere: no hay lugar para una leyenda negra antiespañola, antiportuguesa, antibritánica, etcétera; hay sólo lugar para una leyenda negra antiseñorial. // Y aún más vale otro hecho de orden histórico: en verdad no se trata de una leyenda antiseñorial sino de la auténtica realidad señorial milenaria [...]⁶

Laurette Séjourné confiesa:

> Nos hemos dado cuenta también de que la acusación sistemática a los españoles desempeña un papel pernicioso en este vasto drama, porque sustrae la ocupación de América a la perspectiva universal a la cual pertenece, puesto que la colonización constituye el pecado mortal de toda Europa [...] // Ninguna nación lo hubiera hecho mejor [...] Por el contrario, España se singulariza por un rasgo de importancia capital: hasta nuestros días ha sido el único país de cuyo seno se hayan elevado poderosas voces contra la guerra de conquista.⁷

Tales observaciones ayudan a entender las verdaderas razones por las cuales se urdió y difundió contra España la Leyenda Negra, la cual, en efecto, «sustrae la ocupación de América a la perspectiva universal a la cual pertenece». Por ello es imprescindible rechazar ese escamoteo, y ubicar la ocupación de nuestro Continente en «la perspectiva universal»: entonces se ve con toda claridad que «en definitiva, la conquista y la colonización de América en el siglo XVI forman parte del fenómeno de aparición y consolidación del capitalismo».⁸ Aquellos crímenes son imputables, pues, a la «aparición y consolidación *del capitalismo*», no a una nación u otra. Y ellos revelan «la profunda hipocresía y *la barbarie propias de la civilización burguesa* [que] se presentan desnudas ante nuestros ojos cuando, en lugar de observar esa civilización en su casa, donde adopta formas honorables, la contemplamos en las colonias, donde se nos ofrece sin ningún embozo».⁹ Precisamente la Leyenda Negra fue forjada y difundida para ocultar esta verdad: para *exculpar* al «*capital* [que viene al mundo] chorreando sangre y lodo, por todos los poros, desde la cabeza hasta los pies»,[10] y arrojar la responsabilidad sobre *una* nación, España, que en el siglo XVI era la más poderosa de la Tierra, y cuyo sitio, por ello, aspiraban a ocupar, y finalmente ocuparon, otras metrópolis, entonces incipientes, confabuladas todas contra España:[11] fueron las burguesías de esas metrópolis las que crearon la especie de la Leyenda Negra antiespañola, naturalmente que no en beneficio de los pueblos martirizados, a los que ellas mismas someterían a martirio no menos cruel, sino en beneficio de sus rapaces intereses.[12] La Leyenda Negra fue un hábil arma ideológica en la lucha intermetropolitana que acompaña al capitalismo y abarca varias centurias, aunque a finales del siglo XVII estaba ya prácticamente decidida en favor de nuevas metrópolis (como Holanda, Francia, Inglaterra, grandes fautoras de la Leyenda). En aquella lucha hubo (y hay), como es natural, contradicciones entre las burguesías de las distintas metrópolis, e inculpaciones mutuas, pero sobre un fondo de intereses comunes que hoy revelan de modo muy claro las trasnacionales; y elogiándose unas a otras no como los cuatreros que son, sino como representantes luminosas de *la* civilización. Por ejemplo, al agravarse a principios del siglo XX las contradicciones interimperialistas que condujeron a la llamada Primera Guerra Mundial, veríamos prosperar nuevas «leyendas negras», tan mendaces como la otra aunque los crímenes también fueran tristemente verdaderos: las forjadas por los distintos contendientes bélicos en detrimento de sus ocasionales enemigos. En la elaboración de esas leyendas, por cierto, no solo participaron las respectivas burguesías, lo que era lógico, sino, vergonzosamente, también los traidores de la Segunda Internacional, que dejarían huella tan triste. Pero tales leyendas no prosperaron a la terminación de aquella conflagración (ni siquiera, a pesar de los horrores nazis, prosperaría la leyenda negra antialemana después de la llamada Segunda Guerra Mundial), sino en la forma atenuada y casera de que no puede prescindir el ridículo chovinismo burgués: y no prosperaron, porque no podía ser de otra manera entre cómplices de las mismas fechorías, especialmente al brotar ante ellos la Revolución de Octubre, la cual impulsaría una creciente descolonización y obligaría a los bárbaros «civilizados» a rehacer de prisa su causa común: para nombrar a esa causa común, la de la explotación del mundo entero, el pillaje, el genocidio y el horror, desempolvaron las expresiones «Occidente» o «cultura occidental», quintaesencia según ellos de todos los esplendores del hombre. Esa Leyenda Blanca o Rosa, la de «Occidente», es el reverso de la Leyenda Negra, y no tiene más propósito ni más valor que esta. Es decir: cuando no es un arma homicida, es un trasto inservible.

¿Las dos Españas?

La forma como la reacción española ha intentado combatir la Leyenda Negra contra su país ha mostrado, como es natural, ser absolutamente ineficaz. Consultando sus arduos textos,[13] a ratos se siente uno tentado de suscribir aquella leyenda, lo que sería desde luego un craso error. Incapacitada por su estrecha perspectiva de clase para aprehender el verdadero núcleo del asunto en discusión, todo se vuelve (además de injurias a otras naciones) una retahíla de alabanzas a glorias herrumbrosas y grandezas de utilería, mientras se denigra a figuras y realizaciones verdaderamente admirables de España: ejemplo característico de esto último es el odio encarnizado que la reacción española profesa al extraordinario Bartolomé de Las Casas, a quien ya he mencionado y sobre el cual tendré ocasión de volver en estas líneas.

Esta dicotomía muestra que tales autores, aunque aquejados de momificación antidialéctica, no desconocen sin embargo la existencia de una dualidad en el seno de cada cultura nacional, como explicaría Lenin:[14] solo que ellos, diciendo asumir la totalidad de la herencia española, de hecho, *por eso mismo*, pretenden expulsar de esa herencia, con visión «ultrarreaccionaria y clerical», mucho de lo que nosotros consideramos allí central y vivo, y en cambio defienden cerradamente lo muerto, retardatario o negativo.

El único procedimiento válido es comenzar impugnando *explícitamente* esa falsa totalidad, que obligaría a aceptar o rechazar en bloque todo «lo español», lo cual es disparatado; y proclamar la existencia no de una, sino de *dos* culturas, en el caso de España como de cualquier otra realidad similar: la «señorial», como diría Lipschütz, y la popular; la de los opresores y la de los oprimidos: esta última es la viviente y auténtica, y sus obras son las que reivindicamos; pero, sin proceder a un corte primario y a un abandono empobrecedor, desde su perspectiva (en atención ya no solo a la teoría sino también a la praxis leninista)[15] procederé a enjuiciar la primera, asimilando críticamente cuanto en ella se considere ganancia de la humanidad.

Por otra parte, pocos países han expresado tan vivamente la conciencia de esta dualidad como España. Debido sin duda a su condición de adelantada del capitalismo y de la expansión europea, y a su posterior desfasaje y al cabo marginación en cuanto al desarrollo de ese capitalismo que en gran medida ella hizo posible, el tema de la dualidad tanto externa (Europa/España) como interna («las dos Españas»)[16] se convertiría en una constante del pensamiento y de las letras de España casi desde el inicio de la decadencia del país. Baste recordar el conocido epitafio que menciona Larra en su «Día de difuntos de 1836»: «Aquí yace media España: murió de la otra media»; y sobre todo el señalamiento del hecho en el magnífico Antonio Machado, quien en textos como «El mañana efímero», de 1913 —por cierto, el mismo año en que Lenin escribe sobre la existencia de dos culturas en una nación—, distingue con toda claridad entre

la España de charanga y pandereta,
cerrado y sacristía,

devota de Frascuelo y de María,
de espíritu burlón y de alma quieta,
[...]
Esa España inferior que ora y bosteza,
vieja y tahur, zaragatera y triste;
esa España inferior que ora y embiste
cuando se digna usar de la cabeza[;]

y por otra parte

la España del cincel y de la maza,
con esa eterna juventud que se hace
del pasado macizo de la raza.
Una España implacable y redentora,
España que alborea
con un hacha en la mano vengadora,
España de la rabia y de la idea.

Sin negar la evidente existencia de *una* historia de España, que a su vez tiene que ser remitida a la historia mundial, toda apreciación de España que no tome en cuenta la existencia de estas *dos culturas* en su interior, de acuerdo con la realidad clasista, y que se limite a considerarla globalmente, para denigrarla o para exaltarla, no puede ser sino legendaria.

Occidente y España

No es extraño, dado su origen, que la Leyenda Negra antiespañola encontrara lugar entre las formas variadas, y siempre inaceptables, del racismo. Por suficientemente conocido, apenas es necesario mencionar el triste caso de los Estados Unidos, donde es habitual que los términos «hispano» o «latino», aplicados de preferencia a nosotros y muy especialmente a puertorriqueños y chicanos, estén cargados del desdén con que habitantes al parecer transparentes de aquel pobre país tratan a quienes llaman «coloreados». Pero quizá sea útil recordar una frase cuya formulación clásica se atribuye a Alejandro Dumas: «África empieza en los Pirineos». El sacrosanto Occidente muestra así su repugnancia por *lo otro* que no es él: y ese *otro* lo encuentra encarnado por excelencia en África, cuya penosa situación *actual* fue provocada por el crecimiento del capitalismo occidental, que *la subdesarrolló* para hacer posible ese crecimiento.[17]

Aquí también la reacción española se embarulla sin remedio, al mostrarse ofendida por este juicio, lo que demuestra que es tan deleznablemente racista como quienes lo emiten: y, en efecto, la «limpieza de sangre» fue su atroz pecado. La realidad, sin embargo, es mucho más viva y aleccionadora de lo que suele sospechar quien pretende injuriar y quien se siente ofendido. Pues la verdadera historia de España, no la que mienten engolados y engolillados textos oficiales, ayuda a entender la completa falsedad de lo que Occidente cuenta de sí mismo: ese singular proceso según el cual la Razón se reveló a Grecia, se hizo Imperio en Roma, se asimiló una Religión que le estaba destinada, y vivió varios siglos de oscura hibernación para Renacer, armada de todas sus armas, en las obras de occidentales (exbárbaros) que se pasarían los siglos venideros cumpliendo la pesada misión de llevar la luz de la Civilización al resto del planeta. Si algún país permite tirar de la manta y mostrar el alegre fraude que supone esta historia que se atribuyen las burguesías desarrolladas de Occidente, ese país es España, y tal hecho de seguro ha contribuido también a la denigración que ella ha sufrido a manos occidentales. Aunque todavía no contemos con toda la información sobre este punto, lo que se sabe basta y sobra para hacer rectificar aquella mentirosa autobiografía.

A la tonta simplificación según la cual «la España eterna» fue ocupada durante varios siglos por los infieles árabes, a quienes al cabo logró arrojar de la Península, preservando la pureza de la

fe cristiana y evitándole a Europa el contagio de la barbarie ma-
hometana, se sobrepone una verdad mucho más rica: en España
convivieron durante siglos, y se influyeron mutuamente, fructu-
osamente, cristianos, moros y judíos, españoles todos, como ha
explicado Américo Castro en un polémico libro.[18] En aquel momento, «no cabía [...] ni decir que lo español era lo europeo ni que
era lo oriental». Y también:

> Apretujada entre la embestida islámica y la ambiciosa presión
> de Francia, Castilla desarrolló una existencia de enérgico y há-
> bil esgrimidor, ducho en ataques y paradas. El menester de
> vivir bajo la amenaza de la más alta civilización existente en el
> mundo entre los siglos IX y XII, llevó a Castilla a delegar en los
> moros y judíos que sometía, el trato con las cosas, la técnica y
> lo que requiriera detenerse a pensar [pp. 14–15].

Casi al mismo tiempo de la aparición de aquel libro de Castro, escribía Menéndez Pidal:

> La España del Sur, el Andalús, aunque desarrolla un aisla-
> miento muy hispanizado en costumbres, en arte, en ideología,
> queda segregada de Europa y unida al orbe cultural afroasiá-
> tico. La España del Norte, la europea, aunque bien firme en
> su cristiandad, se ve sin embargo muy sometida a influjos del
> Sur, en el tiempo en que la cultura árabe era muy superior a
> la latina, y cumple entonces el alto destino histórico de servir
> como eslabón entre los dos orbes, oriental y occidental.[19]

La influencia de aquella sociedad árabe, «la más alta civilización
existente en el mundo entre los siglos IX y XII», de aquella «cultura árabe [que] era muy superior a la latina», penetra en efecto
en Europa a través de España, y vivifica al mortecino mundo cultural europeo: se hace sentir en su filosofía, en su literatura, en

su ciencia, en su técnica, en sus cultivos, en sus hábitos; en Santo
Tomás, en Dante: esto último, como se sabe, fue descubierto por
el sacerdote español Miguel Asín Palacios, quien opinaba que
«nuestra patria tendría derecho a reivindicar para algunos de sus
pensadores musulmanes una parte no exigua de los timbres de
gloria con que la crítica universal ha decorado la obra inmortal de
Dante Alighieri».[20]

Pero España no solo resulta ser, así, «eslabón entre la Cristiandad y el Islam»,[21] sino que, debido a la vastedad del mundo
islámico, esta función de puente viene a ser aún más importante para Europa, al aportarle contribuciones, ya asimiladas por los
árabes, de origen griego, y también indio (trátese de los cuentos
o de la matemática: recuérdese que el cero, inventado en la India,
entra así en Europa) o indopersa (como el libro de aritmética que,
por encargo del califa de Bagdad, escribiera en el siglo IX el persa
Al-Khuwarizmi, quien daría su nombre a los números: *alguarismo*
en antiguo español, moderno *guarismo*). José Luciano Franco ha
señalado, además, que

> los primitivos iberos eran negroides [...] De las poblaciones
> capsianas del Magreb, surgieron los inmigrantes que poblaron
> Iberia muchos milenios antes de nuestra era; y son los primitivos iberos quienes, en su contacto tradicional con las gentes de
> su propia etnia que permanecieron en África, dieron nacimiento a un fenómeno de transculturación que se prolongó por más
> de veinte siglos para finalizar con árabes, bereberes y judíos
> sefarditas.

Y también que muchos de los españoles que en 1492 serían expulsados de España junto con los judíos sefarditas, y a quienes
«por sus rasgos culturales y lenguaje se les llama árabes o musulmanes», eran «en realidad africanos, bereberes y negros en su
mayoría».[22]

Si se tiene en cuenta todo esto, se verá hasta qué punto es cierto no solo que África *sí* empieza, felizmente, en los Pirineos,[23] sino que además empieza Asia: y además, cómo este hecho fertiliza (junto a muchos otros) a la entonces crepuscular cultura europea; si se tiene en cuenta, además, que el supuesto «milagro griego», como se sabe hace tiempo, tiene sólidas raíces afroasiáticas,[24] y que el cristianismo fue una secta asiática hermosamente pendenciera cuyo escandaloso igualitarismo la hizo enraizar entre los esclavos del Imperio Romano como el socialismo enraizaría luego entre los nuevos esclavos del capitalismo europeo, según la clásica comparación de Engels,[25] se verá en qué medida la idea que Occidente propone de sí mismo como un nuevo pueblo de elección, es tan falsa como todas las otras ideas similares a lo largo de la historia. A Alejo Carpentier le gustaba evocar el triste destino del pueblo caribe, una comunidad orgullosa y peleadora que ascendió desde la hoya del Orinoco hacia el mar al que daría su nombre y sus huesos al grito «Sólo el caribe es hombre», y cuando empezaba a expandirse por el gran mar, se topó con las orgullosas y peleadoras velas españolas, cuyas cruces y espadas decían algo similar a lo que decían los caribes, pero con otro protagonista. Esas velas, a su vez, resultaron tan frágiles como las flechas, los gritos y las canoas aborígenes, cuando empezó a desarrollarse en plenitud el implacable mundo capitalista, que echaría de lado a España y a su historia, a la que tanto debía sin embargo: desde creaciones filosóficas, artísticas, científicas, jurídicas o técnicas, hasta la entrada europea en América y la sangrienta extracción del oro y la plata que irían a parar a las ávidas manos de esos banqueros genoveses o alemanes que llamaban a los arrogantes nobles españoles, sarcásticamente, «nuestros indios».

Sin embargo, la España de Velázquez es todavía prestigiosa; inspira al «gran siglo» francés. Hacia 1650, el castellano es la lengua noble en todas partes. En la Isla de los Faisanes —veamos los tapices de Versalles —, la vieja distinción de la corte castellana anula el lujo sin gusto de Luis XIV y de su séquito. Tendrá que pasar mucho tiempo para que los nuevos ricos, que son Inglaterra, Países Bajos y la misma Francia, perdonen esa superioridad.[26]

La «perdonarán» con la Leyenda Negra.

Pero si es comprensible que ella continúe viva en sectores reaccionarios de Occidente, para los cuales el racismo, la falsificación, el resentimiento y la irracionalidad son esenciales, a primera vista podría parecer menos comprensible que también continúe viva dicha leyenda en zonas que se consideran de la izquierda de Occidente, y donde uno esperaría un enjuiciamiento racional de la historia. Dichas zonas, sin embargo, podrían ejemplificar el caso de ese paternalista hombre de izquierda europeo de quien se ha dicho que «denuncia el colonialismo, pero se le eriza la piel cuando descubre esa denuncia en la pluma de un colonizado».[27]

A título de ejemplo, oigamos a un clásico representante de cierta izquierda occidental, Jean Paul Sartre, manifestándose sobre la cultura española de una manera que Alejandro Dumas no hubiera rechazado como propia. A una pregunta (malintencionada) formulada por la revista *Libre*, Sartre responde: «Cuando fui por primera vez a Cuba, recuerdo que una de las principales preocupaciones de los cubanos era la de resucitar su antigua cultura, que infortunadamente es española, para oponerla a la absorbente influencia de los Estados Unidos.»[28] Podría creerse que Sartre piensa aquí en la *presente* situación de la cultura española, la cual en efecto es lamentable; pero no: porque habla de «resucitar su *antigua* cultura, que *infortunadamente es española*». No voy a insistir en los olvidos evidentes (la antigua cultura cubana puede ser indígena o africana o incluso criolla), pues Sartre no deja lugar a dudas: él se refiere a la «antigua cultura [...] *española*». Y toda vez que somos un país surgido del colonialismo, nuestra «antigua cultura», si se prescinde como hace aquí Sartre de los aportes extraeuropeos, solo puede ser la cultura de la respectiva metrópoli. Ahora bien: ¿por qué rayos debemos aceptar que es infortunado que esa «antigua cultura» sea para nosotros la española? ¿Sería acaso una fortuna que esa antigua cultura fuese holandesa, como le ocurre a Surinam; o inglesa, como le ocurre a Jamaica; o francesa, como le ocurre a Haití? ¿En qué ha favorecido a esos países remitirse a una cultura metropolitana no española? En sus palabras, aunque quizá sin saberlo, Sartre no hace más que suscribir la Leyenda Negra antiespañola. Lo importante, lo definitivo es que aquellos países nacidos del colonialismo, entre los que se encuentra Cuba, tenemos, además de nuestras respectivas antiguas culturas, una cultura nueva, revolucionaria, que estamos creando en común.

Otro ejemplo, aunque muy menor, de aquel procedimiento nos lo ofrece un tal Jean-Jacques Fol, al enjuiciar a Bartolomé de Las Casas. «Sin duda», dice este autor, «Bolívar llamó a Las Casas "el Apóstol de la América", y Martí hizo su elogio. ¿Pero eso es verdaderamente suficiente? ¿No es menester ver más lejos?» Ver más lejos que Bolívar y Martí es tarea apasionante. Pero he aquí el prodigioso parto de los montes que nos ofrece con su larga vista el señor Fol: «Pues la defensa de América por el padre Las Casas se hizo en detrimento de África, y la salvación de los indios fue posible en la época por la llegada de esclavos transportados de África.»[29] Si la ignorancia de este señor no fuera tan estruendosa como su fatuidad telescópica, le hubiera bastado consultar algunos mapas relativos a nuestra América (por ejemplo, los que ofrece Manuel Galich en su ensayo «El indio y el negro, ahora y antes»)[30] para comprobar que allí donde se produjo «la salvación de los indios» (mesetas mesoamericanas, sierras andinas, etcétera) fue precisamente donde *no* fueron llevados esclavos africanos, obligados en cambio a trabajar en las plantaciones de tierras bajas donde el indio *había sido exterminado*. Pero sobre todo hubiera debido saber que esa calumnia lanzada contra Las Casas, una de las figuras más nobles en la historia, es una canallesca imputación reaccionaria. Ya en 1938 había explicado Fernando Ortiz:

> Contra Las Casas hubo un doble deseo, el de borrar el recuerdo de su nombre por ser evocador de la barbarie de la conquista y destrucción de las Indias Occidentales, y, a la vez, el de denigrarlo, cuando era inevitable sacarlo a la luz, atribuyéndole la iniciativa de la trata negrera [...] Imputación afrentosa que le arrojaron los defensores del esclavismo y del colonialismo español.[31]

Ortiz volvería en varias ocasiones sobre el tema (que también han abordado certeramente investigadores tan responsables como Silvio Zavala[32] o Juan Comas),[33] y en especial en un trabajo definitivo: «La "leyenda negra" contra fray Bartolomé».[34] Es cierto que en su dramática y ejemplar evolución, no exenta de autocrítica, Las Casas, como era normal entre los españoles venidos entonces a América, tuvo encomiendas de indios antes de ser apasionado defensor de los indios; y que como todos en su época, incluso Tomás Moro en su proyectada *Utopía* de 1516, dio por natural la esclavitud (de negros y blancos, sin distingo racial alguno) antes de convertirse, a su vez, en apasionado defensor de los negros. Pero solo a un ignorante, a un malvado o a un insensato se le ocurriría acusar a Las Casas de encomendero o esclavista, de antindio o de antinegro. Las Casas no *nació* Las Casas: *se hizo* Las Casas, como le ocurre a todo el mundo, aunque solo muy pocos hayan llegado tan lejos como él. Con pleno conocimiento de la obra entera del gran dominico, y con la autoridad que le daba su formidable tarea de desentrañamiento de los aportes africanos a nuestra cultura, Fernando Ortiz pudo concluir así su ensayo:

> Si a Las Casas se le puede llamar «Apóstol de los indios», también fue «Apóstol de los negros». La historia reta a sus enemigos a que presenten unos textos en favor de los negros esclavos, su

explotación en América y su cruel tratamiento en todas partes, que sean más tempranos, vivos y concluyentes que los escritos con ese propósito por Bartolomé de Las Casas, el gran español [pp. 183-184].

A este reto, los enemigos de Las Casas no han podido replicar nada hasta la fecha: lo que no les ha impedido seguir propalando las sandeces de que se hace eco el señor Fol, coincidiendo con ultrarreaccionarios cerriles, y contribuyendo a mantener viva la Leyenda Negra contra fray Bartolomé.[35]

La decadencia española

Un punto que no puedo ni quiero soslayar es el tan manido de la decadencia española. Esta es un hecho incontrovertible, pero que nada tiene que ver con supuestos defectos inmanentes de «lo español». El ocaso de un imperio, que España sería la primera nación moderna en conocer, es algo que se había visto ya, y veríamos repetirse luego en otros casos, como los de Portugal, Holanda, Francia o la misma Inglaterra, a la que aún en mi niñez aceptaba como «reina de los mares», y hoy es una señora provinciana más bien parecida a la Miss Marple de Agatha Christie. En cada uno de estos casos, el nuevo Imperio, el Imperio yanqui, corre servicial a heredar, a mano armada o a mano enmascarada, las colonias que pertenecieron a los imperios periclitados: a España le arrebata Puerto Rico y las Filipinas; a Francia y a Portugal, trata de heredarles Indochina y Angola... Los pueblos respectivos, como se sabe, tienen criterios bien distintos.

En el caso de España, se conocen las razones de su decadencia, aunque no pocas de ellas son todavía objeto de polémica.[36] Una serie de hechos desastrosos, como la expulsión de judíos y moriscos y el aplastamiento en Villalar de los comuneros por Carlos V, sofocaron el desarrollo de su burguesía, e hicieron ganar fuerzas a un nuevo feudalismo que los Reyes Católicos hubieran querido frenar. La llegada de las fabulosas riquezas americanas a España, sin que existieran allí núcleos nacionales capaces de capitalizarlas, selló esta regresión. Pierre Vilar ha explicado:

> El triunfo del «cristiano viejo» significa cierto desprecio del espíritu de lucro, del propio espíritu de producción, y una tendencia al espíritu de casta. A mediados del siglo XVI, los gremios empiezan a exigir que sus miembros prueben la «limpieza de sangre»: mala preparación para una entrada en la era capitalista [...]. Para unos, «el oro de las Indias» ha servido por sí mismo para asegurar la hegemonía española. Para otros, es ese mismo oro la causa de la decadencia [...]. Los beneficios no fueron «invertidos» en el sentido capitalista del término. Los emigrantes favorecidos por la fortuna soñaban con compras de terreno, [con] construcción de castillos, con tesoros. El teatro y *Don Quijote* reflejan esta actitud, tanto del campesino como del hidalgo [...]. Doctrinas modernas hay que han considerado como un signo de gloria esta *inadaptación de España al capitalismo*. Pero fue ella quien condenó al país a la ineficiencia. // Por otra parte, no hay que considerar en esta sicología un rasgo determinante. Si la inflación de medios monetarios no hubiera aniquilado a la empresa castellana y hundido a la banca sevillana, destruyendo los gérmenes de burguesía, todo hubiera podido transformarse. La España del siglo XVI, por posición y por coyuntura, tuvo que dejar a las naciones del norte de Europa la tarea de desarrollar las consecuencias de la revolución hecha posible gracias a los «Descubrimientos».[37]

Esta derrota de la burguesía, esta persistencia de las estructuras feudales, marcarán el porvenir español con la sobrevivencia de una ideología arcaica representada por un catolicismo oscurantista que opondrá a la modernidad burguesa la camisa de fuerza de la Contrarreforma; y, consecuentemente, con un ínfimo desarrollo (e incluso con una involución) de la ciencia, imprescindible para la burguesía pero no para la sociedad feudal.[38] A pesar de esfuerzos renovadores en el siglo XVIII, al llegar el XIX el panorama es desolador, y los hispanoamericanos no pueden sino resentirse amargamente de ello. Tras su viaje a España en 1846, Sarmiento exclamaría con su habitual rudeza: «Ustedes [españoles] no tienen [hoy] autores, ni escritores, ni sabios, ni economistas, ni políticos, ni historiadores, ni cosa que lo valga»; y en 1890, al escribir sobre el poeta Sellén, dirá Martí: «Los pueblos de habla española nada, que no sea manjar rehervido, reciben de España.» Aquí no hay necesariamente concesión a la Leyenda Negra, sino fidelidad a los tristes hechos. No decían otra cosa en el siglo XIX los mejores españoles, de Larra a Costa. Así describe un historiador moderno, Tuñón de Lara, la España de la que se separó Hispanoamérica:

> Era España, a comienzos del siglo XIX, un país que vivía dentro de los moldes de lo que se ha llamado «viejo régimen», o sea: un país eminentemente agrario, dominado por la gran propiedad rústica y los señoríos, en que la nobleza y la iglesia detentaban la mayoría de las fuentes de riqueza [...] Los vestigios feudales eran tan acusados, que en multitud de casos la propiedad de la tierra llevaba aparejada la potestad sobre los habitantes de pueblos y tierras.[39]

Y otro historiador: «La España del siglo XIX es una gran potencia de museo, albacea testamentario del Imperio.» Y aún más: la España actual, cancelada temporalmente la relativa reanimación experimentada entre 1898 y la guerra, «por encima de acronías, tecnocracias a la moda y masas de consumidores, es un inmenso esperpento que camina desde los aguafuertes de Goya hasta los militares valleinclanescos de charretera y cuartelazo».[40]

Esta terrible situación histórica concreta, este atraso estructural de un país europeo sin revolución burguesa y abrumado por rezagos feudales, explica el bajo nivel frecuente de las discusiones teóricas en aquel país (de que ha hablado Cajal), muchos de cuyos mejores pensadores, desde que se hizo visible la decadencia de la nación,[41] se enzarzaron en una inacabable discusión sobre europeizar a España: lo que, por supuesto, significaba cosas distintas de acuerdo con las distintas circunstancias, y en general solía ser un planteo confuso, incluso en hombre tan enérgico y claro como Costa: no digamos en el contradictorio Unamuno, que suscribe la justa tesis de Costa en *En torno al casticismo* (1895), y pasa luego al extremo opuesto, viendo algunas cosas y cerrándose irracionalmente a otras; o en el occidentalizado Ortega; o en quienes creen hoy que el hecho de que España sea uncida por las trasnacionales a sus intereses implica una modernización. Naturalmente que España está urgida de una verdadera modernización: pero ella no será una «europeización», una «occidentalización»: esta última, como se demostró en Hispanoamérica, solo puede conducir a la neocolonia. La verdadera modernización vendrá con un cambio profundo de estructuras, con esa revolución que reclamaba angustiado Costa, pero que ya no podrá limitarse a ser aquella misma postulada por él, la revolución democrático-burguesa, sino que avanzará hacia la revolución socialista, como se anunció en el trienio 1936–1939, la cual hará de España no un país occidental, sino un país posoccidental. No hay porvenir occidental (=capitalista desarrollado) para España: hoy es un país paleoccidental; mañana, y ojalá que pronto, un país posoccidental.

España nuestra

Esa España subdesarrollada en lo económico y aherrojada en lo político, era un país al que los hispanoamericanos no podíamos considerar sino fraternalmente: era un país como los nuestros. Su tormentoso pasado es también, de alguna forma, nuestro; su triste presente, se parecía al de muchos de nuestros países; su porvenir, no nos es en absoluto ajeno. Con enorme dolor vemos a los descendientes de las armoniosas sociedades indoamericanas o africanas desempeñar hoy los más rudos trabajos en el mundo capitalista moderno; apenas era otro el destino de los pobres descendientes de la ruinosa grandeza española: cuando no malmorían en sus tierras, eran sirvientes en Francia, mineros en Bélgica, obreros no calificados en la RFA. Motivo también de dolor.

Por suerte, la esperanza en llegar a ver una España revolucionaria y victoriosa no se basa en meras ilusiones sentimentales. Ya Marx advirtió, a mediados del siglo XIX, cómo «Napoleón, que, como todos sus contemporáneos, consideraba a España como un cadáver exánime, tuvo una sorpresa fatal, al descubrir que, si el Estado español estaba muerto, la sociedad española estaba llena de vida y repleta, en todas sus partes, de fuerza de resistencia».[42] Hace cuarenta años volvió a comprobarse este hecho, y su resplandor, que iluminó mi infancia, no se ha extinguido aún. Brutalmente agredida por fuerzas nazifascistas que penetrarían luego en no pocos países europeos como un cuchillo caliente en la mantequilla, y solo vinieron a desbaratarse frente al pueblo soviético, España demostró, a lo largo de tres años inolvidables, hasta qué punto todavía «estaba llena de vida y repleta, en todas sus partes, de fuerza de resistencia». Es significativo que los mayores poetas hispanoamericanos fueran entonces a la Península, y escribieran en homenaje al pueblo español algunos de sus mejores textos: «Niños del mundo: está / la madre España con su vientre a cuestas», clamó el conmovedor César Vallejo. Y allí, en aquella tierra, hecho símbolo de la identificación de nuestros destinos, quedó el generoso Pablo de la Torriente Brau, como dijera su fraterno Miguel Hernández, «con el sol español puesto en la cara / y el de Cuba en los huesos».

¿Será menester insistir en lo entrañable que nos es y nos será siempre esa otra España, la España donde Las Casas y los grandes dominicos del siglo XVI, «el momento más brillante del pensamiento anticolonialista hispánico»,[43] defendieron noblemente a los primeros americanos; la España donde pensaron (aunque algunos se vieran obligados a hacerlo fuera del país) Vives y los erasmistas del siglo XVI,[44] Servet, Huarte, Suárez, Sánchez, Feijoo, Cadalso, Jovellanos, Blanco White, e incluso, más allá de la independencia de casi toda Hispanoamérica, Larra, Pi y Margall, Giner y los krausistas,[45] Costa, Iglesias, Cajal, algunos hombres del 98[46] y sobre todo Antonio Machado; la España cuyo pueblo, en un proceso dramático, engendró descendientes rebeldes en nuestra América; la España de los comuneros, las guerrillas contra Napoleón, las cortes de Cádiz, Riego, Mariana Pineda y la Institución Libre de Enseñanza; la España obrera, campesina y pensadora; la España que peleó magníficamente por toda la humanidad, de 1936 a 1939: y volvió a perder? Con los ojos de esta España contemplamos una impresionante y compleja familia: el arte hispanoárabe, el *Poema del Cid*, don Juan Manuel, el Arcipreste, *La Celestina*, el romancero y la novela picaresca, Garcilaso, Fray Luis, Ercilla, Santa Teresa, San Juan, Cervantes, Góngora, Balbuena, Quevedo, Lope, Tirso, Ruiz de Alarcón, Calderón, Saavedra Fajardo, Gracián, *El Greco*, Velázquez, Moratín, Goya, Quintana, Espronceda, Bécquer, Rosalía de Castro, Valera, Galdós, *Clarín*, Unamuno, Baroja, Valle Inclán, *Azorín*, Machado, Juan Ramón, Picasso, Miró, Gómez de la Serna, Falla, León Felipe, Moreno Villa, Lorca, Alberti, Buñuel, Cernuda, Miguel Hernández...

¿A santo de qué los inficionados por la Leyenda Negra van a venir a decirnos que los errores y los horrores de la reacción española deben hacernos olvidar que esa es también una herencia (o una línea paralela) nuestra, o hacernos avergonzar de ella? ¿Tiene algún sentido declarar inhabilitada la creación cultural de un país

por los espantos que en un momento dado hayan cometido sectores
de aquel país? ¿Acaso no admiramos la obra de Shakespeare, Shaw
o Virginia Woolf a pesar del Imperio británico? ¿Y la de Whitman,
Twain o Hemingway a pesar del imperialismo yanqui? ¿Y la de
Rabelais, Rimbaud o Malraux a pesar del colonialismo francés?
¿Y la de Pushkin, Tolstoy o Dostoyevski a pesar del zarismo? ¿Y
la de Goethe, Heine o Brecht a pesar del nazismo? ¿Y la de Dante,
Leopardi o Pavese a pesar del fascismo?[47] ¿E incluso la obra de
Kipling, Claudel o Pound a pesar de Kipling, Claudel o Pound? La
verdad es que nos llena de orgullo saber que aquella España tam-
bién es nuestra, y que prescindir de ella no nos enriquecería: nos
empobrecería lamentablemente.

Si se quiere un solo ejemplo de cómo lo mejor de esa herencia
española, junto a otras, se transustanció en la obra americana, baste el caso superior de José Martí. Ya se sabe que ningún hombre
de nuestra América llegó a elaborar como él una teoría tan vasta
y coherente sobre la genuinidad de nuestra cultura, según destacó Noël Salomon; ni llegó a crear una obra tan auténtica como la
suya, respetuosa y amorosa de nuestras raíces aborígenes a la vez
que situada a un nivel de excelencia mundial. Nadie menos pro-
clive que él a enceguecerse con el relumbre falso y sangriento de
un Imperio cuyas últimas cadenas él contribuyó decisivamente a
desbaratar en América. Y sin embargo, ¿qué lector suyo familiarizado con varias literaturas deja de comprobar que su obra, moderna,
nutrida de los mejores aires de su tiempo, original y anunciadora
del porvenir, solo tiene un parigual estilístico entre los mayores escritores del Siglo de Oro español, que él conoció y asimiló como
nadie, pudiendo Juan Marinello hablar de «la españolidad literaria
de José Martí»?[48] El propio Martí, refiriéndose a Quevedo, afirmó
que «ahondó tanto en lo que venía, que los que hoy vivimos, con su
lengua hablamos».

El hombre que en *La Edad de Oro* enseñó a los niños de su América a amar y respetar a Las Casas, que era español, «y su padre, y su madre», pero no podía confundírsele con «aquellos conquistadores asesinos [que] debían venir del infierno, no de España»; el que, en su madurez, confesó: «Para Aragón, en España, / Tengo yo en mi corazón / Un lugar todo Aragón / Franco, fiero, fiel, sin saña. / [...] Estimo a quien de un revés / Echa por tierra a un tirano: / Lo estimo si es un cubano; / Lo estimo si aragonés»; el que, mientras preparaba la guerra de independencia, era capaz de distinguir entre el «español que tiene en el Sardinero o en la Rambla su caudal, que es su única patria», y el «español llano, que ama la libertad como la amamos nosotros, y busca con nosotros una patria en la justicia», el «español liberal y bueno [...] mi padre valenciano [...] mi fiador montañés», llegando a exclamar: «¡A estos españoles los atacarán otros: yo los ampararé toda mi vida!»; ese hombre nos da, también en este orden, lecciones imperecederas.

En la estela de esas lecciones, dándonos otras a su vez, Nicolás Guillén, el autor de «El apellido» extraordinario, sabrá evocar sus «dos abuelos» (africano uno y español otro) en un poema ejemplar; y Mirta Aguirre realizará un admirable enfoque marxista de la obra de Cervantes,[49] mostrándonos cuál debe ser el acercamiento de nuestros investigadores revolucionarios a la enorme herencia cultural española. ¿Y acaso será menester recordar que cuando el héroe legendario pero totalmente real de nuestra América salió hace unos años a pelear a «otras tierras del mundo», sintió bajo sus talones «el costillar de Rocinante»?

Francamente, creo que tuvo razón Federico de Onís cuando escribió:

> Podemos suponer que llegue a desaparecer todo lo que desde España se estableció en América, como desapareció la estructura política de su organización colonial y también otras cosas del pasado —ni más ni menos que han desaparecido en España

misma—; pero aquello que plantaron en América los españoles que tuvieron la voluntad de ser americanos —aquello que sin duda era lo más íntimo y popular de España, lo que tenía más fuerza de unidad, universalidad y libertad, lo que era más apto para transformarse y fundirse con los demás elementos que ofrecía la nueva realidad— perdurará a través de todas las transformaciones que sufra este continente, cuyo destino, como ellos quisieron, es el de ir siempre en busca de un más allá.[50]

Algunos usos
de civilización y barbarie*

A la memoria de Fernando Ortiz
y Alejandro Lipschütz.
Y a Laurette Séjourné.

Exordio

«Sombra terrible de Sarmiento: voy a evocarte». Si los tiempos estuvieran para esas zarandajas, me animaría a comenzar estos apuntes así, glosando las palabras con que, hace más de ciento treinta años, Domingo Faustino Sarmiento iniciara su libro *Civilización y barbarie* (1845). Pero, en realidad, no es con él con quien estas líneas dialogan de preferencia, aunque haya sido imposible no hacerlo en alguna medida, sino con quienes, a estas alturas, siguen manteniendo aún, sépanlo o no, la tesis central de aquel libro. Tampoco me preocupan fundamentalmente quienes reiteran tal dislate a partir de posiciones reaccionarias, lo que es congruente, sino sobre todo quienes lo hacen creyendo de ese modo ser fieles a las ideas revolucionarias que profesan: con lo que incurren en un gravísimo error, y por supuesto contradicen lamentablemente dichas ideas.

He abordado ya este tema en algunos trabajos anteriores, que espero complementar ahora con esta modesta contribución al mejor

---

* Publicado originalmente en *Casa de las Américas*, no. 102, mayo-junio de 1977.

entendimiento de algunos usos de los términos «civilización» y «barbarie».

Palabras iguales, cosas distintas

Aunque la raíz de ese error se encuentre más allá de lo meramente terminológico, no hay duda de que él ha podido encontrar al menos cierta explicación en el hecho, tan frecuente en las ciencias sociales, de que los mismos vocablos no se refieren siempre a las mismas realidades. Y esto ocurre incluso en textos de los fundadores del materialismo dialéctico e histórico, quienes, como es normal, utilizaban determinadas palabras en más de un sentido, aclarado por los respectivos contextos. Uno de los más recientes traductores de Marx a nuestra lengua ha escrito:

> El propio Marx, por lo demás, sabía bien que «no hay ciencia en que sea totalmente evitable» el uso, por cierto inconveniente, «de los mismos *termini technici* en sentidos diferentes». Puede ocurrir, también, que en una página de *El capital* se emplee determinada palabra como expresión técnica y poco más allá en una acepción corriente y hasta coloquial.[1]

Sin ir más lejos, en estos años recientes han tenido lugar en el seno del pensamiento marxista encendidas polémicas en torno a la noción de «ideología», que en medida apreciable se revelarían al cabo nacidas de no haberse tomado en cuenta que ese término no significa siempre lo mismo en los clásicos. Louis Althusser, quien en sus primeros trabajos se valió de «ideología» solo en su sentido de «falsa conciencia», acabaría reconociendo en sus *Elements d'autocritique*[2] que «la noción de ideología» es «una noción marxista muy importante, pero muy equívoca», ya que «desempeña, bajo una misma denominación indiferenciada, dos papeles diferentes, el de una categoría filosófica por una parte (ilusión, error), y el de un concepto científico por otra parte (formación de la superestructura)» (p. 42). Discusiones similares se encuentran en marcha en lo que toca a muchos otros términos presentes en el marxismo (recuérdese, por ejemplo, «humanismo», «cultura», «reflejo», «nación», «pueblo», «sicología», «personalidad», etcétera). ¿Qué tiene de extraño, pues, que expresiones como «civilización» y «barbarie» ofrezcan también una pluralidad de sentidos, especialmente si las consideramos no solo dentro sino también fuera del marxismo? Si se ignora esta polisemia, habrá quienes no entiendan por qué hombres como Bilbao y Martí impugnaron la «civilización»; o quienes, absurdamente, se crean autorizados a señalar coincidencias entre las tesis racistas, antipopulares y colonizantes de *Civilización y barbarie*, de Sarmiento, y las del capítulo final, «Barbarie y civilización», de *El origen de la familia, la propiedad privada y el Estado*, de Engels.

Primeros usos

La contraposición que iba a valerse luego de los términos *civilización* y *barbarie*, según la cual la primera implica una forma armoniosa, realmente humana, de existencia, y la segunda una forma insuficientemente humana o abiertamente bestial, es una viejísima idea etnocéntrica, característica de comunidades poco desarrolladas, aquejadas de un localismo estrecho, ignorante y a menudo feroz, que se acantona en lo suyo y lo exalta sin medida, mientras rechaza y degrada lo extraño. Al integrante de la comunidad propia, se le da con frecuencia el término de «hombre» (o los de «bueno», «excelente» o «completo»),

> implicando así que las otras tribus, grupos o aldeas no participan de las virtudes —o incluso de la naturaleza— humanas, sino que están a lo más compuestos de «malos», de «monos de

tierra» o de «huevos de piojo». Con frecuencia se llega incluso a privar al extranjero de este último grado de realidad, haciendo de él un «fantasma» o una «aparición».[3]

Conocemos en algún detalle una de estas distinciones, aquella donde se forja, precisamente, el término «bárbaro», el cual significa en griego («bárbaros») simplemente «extranjero», es decir, el otro que no es griego. Lévi-Strauss considera «probable que la palabra bárbaro se refiera etimológicamente a la confusión y a la inarticulación del canto de los pájaros, opuestos al valor significante del lenguaje humano»;[4] Fernando Ortiz ha recogido otras conjeturas:

> Los griegos y luego los romanos para designar a los demás pueblos, al menos a los más apartados, usaron el término *bárbaro* que, según algunos, alude onomatopéyicamente a su lenguaje, al parecer ininteligible como un balbuceo, y, según otros, procede de un vocablo que quiere decir *negro* y dio nombre a los *bereberes*, a *Berbería* y a los antiguos *iberos* o pobladores de *Iberia*, la península ibérica.[5]

De cualquier forma, es evidente que el término aludía a la plena humanidad de los griegos —e incluso, como se verá, solo de una parte de ellos—, y excluía, al margen de lo que luego vino a ser la cuestión racial, a todos los otros seres humanos. «Los griegos», dice Jacob Burchardt, «sustentaban diversos pareceres sobre el nacimiento del género humano, pero, en todo caso, este había nacido en el país»:[6] lo cual, como hoy se sabe, es completamente falso, y no hace sino reiterar, con el «talento especial para la mentira» (p. 10) de los fantasiosos griegos, una fabulación que, con variantes, aparece en casi todos los pueblos llamados primitivos.

Algunos puntos merecen destacarse en la concepción griega de lo bárbaro. En primer lugar, «que la diferencia no es cuestión de sangre, sino, en el fondo, de cultura, y que esta diferencia se daba ya dentro de la misma nación griega» (p. 400): es decir, que los griegos consideraban como bárbaros «también pueblos indiscutiblemente griegos, solo que rezagados, en cuanto no disfrutaban, o muy rudimentariamente, de una vida ciudadana, de un ágora, de una vida gimnástica, de participación en los agones» (ibídem).

En segundo lugar, para los griegos existieron esencialmente dos clases de bárbaros: los escitas, al norte, quienes conocían un grado de desarrollo inferior al suyo propio; y «los asiáticos, supercivilizados, cuya cultura» era «mucho más vieja que la griega, y mucho más completos su técnica y su saber antiguo» (p. 404). Entre ellos, en primer lugar (aunque en realidad eran africanos y no asiáticos), los egipcios, para quienes los griegos, a los que miraban como a niños, por encima del hombro, eran impuros.

Un papel relevante tuvieron en esta relación los persas, ya que en lucha victoriosa con ellos, «los griegos cobran conciencia, por primera vez, de su oposición con los bárbaros» (p. 406). Precisamente a raíz de su victoria sobre los persas surge en los griegos, durante el siglo V A.C., como resultado de un «nacionalismo» intensificado entonces, «la creencia de que los bárbaros estaban por naturaleza capacitados solo para la esclavitud»,[7] un concepto que recogerá el enciclopédico Aristóteles en su *Política*,[8] y que tendría tanta importancia después para nuestra América.[9]

Vale la pena destacar un último punto en esta cuestión: que para los griegos, por supuesto, también eran bárbaros los romanos, aunque ni siquiera los tomaran en consideración, dada su aparente insignificancia para la historia mundial, durante los años del apogeo helénico.

Serían estos bárbaros romanos, sin embargo, los que con más énfasis se proclamarían herederos de la civilización griega, y de hecho llevarían a un grado más alto, en varios aspectos, el estadio de desarrollo alcanzado por aquella. Sin embargo, una vez que los romanos se autoconsideraron centro de la historia, *sus* bárbaros ya no podrían ser, desde luego, exactamente los mismos que para los griegos. De hecho, para aquellos, los bárbaros por antonomasia serían esos pueblos sobre todo germánicos frente a los cuales los romanos parecieron alcanzar una conciencia de sí similar a la que los griegos habían alcanzado frente a otros pueblos, como los persas. La perspectiva romanocéntrica hizo creer durante mucho tiempo que el Imperio Romano fue «destruido» por las malignas invasiones de los «bárbaros». Al ir a concluir una de las obras más ambiciosas sobre el proceso que llevó al colapso del orbe romano: *Decadencia y caída del Imperio Romano*, Edward Gibbon escribió en el siglo XVIII: «He descrito el triunfo de la barbarie y la religión».[10]

¿Pero fue esto así? ¿Destruyeron los salvajes bárbaros el admirable Imperio Romano? Hoy sabemos que esta es otra de las patrañas que hemos heredado. Agotado el decadente Imperio Romano, corroído por sus propias contradicciones internas, los llamados bárbaros, cargados de futuridad, que se habían ido estableciendo en aquel Imperio, no hicieron sino impulsar el desarrollo de una nueva formación económico-social que se gestaba ya en las entrañas del propio Imperio: el feudalismo. Federico Engels llegó a escribir a propósito de este hecho: «Sólo bárbaros eran capaces de rejuvenecer un mundo senil que sufría una civilización moribunda».[11] Al hacerlo, aportaron sus creaciones culturales, que se fundirían con otras griegas, romanas, bizantinas, asiáticas, africanas, dando lugar a una nueva cultura, que después sería conocida como cultura o civilización «occidental». Esta última, como en su momento la romana con respecto a la griega, se proclamará heredera del mundo latino. La caparazón del «Imperio» se bambolearía de un sitio para otro en Europa. Los monarcas europeos insistirían en usufructuar el título de «Caesar», aunque fuera traducido a lenguas bárbaras: *Káiser, zar*. Incluso la revolución burguesa clásica, la francesa del siglo XVIII, se vistió de romanos: republicanos en la etapa ascendente de la revolución; imperiales al consolidarse esa revolución.[12] No puedo olvidar el impacto que recibí al visitar la ciudad jamaicana que los ingleses llamaron Spanish Town, y a la cual los españoles, que la fundaron, habían dado el nombre que aún ostentaba una antigua laja: San Iago de la Vega. En la plaza central de aquella ciudad se halla la grotesca estatua de un militarote inglés, seguramente un pirata de la época, vestido como un general romano... Así se ofrecía al mundo, desde una de las esquinas más alejadas del centro del Imperio Británico, un testimonio más de que este Imperio se consideraba un nuevo avatar del otro, el romano.

Pero durante siglos, los futuros «occidentales» no podrán gloriarse de sus toscas producciones al lado de las de otros pueblos. Basten tres ejemplos de estos últimos: los árabes al occidente, en España; los bizantinos, al sureste; y los pueblos que visita Marco Polo, en el oriente. He aquí cómo comenta un escritor de nuestros días[13] lo que dice Marco Polo de la ciudad china de Hang-chow, la capital Sung:

> El cuadro que nos traza [Marco Polo] de su esplendor, comodidad y felicidad, es uno de los capítulos de su *Libro* que más hondamente grabados se quedan. En él nos cuenta lo que era la vida de todos los días en la China de los Sung, que había producido una constelación de talentos: poetas, paisajistas, filósofos, humanistas, ceramistas, arquitectos, historiadores y escultores. De ellos no nos dice nada Polo, porque no se le alcanzó nada de su pensamiento y de su arte. Las cosas que cuenta son las que contaría un bárbaro que hubiera visto Roma poco después de su caída, todas las ventajas materiales superficiales que lo maravillaron porque eran muy superiores a lo que estaba acostumbrado a ver. [...] los eruditos de Hang-chow aventajaban tanto a Polo en conocimiento, cultura y experiencia en el libre comercio con las ideas, que les hubiera sido imposible hacerle la más sencilla observación a propósito de su

arte y literatura que tuviera la más leve posibilidad de que el veneciano la comprendiera [p. 134].

No se trataba, desde luego, de una incapacidad del agudo Marco Polo, sino de que él representaba el pobre desarrollo europeo de aquel momento:

> Se ha dicho de Marco Polo que «lo miró todo y no vio nada». Pero ¿cómo podría haber visto algo cuando se necesitó que transcurrieran otros doscientos años antes de que Europa redescubriera [sic] su pensamiento clásico, y otros trescientos más para que (en el siglo XVIII) el espíritu europeo fuera capaz de comprender el espíritu de los intelectuales de Hang-chow? [pp. 144–145].

En efecto, de aquel primitivismo europeo —con rudas costumbres de origen germánico, hueras reliquias romanas, alborotadas sectas orientales, ambiguos deslumbramientos ante lo hispanoárabe, lo bizantino y lo asiático— brotaría el sincretismo de la cultura occidental, cuando el feudalismo europeo, que se había desarrollado sobre las ruinas del Imperio Romano, comenzara a su vez a ser suplantado en Europa, a partir del siglo XVI, por una nueva formación económico-social: la sociedad burguesa.

Habiendo llegado a los euroccidentales el turno de considerarse eje de la historia, cedieron entonces graciosamente el término «bárbaro», como en su momento hicieran los romanos, a otras comunidades humanas: entre ellas, de manera muy destacada, a los habitantes de América con quienes se pondrían en contacto gracias a los paleoccidentales ibéricos.

Civilización y barbarie a escala mundial

Avanzado ya el proceso de desarrollo de la nueva formación en la Europa occidental, a mediados del siglo XVIII aparece allí el otro término de esta dicotomía: *civilización*.[14] No es extraño que el vocablo surja entonces, cuando la burguesía euroccidental, en pleno auge racionalista, comienza a trazar un balance de su saber, que va de las manos de los enciclopedistas franceses a las de hombres como los Humboldt y Hegel. La idea, sin embargo, ya sabemos que no ha esperado hasta entonces para ser opuesta a la de barbarie: el culto de la polis griega o de la urbe romana, de la ciudad (*civitas*) contra la rusticidad del campo (*rus*), es similar en todas las situaciones homólogas. La *politeia* griega, la *urbanitas* latina, la *civiltà* italiana revelan las etapas que anteceden a los primeros usos de la *civilisation* francesa o la *civilization* inglesa.[15] Por otra parte, sin abandonar el empleo de *bárbaro*, «la civilización occidental», como recuerda Lévi-Strauss, se valdrá también del término «salvaje en el mismo sentido»: es decir, el hombre «de la selva», lo que evoca «un género de vida animal, por oposición a la cultura humana». Tanto en el caso de *salvaje* como en el de *bárbaro*, concluye con razón aquel autor, «se rehúsa admitir el hecho mismo de la diversidad cultural; se prefiere arrojar fuera de la cultura, hacia la naturaleza, a todo lo que no se conforma a la norma bajo la cual se vive».[16]

En cierta forma, pues, la dicotomía arquetípica *civilización/barbarie* (o *salvajismo*) que desde finales del siglo XVIII propaga la Europa capitalista en desarrollo, no hace sino reiterar, con sus matices propios, una fórmula arcaica, que se remite a su vez a un etnocentrismo milenario. Pero es importante distinguir el nuevo uso de la fórmula, en relación con los anteriores, por algunas peculiaridades que la singularizan ahora. Señalaré tres de esas peculiaridades.

De entrada, esta fórmula tiene ahora por vez primera un contenido verdaderamente mundial. Si para griegos y romanos —como

para egipcios, sumerios, chinos, indios, etíopes, árabes o mayas —
sus correspondientes bárbaros eran virtualmente el resto de la humanidad, pero de hecho solo unos cuantos pueblos colindantes,
para los occidentales, que se otorgan el nombre de civilización, sus
bárbaros son, efectivamente, el resto de los seres humanos. La burguesía euroccidental ha requerido y creado un mercado mundial, y
con ello ha puesto en contacto, de una forma u otra, a todos los habitantes de la Tierra. En lo que acaso constituya el mayor elogio del
papel revolucionario desempeñado por la burguesía —y, a la vez,
la más irrebatible condena de ella—, es decir, en el *Manifiesto comunista* (1848), Marx y Engels explican cómo la burguesía euroccidental «recorre el mundo entero [...] arrastra a la corriente de la
civilización a todas las naciones, hasta a las más bárbaras [...] las
constriñe a introducir la llamada civilización [...] ha subordinado
los países bárbaros o semibárbaros a los países civilizados».[17]

En segundo lugar, a diferencia de formaciones económico-sociales previas, que existieron en más de un continente, donde surgieron de modo independiente y paralelo, a la sociedad burguesa
se llegará primero en la Europa occidental, y el desarrollo de esa
sociedad (desde su etapa primitiva de acumulación originaria hasta
el moderno imperialismo) exigirá la feroz explotación de todos los
otros pueblos del planeta, los que verán así aplastadas o gravemen-
te dañadas sus culturas, y destruidas o torcidas las que debieron ser
sus vías hacia un eventual desarrollo (capitalista) propio: en vez de
ese desarrollo, los demás pueblos (los de la llamada «barbarie») pasan a ser, por lo común, simples colonias o semicolonias de la auto-
titulada «civilización», a la que hacen crecer al precio de su propio
«subdesarrollo».[18]

Por último, en el ejercicio de esa expansión, esa destrucción y
esa explotación, y como cobertura ideológica de tan simpáticas actividades, Occidente contribuirá con un elemento nuevo a degra-
dar la vieja noción de «barbarie». Si para los altivos griegos, por

ejemplo, la diferencia entre ellos y los bárbaros, como se ha señalado antes, no era cuestión de sangre sino de cultura, otro sería el
caso para los occidentales: lanzados a una rapiña planetaria sin
precedentes que afectaría a pueblos no «blancos» (muchos de los
cuales habían creado refinadas culturas), a los que englobarían
con la denominación común «de color», la diferencia no sería para
Occidente solo cuestión de cultura, sino sobre todo de sangre: de
raza. Aunque los seres humanos han sabido siempre que hay evidentes y banales diferencias somáticas entre ellos, solo con el advenimiento del capitalismo esas diferencias fueron propuestas como
elementos significantes de significados fijos y decisivos. Hasta la
misma voz *raza* hubo de ser creada a esos efectos. Como ha explicado Fernando Ortiz,

> la voz *raza*, no por metáfora sino ya con un sentido más preciso,
> como una caracterización ostensible y hereditaria o significado-
> ra de un conjunto de cualidades congénitas y fatales de los seres
> humanos, no se empleó en el lenguaje general hasta por los si-
> glos XVI y XVII.[19]

Otros autores han sido aún más explícitos:

> El prejuicio racial, tal como existe en el mundo actualmente, es
> casi exclusivamente una actitud de los blancos, y tuvo sus orí-
> genes en la necesidad de los conquistadores europeos del siglo
> XVI en adelante de racionalizar y justificar el robo, la esclavitud
> y la continua explotación de sus víctimas de color en todo el
> mundo.[20]

Madura ya la burguesía en los países occidentales, «en el siglo XVIII
[…] ocurre una cristalización de las opiniones del europeo sobre el
no europeo».[21] Varios acontecimientos ocurridos por esos años parecieron dar sustento a la monstruosidad del racismo. Recordemos

uno: el hallazgo por los europeos del sánscrito, en la India, y como consecuencia de ello, el descubrimiento de la similitud entre diversas lenguas que fueron llamadas «indoeuropeas». El hecho de que entre ellas se contaran idiomas como el griego, el latín, el sánscrito y la mayoría de las lenguas habladas en la Europa moderna, donde para entonces se desarrollaban formas decorosas de vida, y la suposición —totalmente rechazada hoy por la ciencia— de que a igual lengua correspondería igual «raza», vinieron a dar un aparente respaldo científico a la creencia en la presunta superioridad de una «raza» sobre otras: esa «raza» sería la de los indoeuropeos o arios. Que los antecesores de quienes mantenían tan peregrinas teorías vivieran en cuevas comiendo carne cruda cuando ya existían exquisitas civilizaciones en otros continentes, no inmutaba a estos embaucadores. Después de todo, gentes como ellos mismos estaban desbaratando en ese momento esas civilizaciones, y obligando al resto de la humanidad a regresar a las cuevas. Para justificar hechos así, aparecieron ciencias y supuestas ciencias, y pensadores apocalípticos. Muchas de las consecuencias de estas adulteraciones forman parte hoy de lo que se llama desde hace unas décadas fascismo. Pero no sería justo dejar de señalarle a este sus antecedentes orgánicos. Cuando Gordon Childe, en vísperas de la llamada Segunda Guerra Mundial, escribe que «la filosofía fascista, expuesta más abiertamente por [...] Hitler y sus defensores académicos, y disimulada a veces bajo el disfraz de eugenesia en Gran Bretaña y en los Estados Unidos, identifica el progreso con una evolución biológica concebida en forma no menos mística»,[22] no podemos dejar de recordar que durante mucho tiempo, antes incluso de que llevara «el disfraz de eugenesia», esa identificación del «progreso con una evolución biológica concebida en forma no menos mística» fue el aire cotidiano y fétido con que la «civilización» nos sería propinada en estas tierras: desde que ellas fueron sometidas, colonialmente, a la historia del nuevo eje etnocéntrico.

¿O será cierto, como afirma Fernando Ortiz, que «las barbaridades racistas cometidas por los conductores de la Herrenvolk [el pueblo de amos] contra los judíos (raza blanca, rica y muy influyente) provocaron en todo el mundo una enérgica repelencia defensiva, que no se sintió cuando las hecatombes de los etiópicos (raza negra, pobre y desvalida)»,[23] para no decir nada de los aborígenes americanos? Desde una perspectiva plenamente humana, plenamente mundial, cualquier etnocidio es repulsivo, en igual medida. Por ello conviene una breve excursión a este problema en tierras latinoamericanas.

En nuestra América

Es difícil abordar el tema «civilización y barbarie» en nuestra América, sin que se nos ponga delante la «sombra terrible» de Sarmiento. Pero debemos tener paciencia, y no acceder a dialogar con ella hasta no haber visto otras de sus raíces: algunas las he mencionado ya, pues de hecho Sarmiento no hace sino trasladar punto por punto a nuestras tierras la correspondiente fórmula metropolitana.

No puede minimizarse la enorme trascendencia, para toda la humanidad, de la segunda llegada de europeos a América,[24] y su implantación en este Continente. Lo menos que puede decirse, es que se trata del primer y vasto encuentro de pueblos de los tiempos modernos.[25] Sabemos, como Marx se encargó de recalcarlo, que estos hechos resultaron *fundamentales* para el desarrollo, *en la Europa occidental*, de la nueva formación económico-social, el capitalismo. Ello solo bastaría para destacar la relevancia mundial de tales hechos. Y, en consecuencia, la relevancia también de las discusiones de muy diversa naturaleza que ellos produjeron y siguen produciendo. Por ejemplo, es en relación con ellos que se forja el racismo,[26] pieza clave en la ideología de la explotación de los pueblos «bárbaros». Esclavizados y diezmados indoamericanos y africanos (y luego asiáticos) por los euroccidentales, los ideólogos de su rapiña comenzaron a generar desde el primer momento el aparato intelectual que debía sancionar esa praxis. En ese aparato intelectual, como he dicho, el racismo iba a desempeñar un papel relevante. No pertenecer a la supuesta «raza» de quienes vivían en la «civilización», justificaría ya la esclavización o incluso el exterminio. Ello explica la trascendencia de polémicas como la sostenida por Ginés de Sepúlveda, uno de los más agudos y tenaces defensores de aquella rapiña, con Bartolomé de Las Casas, impugnador incansable de la misma. Sepúlveda encarna a quienes exhuman la tesis aristotélica del «bárbaro» como esclavo por naturaleza; Las Casas, a quienes rechazan esa tesis, llegando él a exclamar, con su pintoresca y viril palabra, que Aristóteles «era gentil y está ardiendo en los infiernos».[27] En cambio, Sepúlveda expresa (acaso por vez primera, de forma orgánica, en relación con nuestra América) la tesis de que la «civilización» debe aherrojar a la «barbarie». Oigamos su histórica argumentación, donde alborea un planteo que se repetirá durante siglos, con las variantes del caso:

> ¿qué mayor beneficio y ventaja pudo acaecer a estos *bárbaros* que su sumisión al imperio de quienes con su prudencia, virtud y religión los han de convertir de bárbaros y apenas hombres, en humanos y *civilizados* en cuanto pueden serlo, de criminales en virtuosos, de impíos y esclavos de los demonios en cristianos y adoradores del verdadero Dios dentro de la verdadera religión […]?[28]

Sepúlveda sostiene aquí, pues, que la sujeción a los europeos de los aborígenes americanos es un hecho positivo *para estos últimos*, quienes serían así arrancados de su condición de «bárbaros», y ventajosamente transformados en «civilizados», para usar sus propias palabras elocuentes. ¿Cómo debemos nosotros apreciar esta tesis que tantos repetirán, con matices, hasta nuestros propios días? La conquista y la colonización ¿implican, a pesar de todo, un «progreso» para América: su salida de la «barbarie» y su entrada en la «civilización»? Veamos a un marxista cubano manifestarse sobre este punto:

> no es correcto afirmar, *en ningún sentido*, que la colonización española [y *a fortiori* las otras], a pesar de la destrucción y muerte que originó y de la explotación que implantó, significó un progreso *para los pueblos de América Latina*, puesto que estableció un régimen económico-social superior al que había y provocó un desarrollo de las fuerzas productivas. Es cierto que sustituyó el régimen de la comunidad primitiva existente por uno esencialmente esclavista, con bastante de capitalismo y ciertos rasgos de feudalismo, característico de un grado superior en el desenvolvimiento económico-social, y es verdad que introdujo plantas y animales desconocidos en este Continente y nuevos instrumentos y métodos de producción, etcétera. Pero ni lo uno ni lo otro significó avance alguno *para los pueblos de América Latina*, si por estos entendemos a los que debemos considerar como tales: los integrados por sus habitantes autóctonos. En el caso de las Antillas, porque representó su exterminio total [...]. No es razonable tampoco hablar de avances o adelantos, cualquiera que sea el punto de vista desde el cual se mire, con relación a los demás pueblos del Continente cuyas culturas fueron arrasadas y cuya población fue diezmada en conjunto en más de las tres cuartas partes de la misma, mientras que la restante supervivía en «encomiendas» [en nota al pie: «la peor forma de esclavitud»], sujeta a la más cruel y terrible explotación y en medio de la miseria más espantosa. // El régimen económico-social más avanzado y los recursos más desarrollados

que trajeron los españoles, sirvieron como medio para explotar a la población nativa y esquilmar las riquezas naturales de su Continente en interés de los colonizadores y su[s] metrópoli[s]. Significaron un progreso y un avance *ocurrido en América* pero *no para los pueblos de América. Tampoco* lo fueron para *los pueblos de África* igualmente diezmados a causa de la trata de negros esclavos que vinieron a sustituir a los esclavos nativos menos fuertes, menos resistentes y cuya cantidad resultaba insuficiente. Representaron *un progreso únicamente para las metrópolis europeas* que se enriquecieron y desarrollaron a costa de ello. Fue, como dijimos, un avance *en América, pero no para América* sino *para Europa.*[29]

En otros pasajes de su libro, Sepúlveda expresa cosas como esta:

> que con perfecto derecho los españoles ejercen su dominio sobre esos bárbaros del Nuevo Mundo e islas adyacentes, los cuales en prudencia, ingenio y todo género de virtudes y humanos sentimientos son tan inferiores a los españoles como los niños a los adultos, las mujeres a los varones, los crueles e inhumanos a los extremadamente mansos, los exageradamente intemperantes a los continentes y moderados, finalmente estoy por decir los monos a los hombres.[30]

No pocos razonamientos de Sepúlveda tienen indudables acentos cercanos: no le falta razón a su primer traductor, Menéndez y Pelayo, al afirmar, a finales del siglo XIX, que el «modo de pensar en esta parte», de Sepúlveda, «no difiere mucho del de aquellos modernos sociólogos empíricos y positivistas que proclamaron el exterminio de las razas inferiores [sic] como necesaria consecuencia de su vencimiento en la lucha por la existencia».[31] En efecto, la modernidad adelantada por Sepúlveda forma parte de lo que se conoce hoy, para decirlo con los términos bruscos de Gordon Childe citados hace poco, como la filosofía fascista.

Pasemos ahora a dialogar un poco con la sombra de Sarmiento. Es justo que le demos ya la palabra. Después de todo, en estas cuestiones de civilización y barbarie nadie ha hecho más ruido que él en nuestra América. Naturalmente, este émulo de Sepúlveda,[32] al defender sus mismas tesis, no recurrirá ya a iguales autoridades. Si el español llamaba en su auxilio, en el siglo XVI, a Aristóteles y a algunos Padres de la Iglesia, el moderno Sarmiento, avanzado ya el siglo XIX, invocará otros santos patronos: él se encargará de evocarlos con reverencia en su *Civilización y barbarie* (1845).[33] Su formación, como era previsible, la debe a pensadores burgueses inmediatos: pero no a pensadores del período ascendente y revolucionario de la burguesía, quienes contribuyeron a formar lo más puro y radical de los padres de la primera independencia de nuestra América. Por el contrario, para Sarmiento los jacobinos franceses, por ejemplo, no eran sino «aquellos implacables terroristas», en cuyas manos «la nación francesa cayó en 1793», haciendo que «más de un millón y medio de franceses» se hartaran «de sangre y de delitos», hasta que «después de la caída de Robespierre y del Terror, apenas sesenta insignes malvados fue necesario sacrificar con él para volver la Francia a sus hábitos de mansedumbre y moral» (pp. 299–300). Él nos aclarará cuáles son sus autoridades:

> Sólo después de la revolución de 1830 en Francia y de sus resultados incompletos, las ciencias sociales toman nueva dirección, y se comienzan a desvanecer las ilusiones. Desde entonces empiezan a llegarnos libros europeos que nos demuestran que Voltaire no tenía mucha razón, que Rousseau era un sofista, que Mably y Raynal unos anárquicos, que no hay tres poderes ni contrato social, etcétera, etcétera. Desde entonces sabemos algo de razas, de tendencias, de hábitos nacionales, de antecedentes históricos [p. 123].

En otras palabras: son los pensadores burgueses europeos en quienes «empiezan a desvanecerse las ilusiones» de la burguesía revolucionaria, quienes lo orientan. Para ayudar a comprender cuál era la «nueva dirección» que tomarían las ciencias sociales «después de la Revolución de 1830 en Francia», gracias a cuya nueva dirección, según Sarmiento, «se comienzan a desvanecer las ilusiones», conviene tener presente lo que Noël Salomon ha dicho sobre «las estructuras mentales adquiridas después de la Revolución orleanista de 1830» en Francia:

> Puede decirse, *grosso modo*, que desde entonces, Francia se dividió mentalmente en dos bandos: por una parte el de la «Civilización» (por lo común partidario del progreso en el orden, como dirían más tarde los ideólogos positivistas), por otra el de la «Libertad». Las jornadas de febrero de 1848 y la proclamación de la Segunda República fueron, en cierto sentido, una victoria del «partido de la Libertad». En cambio la institución del Segundo Imperio, en 1851, significó el retorno victorioso del «partido de la Civilización» apoyado en los notables, el ejército, el clero y el orden moral.[34]

Ese «partido de la Civilización» cuya victoria la encarnaría el régimen archirreaccionario nacido del «18 Brumario de Luis Bonaparte», sería, con las adaptaciones del caso, el de Sarmiento. Entre los autores que lo atraen se contará aquel curioso Alexis de Tocqueville a quien se conoce sobre todo por su temprano elogio *De la democracia en los Estados Unidos* [él escribe *América*] (1835–1840), pero menos por ser «uno de los primeros ideólogos franceses de la colonización», según ha sido señalado; así como también «que predica la moral en sus obras filosóficas y doctas, y preconiza el exterminio de los indígenas en sus discursos políticos».[35] Tal dualidad (o, si se quiere, tal complementariedad) debe haber facilitado sus relaciones cordiales y aun su colaboración con el presunto conde

de Gobineau, a pesar de impugnar *teóricamente* las tesis racistas de
este. Gobineau, diplomático de Napoleón III y uno de los padres
del fascismo en su aspecto racista, estuvo espiritualmente más cerca de Sarmiento, quien, aunque no estuviera familiarizado con su
obra (como tampoco lo estaba con la de Sepúlveda), no tuvo que esperar a él para expresar, a partir de problemas, fuentes y actitudes
similares, tesis también similares a las de Gobineau.

En este orden, para Sarmiento «civilización» significa los intereses no tanto de una burguesía *latinoamericana* —lo que sin duda
hubiera sido progresista para su circunstancia— como de las burguesías *metropolitanas* consolidadas y en expansión, de las cuales
él se considera con razón sucursal y vocero: en calidad de tal, es-
tigmatiza como integrantes de la «barbarie», desde luego, a los indígenas, haciéndose eco de un racismo implacable; pero también
a los «gauchos», los llaneros o montoneros mestizos de su región;
a los grandes conductores populares, como Artigas; y desde luego a los gobernantes latinoamericanos que osaron defender los
intereses nacionales y entraron por ello en contradicción con los
explotadores europeos, como el doctor Francia. En cada uno de
estos casos —y en otros—, volvamos a darle la palabra, para que
no parezca triste invención mía lo que proclaman sus enérgicas
páginas. En su libro, él expondrá, dice, «la lucha entre la civilización *europea* y la barbarie *indígena*» (p. 35); la contraposición de
dos fuerzas: «la una civilizada, constitucional, *europea*; la otra bárbara, arbitraria, *americana*» (p. 129); él mostrará «allá un gobierno
que *transportaba la Europa a la América*; acullá otro que odiaba hasta
el nombre de civilización» (p. 114); elogiará sin medida «la culta,
la *europea* Buenos Aires» (p. 179), que «se cree *una continuación de la
Europa*» (p. 121). No podrá desconocer que en nuestra América se
han mezclado blancos, indios y negros, pero deplorará que «de la
fusión de estas tres familias ha resultado un todo homogéneo que
se distingue por su amor a la ociosidad e incapacidad industrial»,

considerando que «mucho debe haber contribuido a producir este resultado desgraciado la incorporación de indígenas» (p. 23). De Artigas, el gran héroe uruguayo, con quien se ensaña a lo largo del libro, dirá que era «instrumento ciego, pero lleno de vida, de *instintos hostiles a la civilización europea*» (pp. 65–66); y, por supuesto, no se ensañará menos con el vilipendiado doctor Francia, quien, según él, destruía «la civilización» (p. 113). Con referencia a este último, hay que recordar que la conspiración reaccionaria contra él hizo que durante muchos años se ignoraran, incluso en amplios sectores revolucionarios, sus grandes valores positivos. En 1942, en un *Panorama histórico de América Latina hasta 1918*, varios autores reconocían ya su condición de «estadista de primer orden», añadiendo:

> Era un hombre de una voluntad de hierro y de un enorme arrojo. Era implacable con los enemigos de su patria; infundió horror a los reaccionarios y gozó de una gran autoridad entre las amplias masas de indios y mestizos [...] El gobierno de Francia se destacó [...] por la realización de toda una serie de medidas que tendían a mejorar la situación de las masas populares. // Fueron creadas las condiciones para el desarrollo acelerado de las fuerzas productivas del país sobre una base de verdadera independencia nacional.[36]

Lo que Sarmiento defiende —tanto frente a los indígenas como frente a los gauchos, tanto frente a Artigas como frente al doctor Francia— son, dice él mismo, «los *intereses europeos*, que no pueden *medrar en América* sino bajo la sombra de instituciones civilizadoras y libres» (p. 284). Por ello lamentará que «la Inglaterra, tan solícita en *formarse mercados para sus manufacturas*», no haya destruido ya a Rosas, ese «tiranuelo ignorante que ha puesto una barra al río para que *la Europa* no pueda *penetrar hasta el corazón de América a sacar las riquezas que encierra* y que nuestra inhabilidad desperdicia» (p. 284). Y esa lamentación estaba bien sustentada en él, ya que de haberse tomado por la metrópoli europea tales medidas, ellas hubieran contado no ya con su aplauso, lo que es evidente, sino con su colaboración de escudero. De hecho, se llena la boca para proclamar que cuando, hacía algún tiempo, «el bloqueo de la Francia duraba dos años [...] y el gobierno *americano*, animado del espíritu *americano*, hacía frente a la Francia, al principio *europeo*, a las pretensiones *europeas*» (p. 277), tuvo lugar una

> alianza de los enemigos de Rosas con los franceses que bloqueaban a Buenos Aires [...] los que cometieron aquel delito de leso americanismo, los que se echaron en brazos de Francia para salvar la civilización europea, sus instituciones, hábitos e ideas en las orillas del Plata, fueron los jóvenes; en una palabra, fuimos ¡nosotros! [...] la gloria de haber comprendido que había alianza íntima entre los enemigos de Rosas y los poderes civilizados de Europa nos perteneció entera a nosotros [...]

Concluye Sarmiento diciendo que «Rosas y sus satélites estaban demasiado preocupados de esa idea de la nacionalidad, que es el patrimonio del hombre desde la tribu salvaje» (p. 279). De donde se colige, naturalmente, que quienes cometieron «aquel delito de leso americanismo», como él mismo dice con orgullo (es decir, aquella vulgar traición), no estaban aquejados, por supuesto, de «esa idea», la cual, en cambio, se manifestaba vivamente, a la sazón, en aquellos pueblos no occidentales (incluso algunos de la periferia europea) que se resistían a ser colonizados por la «civilización». Sarmiento es conciente de este hecho, y confiesa que «la misma lucha de civilización y barbarie, de la ciudad y el desierto existe hoy en África» (p. 66). Esta comparación es reveladora, si es que hiciera falta más revelación: aquellos pueblos africanos que en esos mismos años luchaban por su independencia frente a los invasores occidentales eran, como los pueblos americanos que mantenían una lucha similar, encarnaciones de «la barbarie»; mientras quienes aplastaban esas nacionalidades, y penetraban hasta el corazón de aquellos países para arrancarles sus riquezas, eran «la civilización».

Años después, Sarmiento escribió un nuevo libro, *Conflicto y armonías de las razas en América* (1883), que quedó inconcluso,[37] pero en el que lo que llegó a realizar basta para hacer ver en qué medida son justas las palabras del autor según las cuales en esta obra quiso «volver a reproducir, corregida y mejorada, la teoría de *Civilización y barbarie*» (p. 47).

Si en el libro anterior, centrado en su país, las agresiones crudamente racistas debían compartir las páginas con injurias a gauchos y dirigentes políticos de muy diversa naturaleza (y también, justo es decirlo, con trozos literarios de fuerte hermosura, en los que Sarmiento es de nuevo émulo trasatlántico de Gobineau, otro gran teórico del racismo y notable prosista), este libro, que aspira a abrirse a la América toda, a pesar de algunas observaciones históricas agudas, sobre todo lleva hasta el escarnio los exabruptos racistas. Por ejemplo, al hablar de los aborígenes americanos, Sarmiento escribirá allí impávido que «los araucanos eran más indómitos, lo que quiere decir animales más reacios, menos aptos para la civilización y asimilación europea» (p. 103); y no tendrá empacho en proclamar que las nuevas oligarquías hispanoamericanas son, con relación a los indios, iguales o peores que los españoles, por lo que expresará su oposición a las declaraciones de los primeros independentistas sobre los aborígenes, añadiendo: «dada la depresión moral e intelectual de las razas cobrizas *rescatadas de la vida salvaje*, las instituciones civilizadas no podían extenderse hasta ellas sino bajo la protección de sus patrones, como domésticos, mitayos o inquilinos labradores de tierra para procurarse el común alimento» (p. 241).

Las comunidades que Sarmiento llama «razas cobrizas» no fueron en absoluto, según dice él, «rescatadas de la vida salvaje», sino, como bien se sabe, arrojadas a una forma miserable de existencia, cuando no aniquiladas completamente, por los occidentales. Un reciente libro de *Prehistoria* recuerda:

> La conquista europea transformó por completo el equilibrio humano del Continente. Las civilizaciones urbanas y los imperios, las aldeas de agricultores y los campamentos nómadas han desaparecido o están en vías de desaparición. Los amerindios que no han sido totalmente exterminados no han soportado generalmente la trágica experiencia del paso, sin preparación ni transición, de sus propias estructuras sociales a la nueva estructura occidental que les fue impuesta.[38]

Y Laurette Séjourné es aún más explícita sobre este punto:

> Hacia la mitad del siglo XVI, la naturaleza irracional del americano, sobre la cual legisladores y pensadores de la Edad Media fundaban la justificación de la sujeción de los infieles, su privación de todo bien y de todo derecho, se había convertido en una realidad irrefutable […] las masas autóctonas acabaron por ser convertidas en rebaños famélicos, desposeídos de tierras y de casas y privados del más mínimo cuidado —privaciones que explican la frecuencia de las epidemias y sus terribles estragos— […] los sobrevivientes vieron desaparecer hasta la última célula de su estructura social y cultural —incluso la unidad familiar y el sistema terapéutico fueron disueltos en este braceo inhumano.[39]

Sarmiento, ante hechos de esta naturaleza, exclama:

> Puede ser muy injusto exterminar salvajes, sofocar civilizaciones nacientes, conquistar pueblos que están en posesión de un terreno privilegiado; pero gracias a esta injusticia, la América, en lugar de permanecer abandonada a los salvajes, incapaces

de progreso, está ocupada hoy por la raza caucásica, la más perfecta, la más inteligente, la más bella y la más progresiva de las que pueblan la tierra; merced a estas injusticias, la Oceanía se llena de pueblos civilizados, el Asia empieza a moverse bajo el impulso europeo, el África ve renacer en sus costas los tiempos de Cartago y los días gloriosos del Egipto. Así pues, la población del mundo está sujeta a revoluciones que reconocen leyes inmutables; las razas fuertes exterminan a las débiles, los pueblos civilizados suplantan en la población de la tierra a los salvajes.[40]

Lo que él lamenta en este orden de cosas es que los conquistadores españoles no se hayan comportado en América de modo igual a los ingleses:

> Sin ir más lejos, ¿en qué se distingue la colonización del norte de América? En que los anglosajones no admitieron a las razas indígenas, ni como socios, ni como siervos en su constitución social. // ¿En qué se distingue la colonización española? En que la hizo un monopolio de su propia raza, que no salía de la Edad Media al trasladarse a América, y que absorbió en su sangre una raza prehistórica servil [*Conflicto...*, p. 449].

Por eso hasta su último aliento reclamará que se reconozca entre nosotros «el principio etnológico [de] que la masa indígena absorbe al fin al conquistador y le comunica sus cualidades e ineptitudes» (p. 455); y concluye exhortando:

> Lleguemos a enderezar las vías tortuosas en que la civilización europea vino a extraviarse en las soledades de esta América [...] La América del Sur se queda atrás y perderá su misión providencial de sucursal de la civilización moderna. No detengamos a los Estados Unidos en su marcha; es lo que en definitiva proponen algunos. Alcancemos a los Estados Unidos.

Seamos la América, como el mar es el Océano. Seamos Estados
Unidos [pp. 455-456].

No es ocioso recordar que estas palabras de Sarmiento fueron escritas al final de su vida, es decir, en los años ochenta del pasado siglo:
Sarmiento murió en 1888.

Podría creerse, y yo mismo lo creí un tiempo, que Sarmiento
no hacía sino manifestarse como un pensador y ejecutor (feroz,
es cierto) de una necesaria burguesía argentina, la cual estaba
obligada a mantener contra las sobrevivencias preburguesas en
su país una lucha que tendría entonces un carácter progresista.
Esto es cierto, pero solo muy parcialmente: al extremo de que con
mayor razón puede decirse que es falso. Tal criterio parece ava-
lado por observaciones suyas como esta de una carta personal a
Bartolomé Mitre: «Tengo odio a la barbarie popular. La chusma y
el pueblo gaucho nos es hostil. Mientras haya un chiripá, no habrá ciudadanos».[41] Pero Sarmiento y Mitre no solo extinguieron el
chiripá: extinguieron igualmente al portador del chiripá, el gaucho, cuyo asesinato —así como el del indio, desde luego— fue copiosamente aplaudido y auspiciado por aquellos hombres, en su
teoría y, sobre todo, en su práctica como gobernantes:[42] práctica
que solo puede ser llamada, en este orden, etnocida. Sarmiento
y Mitre proceden al exterminio de buena parte de un pueblo, *el
suyo*, para suplantarlo, mediante la inmigración, por otro, sucursal de las metrópolis. Ello da un indudable carácter original
a su proyecto. Pues si bien la historia conoce no pocos casos de
suplantación de una comunidad por otra en un mismo territorio —de lo que son ejemplos relativamente recientes los que
Darcy Ribeiro llama «pueblos trasplantados», como los Estados
Unidos, Australia, África del Sur o Israel—, y si tales empresas
van acompañadas por lo regular de terribles etnocidios, esos
crímenes suelen cometerse contra comunidades distintas de las de
quienes los ejecutan, mientras que gente como Sarmiento y Mitre

proponen y realizan el etnocidio no solo de los aborígenes, sino también de una parte apreciable de su propia protoetnia, de raíz hispanoindígena, para sustituirla por otra comunidad, que hacen venir de Europa en oleadas inmigratorias. Su original proyecto, infrecuente en la historia, puede ser llamado, por tanto, un autoetnocidio parcial. Hombre tan inteligente como Sarmiento no podía dejar de advertirlo. Por eso confesaba: «Seamos francos, no obstante que esta invasión universal de Europa sobre nosotros es perjudicial y ruinosa para el país, es útil para la civilización y el comercio».[43] Poco hay que añadir a esta confesión brutal, cuando se conoce el sentido verdadero de las palabras: la conclusión lógica de su política era «perjudicial y ruinosa para el país», *su* país, pero en cambio «útil para la civilización y el comercio»: es decir, *para los intereses del capitalismo europeo.* «No para América, sino para Europa», si retomamos términos ya citados.

Ese otro país que nacería de las ruinas del anterior, esa otra población, expurgada de indios y de gauchos y multiplicada con inmigrantes europeos, es la que sería merecedora de la intensa campaña educativa y «civilizadora» que va unida *también* a la memoria de Sarmiento, quien asesinó a los indios y los gauchos, y alfabetizó a los «blancos». ¿Cómo no pensar, a propósito suyo, en un hombre como Jules Ferry, «padre de la escuela pública, laica y obligatoria» de Francia, y, a la vez, gran auspiciador de sus terribles empresas coloniales?[44] Pues no puede entenderse el proyecto de Sarmiento y Mitre como se entiende la lucha de clases en el interior de una sola comunidad, por ejemplo en los países metropolitanos, sino cuando ella tiene lugar entre países colonizadores y países colonizados. Sarmiento y Mitre expresan, como ideólogos, el punto de vista de aquellos, no el de estos. Afirmar que su programa, por tener aspiraciones burguesas, es más positivo que el de la protoetnia argentina hispanoindia, porque esta última se hallaba estructuralmente más atrasada, implica desconocer que se trataba del enfrentamiento de dos proyectos nacionales distintos («europeo» uno, «americano» otro), como ocurrió cuando la conquista de América por Europa. No fue muy distinto el problema cuando las tropas de la burguesa y «civilizada» Francia invadieron las «atrasadas» España y Rusia: ¿cómo explicar, si no, que los españoles y los rusos que derrotaron, así fuera en defensa de regímenes «atrasados», a aquellas tropas «civilizadoras», sean considerados héroes de los pueblos respectivos? Ejemplos más cercanos de enfrentamientos similares pueden verse, en nuestros días, en los casos ya mencionados de África del Sur o Rhodesia (hoy Zimbawe). Quienes admitan como positiva la tesis sarmientina de implantar en su tierra lo que él llama la «civilización», a pesar de ser, según sus propias palabras, «perjudicial y ruinosa para el país», deben, coherentemente, tomar partido ahora en favor de los «adelantados» (¿«civilizados»?) racistas de África del Sur y Zimbawe, en contra de los «atrasados» (¿«bárbaros»?) pueblos respectivos, que ni siquiera son los de esos racistas. De haber tenido completo éxito el proyecto de Sarmiento, él mismo acaso hubiera sido tan latinoamericano como africanos son hoy los fascistas *Afrikaaners*: hubiera sido quizá un *Latinoamerikaano*.

No puedo abandonar este punto sin hacer varias observaciones. Una, que el propósito de Sarmiento y Mitre de erradicar buena parte de su propio pueblo, para sustituirlo por otro de origen puramente europeo, que hubiera debido hacer de la Argentina actual una mera réplica trasatlántica de la siniestra África del Sur, no llegó, felizmente, a cumplirse del todo (lo que impidió que la Argentina quedara segregada del resto de nuestra América), aunque logró desvirtuar las metas más radicales de la Revolución de Mayo de 1810 —entre cuyos mejores voceros se encontraban hombres como Mariano Moreno—, y por supuesto agravó el descastamiento de la oligarquía argentina. Ello hizo que un pensador como Juan Bautista Alberdi, quien había coincidido con la posición sarmientina en sus lamentables *Bases* de 1852, rechazara al cabo los aspectos más negativos de aquella posición, llegando a escribir las páginas desmistificadoras de su libro *Grandes y pequeños hombres del Plata* (París, s.f.).

En segundo lugar, es digno de señalarse que el choque de los dos proyectos de Argentina encarnó en sendas obras maestras de la literatura hispanoamericana: el proyecto «civilizador», en el libro factográfico de Sarmiento *Civilización y barbarie* (1845), que la posteridad conocería sobre todo con el título de *Facundo*; el proyecto hasta cierto punto «bárbaro», en el poema *Martín Fierro* (1872-1879), de José Hernández. Siendo opuestas (o al menos no convergentes) en lo que toca a sus planteos, ambas obras constituyen, sin embargo, momentos extraordinarios de *nuestra* literatura. En el caso de Hernández, este criterio es bien comprensible. Pero, por paradójico que pueda parecer, el *escritor* Sarmiento es también una gran figura *nuestra*. En otra ocasión me gustaría estudiarlo como tal, y comentar el aspecto trágico de este creador literario cuya temática mejor y cuya fuerza de artista lo vincularon inexorablemente a aquel mundo que, como ideólogo y como hombre de acción, quiso destruir.

La última observación que debo hacer confirma la espléndida ironía de la historia: con la inmigración llegaron a la Argentina no solo nuevos explotadores, sino, sobre todo, nuevos explotados, que irían a nutrir el proletariado y las otras clases populares del país. Y aunque durante cierto tiempo también muchos de ellos fueron engañados, al menos parcialmente, por la ideología del proyecto Sarmiento-Mitre y su esencial racismo, lo que no podía sino lastrar sus planteos (radicales en otros órdenes), al cabo el desarrollo inevitable de la lucha de clases llevaría a numerosos sectores populares argentinos a rechazar de plano hasta las últimas briznas de tal ideología (que sancionó la condición dependiente del país), y a asumir como historia suya, más allá de las diferencias «raciales», aquel otro proyecto nacional que fuera aplastado por los autoetnocidas. Se ve así a descendientes biológicos de italianos, judíos, ingleses, irlandeses, árabes o españoles, argentinos ya, reclamar la herencia rebelde de las montoneras rioplatenses que eran los pariguales de los épicos llaneros venezolanos.[45] Si estos formaron las tropas de Bolívar y Páez, aquellas formaron las de Artigas y Güemes. Esta reclamación se emparienta, a lo largo del Continente, con otras reclamaciones similares que llevan a los sectores revolucionarios del mismo a ver las raíces de su lucha anticolonial y liberadora también en las grandes batallas de aborígenes y esclavos africanos contra los conquistadores europeos, y constituyen una de las más altas lecciones de nuestra compleja, difícil y hermosa historia.

Entre la aparición de los dos libros de Sarmiento que he comentado someramente, tuvo lugar en otro de nuestros países una confrontación arquetípica entre lo que Sarmiento llamaba «civilización y barbarie»: la agresión que tropas de varios países europeos hicieron sufrir al México de Benito Juárez, para recolonizarlo bajo la pantalla imperial de Maximiliano. No se olvide, para que se tengan en cuenta los ajetreos planetarios de la «civilización», que las tropas francesas enviadas por Napoleón III que agredían a México desde 1862, tuvieron que interrumpir durante un tiempo tan edificante tarea para prestar su auxilio a otras empresas civilizadoras similares, en lo que entonces se llamaba Anam, y hoy Vietnam. Completada por el momento su labor allá, volvieron a México, donde contaban con émulos de Sarmiento, felices también de cometer «aquel delito de leso americanismo», de echarse «en brazos de Francia para salvar la civilización europea» (el pueblo mexicano los cuenta hoy entre sus más execrados traidores); pero donde, sobre todo, encontraron hombres profundamente imbuidos de «esa idea de nacionalidad», quienes les opusieron una resistencia férrea: a la cabeza de ellos, el magnífico Benito Juárez, el gobernante renovador de la Reforma, el presidente ejemplar cuyo nombre utilizara Martí para representar a toda nuestra América: «la América en que nació Juárez».[46]

Por supuesto, este hombre que gobernaba en favor de su pueblo, que rechazaba la agresión imperialista, que se atrevió a fusilar en 1867 a Maximiliano, ¡y que por añadidura era indio!, tenía que ser presentado por numerosísimos plumíferos como la encarnación misma de la barbarie, mientras los agresores, ¿qué podían ser sino la encantadora civilización?[47]

En nuestra América, *El Mercurio*, de Santiago de Chile —¡ya entonces!—, explicaba, el 7 de agosto de 1863, oponiéndose a que el gobierno chileno mediara entre Juárez y Napoleón III: «Hay americanos de raza indígena, americanos de raza africana y americanos de raza europea. Fueron los últimos los que fundaron la civilización en América; los indios y los africanos la rechazaron siempre, y por sus instintos bárbaros obstaculizaron los esfuerzos de la raza blanca para imponerla.» En el propio México, cuando Maximiliano sancionó los sangrientos decretos del 3 de octubre de 1865 que condenaban a muerte a quienes resistieran al agresor, dichos decretos terminaban, sarcástica y simbólicamente, aludiendo a la «lucha a muerte entre Civilización y Barbarie». En la prensa reaccionaria europea, tal fórmula, por supuesto, era lo habitual, habiéndose podido decir que *«Le Constitutionnel* fabricó una imagen cruenta de Juárez y sus partidarios, no muy distinta del aguafuerte que Sarmiento hizo a propósito de Facundo Quiroga» (p. 79): lo que era además facilitado por la manera como el «americanismo» había sido presentado en Francia como la «anticivilización», según el modelo que ofreciera Sarmiento en 1845 y fuera comentado con elogio ese mismo año en la *Revue des Deux Mondes.*

Solo si se tiene en cuenta aquella forma bestial como la sedicente «civilización» (es decir, el capitalismo occidental en busca de colonias) fue descerrajada sobre nuestra América, puede entenderse la impugnación que de los términos «civilización» y «barbarie», *así empleados,* hicieron hombres como Francisco Bilbao y José Martí, según he recordado en otra ocasión.[48] El primero rechazará «la grande hipocresía de cubrir todos los crímenes y atentados con la palabra *civilización*»; señalará como una «prostitución de la palabra» el hecho de que «"el civilizado" pide la exterminación de los indios o de los gauchos», y exclamará: «¡Qué bella civilización aquella que conduce en ferrocarril la esclavitud y la vergüenza!» Martí caricaturizará «el pretexto de que la *civilización,* que es el nombre *vulgar* con que corre el estado actual del hombre europeo, tiene derecho natural de apoderarse de la tierra ajena, perteneciente a la *barbarie,* que es el nombre que *los que desean la tierra ajena* dan al estado actual de todo hombre que no es de Europa o de la América europea». Y consecuentes con esta impugnación, estos hombres rechazarán, con no menor energía, la invención de las «razas», que les era presentada con un cortejo tan imponente como falso de pretensiones científicas para justificar los crímenes del capitalismo en Ultramar. Bilbao combatirá con hermosa vehemencia «el desconocimiento y negación del derecho de los hombres libres, llamados los indígenas, y la suprema injusticia, la crueldad hasta la exterminación que con ellos se practica»; y Martí, en uno de sus tantos momentos deslumbrantes, asegurará:

> *No hay odio de razas, porque no hay razas.* Los pensadores canijos, los pensadores de lámparas, enhebran y recalientan las *razas de librería,* que el viajero justo y el observador cordial buscan en vano en la justicia de la naturaleza, donde resalta en el amor victorioso y el apetito turbulento, la *identidad universal del hombre.* El alma emana, igual y eterna, de los cuerpos diversos en forma y color. Peca contra la Humanidad el que fomente y propague la oposición y el odio de razas.[49]

Para que hoy pueda apreciarse bien el valor de esas palabras, que la ciencia ratificaría,[50] hay que recordar que fueron escritas en circunstancias en que un racismo feroz campeaba por sus respetos, permeando las más diversas corrientes ideológicas. ¿Cómo olvidar que décadas después, no solo un hombre de ideas tan avanzadas como José Ingenieros, sino incluso algunos de los primeros marxistas de nuestra América mostrarían, en sus nobles obras fundadoras, lunares racistas que implicaban concesiones a la ideología del opresor; concesiones de las que hubiera podido salvarlos el conocimiento del mayor de los latinoamericanos: José Martí?

Estadios sucesivos

Al margen de la oposición entre dos comunidades, la palabra «civilización» ha sido usada también, con gran frecuencia, como sinónimo de un estadio de desarrollo humano objetivamente superior a los estadios anteriores, mientras que tales estadios anteriores recibían los nombres de «salvajismo» y «barbarie». En el propio Sarmiento aparece también este empleo, así como en Martí; y en los fundadores del materialismo dialéctico e histórico: estos últimos parecen haber recibido el sentido de esos términos, ampliamente usados en la época de su formación, sobre todo del incisivo Charles Fourier, quien a principios del siglo XIX propuso dividir la evolución humana en cuatro fases de desarrollo, que llamó «salvajismo», «barbarie», «patriciado» y «civilización». La «civilización», que Fourier identifica con la sociedad burguesa, según él «eleva a una forma compleja, ambigua, equívoca e hipócrita todos aquellos vicios que la barbarie practicaba en medio de la mayor sencillez». Debido a sus contradicciones, sigue diciendo, «en la civilización la pobreza brota de la misma abundancia».[51] Aunque no sea el objeto de su libro sobre las sociedades «primitivas» y el nacimiento de las sociedades de clases según Marx y Engels,[52] Maurice Godelier nos ofrece allí también un útil panorama de cómo, en lo que toca a este punto, «durante cincuenta años, de 1845 a 1895», el pensamiento de aquellos «evolucionó y, hasta su muerte, se mantuvo en estado inacabado» (p. 15). Desde los textos del primer período, «que Marx y Engels [...] criticaron ulteriormente» (p. 24), vemos precisarse en ellos los términos «barbarie» y «civilización» —indicadores de un grado inferior de desarrollo en el primer caso, y superior en el segundo—, hasta alcanzar mayor definición al final de su vida. De *La ideología alemana* (1845) al *Anti-Dühring* (1877–1878), por lo general «civilización» significa para Marx y Engels, como lo había significado ya para Fourier, el estadio histórico corres-pondiente a la sociedad burguesa, cuyo carácter ambiguo no se cansan de subrayar dialécticamente, mientras «salvajismo» y «barbarie» implican estadios preburgueses. En este sentido suele usar también los términos Lenin a lo largo de su obra. Todavía en 1923, el año anterior a su muerte, este habla de Rusia como «situada en la línea divisoria entre los países civilizados y aquellos que por vez primera son arrastrados definitivamente por esta guerra [la de 1914–1918], al camino de la civilización —los países de todo el Oriente, países no europeos».[53] Naturalmente, para Lenin, tan enérgico impugnador de toda exaltación reaccionaria de etapas o formas arcaicas,[54] y tan enérgico defensor del «derecho de las naciones a la autodeterminación»,[55] la entrada de tales países en el «camino de la civilización» no es positiva porque aplaste a dichos países o los someta a las metrópolis imperialistas, sino porque implica *para ellos* un nivel mayor de desarrollo: más próximo, por tanto, al socialismo. En el caso de Marx y Engels, su conocimiento de la obra de Morgan publicada en 1877 —una obra de la que volveré a hablar de inmediato, y cuyas originales ideas ellos harán suyas y enriquecerán— dará contenido más preciso a su uso de los términos «civilización» y «barbarie», los cuales ya no se identificarán con los de la sociedad burguesa, en un caso, y las preburguesas en otros. Pues donde dichos vocablos iban a aparecer como designaciones rigurosas de estadios sucesivos en el desarrollo humano, sería en una ciencia entonces en formación, que ha recibido distintas denominaciones: «etnografía»,[56] «antropología en su sentido más amplio»[57] o «antropología social».[58]

No puedo ocultar, de entrada, mi duda sobre la conveniencia de haberse contentado, para nombrar los momentos del desarrollo de la humanidad, con vocablos que se encontraban ya tan fuertemente connotados: unos, con signo negativo («salvajismo», «barbarie»); otro, con signo positivo («civilización»). Entiendo, sin embargo, por una parte, la arbitrariedad de las denominaciones, que no suele dejar lugar para las mejores escogidas (así, las llamadas por el autor danés Thomsen en la segunda década del siglo XIX edades de piedra, de bronce y de hierro, plantean otros problemas); y, por otra parte, una vez que el bosquejo de la idea salió de los enciclopedistas, el sentido de esas palabras, de Fourier a Marx y Engels, va a aclararse.

Pero la división clásica en este campo la acuñará Lewis Henry Morgan, en su libro mentado, *La sociedad antigua* (1877).[59] Morgan señala allí la existencia en la evolución humana de tres estadios, que llama «salvajismo», «barbarie» y «civilización», cuyos límites *no* se corresponden con los de los estadios que, con nombres similares, había propuesto Fourier. Para Morgan, por ejemplo, la «civilización» se extiende «desde la invención del alfabeto fonético y el empleo de la escritura hasta el tiempo presente» (p. 58), y por tanto su surgimiento, en esta clasificación, es milenariamente anterior a la aparición de la sociedad burguesa.

El magnífico radical estadunidense que fue Morgan, entre cuyos amigos más cercanos se encontraba el ardiente abolicionista y defensor de la Comuna parisina de 1871 Wendell Philips, tan admirado por Martí, descubrió por su cuenta, en los Estados Unidos, el materialismo histórico que décadas antes habían descubierto en Europa Marx y Engels.[60] Infatigable antirracista, Morgan vio que la historia del hombre «es una en su origen, una en su experiencia y una en su progreso» (*La sociedad...*, p. 42), y que dado «que el hombre es uno en su origen, su desenvolvimiento ha sido esencialmente uno, produciéndose en direcciones diferentes pero uniformes en todos los continentes, y muy semejantes en todas las tribus y naciones de la humanidad que se hallaban en la misma etapa de adelanto» (p. 44). También para él, tan dialéctico como Fourier,[61] la «civilización» no es sino otra etapa de la humanidad, como el «salvajismo» y la «barbarie». Así, dice de aquella, la civilización:

> Una mera carrera por la propiedad no es el destino final de la humanidad; su progreso será la ley del futuro como ha sido en el pasado. El tiempo que ha transcurrido desde que comenzó la civilización es sólo un fragmento de duración pasada de la existencia del hombre; y también un fragmento de las edades que están por venir. La disolución de la sociedad está llamada a ser la terminación de una carrera cuya finalidad y objetivo es la propiedad; porque dicha carrera contiene los elementos de su autodestrucción. La democracia en el gobierno, la hermandad de la sociedad, la igualdad de los derechos y privilegios y la educación universal, pronostican el próximo plano superior de la sociedad hacia el cual se encaminan de continuo la experiencia, la inteligencia y el conocimiento. Será una reavivación, en una forma superior, de la libertad, la igualdad y la fraternidad de las *gens* antiguas [pp. 30-31].

No puedo sino lamentar que Martí, al parecer, no llegara a conocer esta obra, que le hubiera satisfecho hondamente, y donde habría encontrado nuevas razones para planteos suyos como estos: «que el hombre es el mismo en todas partes [...] que donde nace el hombre salvaje, sin saber que hay ya pueblos en el mundo, empieza a vivir lo mismo que vivieron los hombres hace miles de años».[62]

A pesar de que, como es normal en todo trabajo científico, se le hayan hecho rectificaciones (por ejemplo, Morgan ignoró que en América los mayas habían accedido ya al estadio de la civilización),[63] se comprende perfectamente el entusiasmo con que Marx y Engels acogieron este libro. Siete años después de publicado, en 1884, Engels, uniendo observaciones de Marx, ya desaparecido, a las suyas propias, glosó el trabajo de Morgan en *El origen de la familia, la propiedad privada y el Estado en relación con las investigaciones de L.H. Morgan.* Por suficientemente conocido, es innecesario comentar este libro clásico (y por demás regocijante). Baste recordar que aquí «salvajismo», «barbarie» y «civilización» aparecen con el sentido que les dio Morgan en su obra. Al llegar al capítulo final, llamado «barbarie y civilización», advierte Engels: «*El capital* de Marx nos será tan necesario aquí como el libro de Morgan» (p. 157). Y antes de concluir su libro, con las últimas palabras de Morgan que cité, recuerda Engels:

> Siendo la base de la civilización la explotación de una clase por otra, su desarrollo se opera en una constante contradicción. Cada progreso de la producción es al mismo tiempo un retroceso en la situación de la clase oprimida, es decir, de la inmensa mayoría. Cada beneficio para unos es por necesidad un perjuicio para otros; cada grado de emancipación conseguido por una clase es un nuevo elemento de opresión para la otra [...] Y si, como hemos visto, entre los bárbaros apenas puede establecerse la diferencia entre los derechos y los deberes, la civilización señala entre ellos una diferencia y un contraste que saltan a la vista del hombre menos inteligente, en el sentido de que da casi todos los derechos a una clase y casi todos los deberes a la otra [p. 178].

Así pues, de Fourier a Morgan y, en la estela de este, a Marx y Engels, el uso dialéctico de los términos «salvajismo», «barbarie» y «civilización» es bien distinto de los que habíamos visto: estos autores anuncian que si la «civilización» fue la negación de los estadios anteriores, un estadio aún más avanzado, al negar a su vez a la llamada «civilización», permitirá a la humanidad, al cabo unida, alcanzar, para decirlo con las palabras de Morgan que Engels hizo suyas, «una reavivación, en una forma superior, de la libertad, la igualdad y la fraternidad de las *gens* antiguas».

Civilizaciones sin barbaries

En 1819, un modesto autor francés, Balanche, «escribe, parece ser que antes que otro alguno, el plural "civilisations". A mediados de siglo, su uso es general».[64] Indudablemente, el término implica aquí aún otro significado: ya no designa una sola comunidad por oposición a las otras, ni un estadio en el desarrollo de la humanidad.

«Parece indiscutible», dice el compilador de una vasta *Historia de las civilizaciones*, «que han existido no *una* civilización sino *unas* civilizaciones, sin una jerarquía real: etnólogos, historiadores y sociólogos han constatado que todo grupo humano organizado posee su civilización, que incluso "un pueblo salvaje" tiene su civilización propia».[65] El vocablo así empleado viene a coincidir con una de las acepciones de «cultura»: otro término, como sabemos, altamente polisémico.[66] Y aunque no han faltado quienes pretendieran señalar diferencias entre ambos conceptos, como Spengler, al que debemos esta paparruchada: «Los griegos tienen alma; los romanos intelecto. Así se diferencian la cultura y la civilización»,[67] es dable coincidir con N.I. Konrad cuando habla de «civilización, o, como decimos nosotros, [...] cultura».[68] Historiadores, arqueólogos y antropólogos proclaman hoy que han existido y existen en todo el planeta «conjuntos de rasgos relacionados»[69] que constituyen civilizaciones o culturas: pero en este caso, sin que tales términos aparezcan *aquí* polarizados o jerarquizados. Es decir, que *en este sentido, no existen barbaries* (se puede hablar así de la civilización etrusca o de la civilización sudanesa, pero no de la barbarie etrusca ni de la barbarie sudanesa). Y tampoco, *en este sentido,* una civilización es un estadio entre otros. Las civilizaciones así concebidas simplemente existen o no.

En cierta forma, Sarmiento tampoco ignoró este uso del término «civilización», aunque por lo general lo mezclaba a los usos mencionados antes. Si escribe que «en la República Argentina se ven a un tiempo dos civilizaciones distintas, en un mismo suelo», luego añade: «una naciente que, sin conocimiento de lo que tiene sobre su cabeza, está remedando los esfuerzos ingenuos y populares de la Edad Media; otra que, sin cuidarse de lo que tiene a sus pies, intenta realizar los últimos resultados de la civilización europea».[70] Aunque con signo opuesto al de Sarmiento, esa mezcla existe también en Gabino Barreda cuando en 1867, al describir la agresión europea al México de Juárez, alude al «conflicto entre el retroceso europeo y la civilización americana».[71]

Más preciso estuvo también en este orden Bilbao, al hablar de «la civilización americana» y (refiriéndose a Occidente) «la civilización que rechazamos»; y, Martí, cuando escribió en 1877, aún en plena juventud:

> Interrumpida por la conquista la obra natural y majestuosa de la civilización americana, se creó con el advenimiento de los europeos un pueblo extraño, no español, porque la savia nueva rechaza el cuerpo viejo; no indígena, porque se ha sufrido la injerencia de una civilización devastadora, dos palabras que, siendo un antagonismo, constituyen un proceso; se creó un pueblo mestizo en la forma [...]

Martí desarrolló luego orgánicamente esta idea de la pluralidad de las civilizaciones, como se ve en *La Edad de Oro* (1889): léanse allí, por ejemplo, «La historia del hombre contada por sus casas», «Las ruinas indias» o «Un paseo por la tierra de los anamitas».

Incluso en Engels se hallan expresiones como «la decadencia de una civilización agonizante», y «los dolores de parto de una civilización nueva»,[72] en las que creo que la palabra «civilización» ha sido usada en este sentido de que estoy hablando ahora.

Las virtudes de este uso son evidentes: en primer lugar, reconoce el valor de las múltiples comunidades humanas, de las cuales una deja de ser la norma, la vara de medir que pretende reducir a las demás a la condición de desviaciones teratológicas. Pero no menos evidentes son las deformaciones de una aplicación irracional, ontologizante o fisiognómica de este concepto, que en ese caso aspira a destrozar la unidad de la historia humana tal como la burguesía en ascenso la había sospechado; y sobre todo tal como Marx y Engels (y Morgan) la habían mostrado. Autores como Toynbee, y sobre todo Spengler, en cambio, contribuyeron a difundir aquellas deformaciones. Abordando este problema historiográfico, escribió I.S. Kon:

> El pensamiento histórico burgués del siglo XIX partía de la concepción de una historia mundial única y del carácter gradual de su desenvolvimiento. Sin embargo, esta unidad se entendía mediante una simplificación, la historia universal se reducía a la historia de Europa, y el progreso se presentaba como una evolución rectilínea en un plano sin saltos, desvíos y catástrofes. El fin del período de la «hegemonía europea» destruyó la ilusión de que Europa era el centro del universo, y los nuevos datos de la ciencia histórica mostraron la complejidad y la variedad del proceso histórico. Pero esto, que demostraba la pluralidad de las civilizaciones humanas y el carácter contradictorio del desarrollo social, llevó a la historiografía burguesa del siglo XIX a extraer la conclusión de que la historia de la

sociedad carece de toda unidad y que no se puede hablar de un desenvolvimiento gradual de la misma.[73]

En apariencia, frente al estrecho eurocentrismo previo, el reconocimiento por aquellos autores de la existencia de diversas «culturas» o «civilizaciones» (o «sociedades») venía a sancionar una reclamación hecha durante siglos por los pueblos de todo el planeta, a los que Occidente les negaba, junto con la libertad, sus valores culturales, reduciéndolos a matices intrascendentes de la barbarie. Pero, en realidad, los empeños de aquellos autores implican lo contrario de esa necesaria sanción de la pluralidad cultural. Occidente encontró pueblos diversos en las cuatro esquinas del mundo, y les negó su derecho a ser lo que eran: desenraizó a los seres humanos, pisoteó sus creaciones culturales, echó por tierra tradiciones milenarias: bajo el común denominador de «barbarie», unció a todos los demás pueblos a su carro, y los obligó a tirar de él, igualándolos en su condición de esclavos abiertos o velados: seres humanos, todos, «de color», aunque algunos de ellos parecieran también «blancos». Solo Occidente, incoloro, traslúcido como el pensamiento, era *la* civilización. A lo más a que podía aspirar el resto de la humanidad, su gran mayoría, era a imitarlo simiescamente. Pero cuando del seno de esa civilización, en su inexorable proceso de descomposición, brotó la clase que debía dar al traste con la explotación del hombre por el hombre, es decir, con «Occidente»; cuando los demás pueblos, convocados a una pelea común contra su amo común, infligieron grandes grietas al nuevo imperio de Occidente, este «descubrió» entonces que los hombres a los que había venido explotando sin distinción y sin piedad, eran irrestañablemente desiguales. Cuando el auroral *Manifiesto comunista* elevó su magnífico grito de guerra: «¡Proletarios de todos los países, uníos!»; cuando, a raíz de Octubre de 1917, se vio al hombre «que no es de Europa o de la América europea», desde Asia hasta la América Latina y África, empezar a librar una lucha común, unido también al explotado de Europa y de la América europea, entonces, *y solo entonces,* los voceros de Occidente comenzaron a propagar que esos hombres, llamados a pelear juntos una batalla formidable para llevar a vías de hecho la radiante unidad del género humano, eran en realidad tan diferentes e incomunicados como organismos diversos: sus obras vienen a decir, sencillamente: «¡Proletarios y explotados y humillados de todos los países, desuníos!» Lo que hay en obras como las de Spengler y Toynbee no es el reconocimiento de que las civilizaciones del planeta son enriquecedoramente distintas: esa verdad de Perogrullo la han sabido siempre los pueblos del planeta; lo que hay en esas obras es uno de los últimos recursos, una de las últimas argucias del capitalismo agonizante para impedir que el socialismo y la descolonización libren definitivamente a la humanidad de aquel régimen de explotación y crimen. El estremecimiento que le causó la Revolución de Octubre, el horror que le inspiran los que llama «pueblos de color» recorren como un escalofrío los libros del teutón de utilería que fue el prenazi Spengler; con más comedimiento británico, no es otro el aliento último de la obra de Toynbee, quien vio en el triunfo popular en toda la tierra, «la civilización puesta a prueba».[74]

Para solo mencionar otro ejemplo de este tipo de fraude, recuérdese el caso de la «negritud». Después de haber causado daños pavorosos a las grandes culturas africanas; después de haber reducido a sus hombres, más allá de su rica variedad, a la condición de animales de carga, cuando los pueblos de África se disponen a ajustar cuentas con Occidente, algunos de los amanuenses de este último defienden la existencia de una «negritud» que uniría a los explotados negros con sus explotadores también negros (simples mayorales de Occidente), y los separaría de sus hermanos de otras pigmentaciones igualmente explotados.

En estos casos, el uso de «culturas» o «civilizaciones» se convierte, en manos del enemigo, en una nueva arma para el mismo fin. Naturalmente, hay que rechazar de plano tal uso, tal arma. Para nosotros, el problema se plantea así: Occidente negó nuestras civilizaciones acercándolas entre sí, y arrojándolas implacablemente a una problemática moderna. Al negar ahora, a nuestra vez, la imposición de Occidente, reivindicamos nuestras civilizaciones, solo que a una nueva luz, en un estadio superior: como partes de una civilización en formación, verdaderamente mundial, a la que las civilizaciones particulares aportan sus enriquecimientos, no sus antagonismos.

Elogios e injurias

Por último, aunque no aspiro a agotar el abanico de posibilidades, no puedo pasar por alto otro uso de los términos «civilización» y «barbarie»: aquel que, sencillamente, se vale de la connotación positiva del primero y la negativa del segundo, para esgrimirlos, al margen de toda precisión científica, como formas del elogio, en un caso, y de la injuria en otro. Los más modestos diccionarios recogen también las correspondientes acepciones. Así, nos dicen que «civilizado» es aquel que «ejercita el lenguaje, usos y modales de gente culta», mientras el «bárbaro» es «fiero, cruel», y también «inculto, grosero, tosco». ¿No decimos de ciertos hechos que nos desagradan que son una «barbaridad», y de ciertas irregularidades del lenguaje que son «barbarismos»?[75]

Este otro uso de los términos, unido a algunos de los anteriores, ha dado lugar a paradojas verdaderamente curiosas. Por ejemplo, Bilbao, a propósito de la agresión contra México, explicará que los latinoamericanos «debemos unirnos para salvar *la civilización americana* de la *invasión bárbara de Europa*»; y Engels afirmará: «Es un hecho indiscutible que la humanidad arrancó del estado animal y necesitó acudir, por tanto, a medios *bárbaros* y casi bestiales para salir de aquel estado de *barbarie*».[76] Pero creo que la palma en este orden de cosas la merecen las siguientes citas. Una es de Marx: «la profunda hipocresía y la *barbarie* propias de la *civilización burguesa*», dijo, «se presentan desnudas ante nuestros ojos cuando, en lugar de observar esa civilización en su casa, donde adopta formas honorables, la contemplamos en las colonias, donde se ofrece sin ningún embozo».[77] Otra corresponde a la memorable «Declaración de los derechos del pueblo trabajador y explotado», que Lenin escribiera en enero de 1918 y sería aprobada por el Tercer Congreso de los Soviets de Diputados Obreros, Soldados y Campesinos de toda Rusia. Allí se lee:

> La Asamblea Constituyente insiste en la completa ruptura con la *bárbara* política de la *civilización burguesa*, que edificaba la prosperidad de los explotadores en unas pocas naciones elegidas, sobre la esclavitud de centenares de millones de trabajadores de Asia, en las colonias en general y en los países pequeños.[78]

En ocasiones, la ambigüedad adquiere caracteres sombríos. Hace pocos meses, la persona que presentó al jefe de la Junta fascista chilena, encargado de inaugurar el año académico en la Universidad Católica de Valparaíso, emitió esto: «en la hora actual, la hora en la cual la Universidad tiene la obligación de ceñirse a las nuevas ideas, las armas [al servicio del fascismo, naturalmente] conducen a la civilización, y las ideas a la barbarie».[79] La responsabilidad no es en absoluto de las pala-bras. Pero hay palabras que acaban por gastarse, por no significar prácticamente nada: ¿no será este el caso de «civilización» y «barbarie»?

Adiós a la prehistoria

Siempre que se han sobrepasado estadios humanos elementales, y se ha contemplado críticamente el encuentro de varias comunidades, se ha reparado en lo irracional e insostenible de querer dividir artificialmente a los hombres. Entre los mismos griegos, los estoicos comprendieron que helenos y bárbaros no eran en esencia diferentes. Un siglo después de Alejandro, dijo Eratóstenes:

> No tenían razón los que dividieron la casta humana en helenos y bárbaros: mucho mejor que se distinga entre la bondad y la maldad, porque hay muchos helenos corrompidos y muchos bárbaros dignos [...] Como los indios y los arianos, y los romanos y los cartagineses, con sus admirables instituciones políticas.[80]

En el seno del Imperio Romano, los cristianos primitivos —en su mayoría bárbaros, según el criterio romano, y especialmente esclavos— heredaron y defendieron valientemente este criterio.

Al iniciarse el saqueo del planeta por Occidente, Miguel de Montaigne afirmó imperturbable «que nada hay de bárbaro ni de salvaje en esas naciones, según lo que se ha referido: lo que ocurre es que cada cual llama barbarie a lo que es ajeno a sus costumbres».[81]

En el propio siglo XVIII europeo que forjaría e impondría el término *civilización* como su nombre propio, proclamada la única realidad humana válida, la única verdaderamente humana y digna de sobrevivir frente a la sedicente «barbarie» del momento, Juan Jacobo Rousseau se alzó para señalar, con voz lúcida y alucinada, los males que aquella había acarreado a la humanidad.[82]

Y desde esta América, un supuesto bárbaro aherrojado proclamaba a finales del siglo XIX, con la honda de David: «Dígase hombre, y ya se dicen todos los derechos».[83]

Para entonces, la humanidad, en su desarrollo contradictorio, había creado ya las condiciones objetivas para pasar, de una generosa impugnación utópica de la «barbarie» y la «civilización», a una superación científica de las mismas. Con el triunfo de lo que Marx llamaba magníficamente «la barbarie [...] de la civilización burguesa», concluía —también según sus palabras— «la prehistoria de la sociedad humana».[84] Y con el advenimiento del socialismo, a partir de la Revolución de Octubre de 1917, empezó a construirse, por el momento de modo aún precario, «la sociedad humana o la humanidad socializada» que soñó Marx,[85] «aquel concierto final y dichoso», aquella «identidad en una paz superior de los dogmas y pasiones rivales que en el estado elemental de los pueblos los dividen y ensangrientan», aquel «estado social más cercano a la perfección que todos los conocidos», que anunciaron las hermosas palabras de José Martí.[86]

Diciembre de 1976–enero de 1977.

El mestizaje cultural: ¿fin del racismo?*

En un trabajo publicado en el número de agosto-septiembre de 1977 de *El Correo de la UNESCO*, escribió el gran novelista brasileño Jorge Amado:

> El Brasil es un país mestizo. Esta es una verdad incuestionable [...] Aquí se llevó a cabo y continúa realizándose una experiencia de importancia capital para la solución del problema racial que, por desgracia, sigue siendo terrible en el mundo de hoy. Aquí se mezclaron y se mezclan todavía las razas más diversas. ¿Qué brasileño podría proclamarse honestamente de raza pura si aquí se confundieron las naciones blancas más diversas —ibéricas, eslavas, anglosajonas, magiar y otras— con las diferentes naciones negras e indígenas y con los árabes, judíos y japoneses? Se fundieron y se funden y lo hacen cada vez más. Esa es nuestra realidad más profunda y nuestra contribución a la cultura mundial y al humanismo.

Esta cita es igualmente válida para las Antillas (con añadidos de la importancia de chinos o indios de India), cuyas sociedades se desarrollaron sobre la osamenta de economías de plantación y el trabajo esclavo. Y en ambos casos el mestizaje no es solo, ni primordialmente, racial, sino sobre todo cultural, y se expresa en

---

* Publicado originalmente en *El Correo de la UNESCO*, año XXXVI, noviembre de 1983.

numerosísimos aspectos, que incluyen, más allá de la pluralidad lingüística provocada por las respectivas metrópolis, la *lingua franca* de una música jocunda, convergencias míticas, el latir de una vida con incontables fuentes pero perfil propio. Brasileños y antillanos, pues, podemos y debemos ofrecernos al mundo como ejemplos de integrantes de culturas mestizas. Lo que lleva al estudioso brasileño Gilberto Freyre a la humorada según la cual en su país el fútbol es «más brasileñamente dionisíaco que británicamente apolíneo».

La rica y dramática historia de la zona, desde que a finales del siglo XV empezaron a llegar a ella los europeos y la convirtieron, al decir del dominicano Juan Bosch, en una «frontera imperial», hasta nuestros días, es el sustrato de este mestizaje, provocado por los pueblos que de grado o (especialmente) por fuerza se han establecido en el área en condiciones bien diversas.

Ahora bien, ¿podemos aceptar la idea de que los sincretismos culturales, tan inevitables y abundantes entre nosotros, conducirán a la superación del racismo? Sería muy grato que pudiéramos responder afirmativamente a esta pregunta. Pero no podemos hacerlo. Se ha dicho que salvo comunidades muy aisladas, como las de ciertos esquimales en el extremo septentrional y ciertas tribus amazónicas, no hay en el hemisferio occidental razas ni culturas realmente puras. Es decir, que aquí, como en casi todas partes del planeta hoy, el mestizaje es de rigor. Lo que no impide que el racismo haya sobrevivido a este hecho y en algunas ocasiones, harto sabidas, alcance límites insoportables para la dignidad humana.

Como ha sido ya expuesto, el discutidísimo concepto de «raza» surgió en los albores del capitalismo, con la aspiración de sancionar las depredaciones colonialistas sin las cuales, y sobre todo sin la pavorosa esclavitud, como explicó el trinitario Eric Williams, no habría habido el capitalismo que conocemos. La misma palabra «raza» no existía en ninguna de las lenguas del mundo con la acepción que tendría, y hubo que ir a pedirla en préstamo a la zoología, lo que dice bastante. En su nuevo sentido, salta por encima de diferencias culturales a menudo enormes y proclama una homogeneidad artificial que hizo exclamar a Martí, irritado: «No hay odio de razas, porque no hay razas»; y a Fanon, que «el negro» fue una invención del colonizador. Por supuesto, hay distinciones somáticas, de origen genético, que se manifiestan en aspectos visibles o no, en predisposiciones o resistencias a determinadas enfermedades, etc. Eso es todo.

Las razas no determinan a las culturas, porque no determinan nada fundamental. Las culturas son creaciones del hombre al margen de sus razas, y si relación hay entre ambas, como a veces ocurre, lo que esa relación implica es que las culturas modifican a las razas, y no a la inversa. El antropólogo francés Claude Lévi-Strauss ha dicho que «todas las culturas imprimen su marca a los cuerpos». Cualquiera puede comprobar esto a diario. Paseando por numerosas ciudades de una prestigiosa cultura aún viva, se puede contemplar que las mujeres, mucho más imaginativas en esto y otras muchas cosas que los hombres, tienen allí el hábito de hacerse agujeros en las orejas de donde dejan colgar variadísimos artefactos, colorean sus labios, mejillas, párpados y uñas («se pintan para borrarse», dijo el poeta francés Paul Éluard), dan formas múltiples a sus cabelleras, se arrancan o depilan vellos en distintas partes del cuerpo, etc. Naturalmente, las ciudades pueden ser Nueva York, París o Londres, y la cultura en cuestión es la cultura occidental, por cierto una cultura sincrética por excelencia. Hechos de esta naturaleza explican con toda claridad que se suela ser un mestizo cultural con independencia del mestizaje racial. Al proceso mediante el cual se arriba a ese toma y daca que es todo mestizaje cultural lo llamó, en palabra afortunada, *transculturación* el polígrafo cubano Fernando Ortiz.

Si el prejuicio racial comenzó como una pretendida justificación del colonialismo, no es solo el mestizaje, de razas o de culturas, lo que provocará la extinción de aquel, sino la erradicación de la causa que le dio origen, es decir, de toda forma de colonialismo, de neocolonialismo, de imperialismo, de opresión. Mientras un país «pertenezca» a otro, mientras unos hombres exploten a otros —no importa cuán intenso sea el mestizaje, o cuán divertido sea el carnaval en Río o en Trinidad—, el *humus* del racismo, vivo, seguirá engendrándolo.

Hay incluso algunos peligros en aquella idea según la cual el mestizaje cultural haría desaparecer por sí solo el racismo. Querría destacar dos de esos peligros: uno es que de alguna forma da la impresión de que homologa paradójicamente raza a cultura, lo que implica aceptar que, más allá de su condición biológica, relativamente intrascendente, la raza tiene también una incidencia histórica, que es lo que se ha pensado de Gobineau a Hitler; el segundo peligro es que postular como solución del racismo al mestizaje pertenece, en última instancia, al dominio de ilusiones como la negritud. Esta, cuya difundida denominación proviene de un memorable poema del martiniqueño Aimé Césaire, sabemos que ha terminado por ser una nueva mistificación. Incluso cuando no se valía aún de ese nombre, presentó aspectos indudablemente positivos en la exaltación del negro hecha por hombres como el jamaicano Marcus Garvey. Sería injusto negar todo lo que debemos a reivindicaciones de ese tipo, en cuanto a hacer respetar y admirar una de las raíces esenciales de nuestro propio ser. Pero la desvirtuación posterior que sufriría el concepto acabó por descalificarlo. Un libro del poeta haitiano René Depestre, *Bonjour et adieu à la négritude*, traza de manera acertada los avatares de lo que nació como un noble intento y concluyó como un arma hostil.

Lo que realmente sale al paso, con todas las banderas desplegadas, al racismo es la abierta actitud anticolonialista y antiopresora de hombres como el puertorriqueño Ramón E. Betances, divulgador de grandes figuras haitianas y apóstol de la independencia de su patria; el haitiano Anténor Firmin, que en su obra de 1885 *De l'égalité des races humaines* afirmó: «la doctrina antifilosófica y seudocientífica de la desigualdad de las razas no reposa más que sobre la idea de la explotación del hombre por el hombre»; el cubano Martí, cuya brega es bien conocida, el cual en 1893 escribió: «El hombre no tiene ningún derecho especial porque pertenezca a una raza u otra: dígase hombre, y ya se dicen todos los derechos. […] Hombre es más que blanco, más que mulato, más que negro»; el martiniqueño Frantz Fanon, quien, a semejanza de los anteriores, incluso muerto sigue luchando todavía.

El mestizaje, tanto racial como cultural, es un paso *imprescindible* en la marcha hacia la extirpación del racismo; pero no es un paso suficiente. No se trata de negar la enorme importancia del mestizaje, pero sí su condición de *deus ex machina* para esa extirpación. Es sobre todo en hechos como la extraordinaria Revolución Haitiana, pórtico de la independencia de nuestra América; como la constitución de naciones en la lucha por la independencia, en los casos de la República Dominicana y Cuba, en la segunda mitad del siglo XIX, de donde salieron líderes como Gregorio Luperón y Antonio Maceo, que más que blancos, negros o mulatos eran ciudadanos mayores de sus patrias respectivas y del mundo; como la rebeldía que recorre el área y anuncia una plena liberación de la misma, el fin de la «frontera imperial»: es en estos hechos, digo, donde se dan los pasos definitivos para terminar con el racismo. Pocas veces se ha expresado con más hermosura este proyecto vital que en el inolvidable poema «Madera de ébano», del haitiano Jacques Roumain: «África he conservado tu recuerdo África / tú estás en mí / como la astilla en la herida / como un fetiche tutelar en el centro de la aldea / […] *Sin embargo* / sólo quiero ser de vuestra raza / obreros campesinos de todos los países.»

Con ese espíritu, batalladoramente fraternal, el hombre (en las Antillas, en el orbe) se encamina hacia su unidad sin desmedro de su multiplicidad, que prefiero llamar su riqueza, la cual se expresará en los más diversos colores, ritmos, músicas, sueños. Un hábito holgazán llama «blanco» lo mismo al nórdico de tez y pelo pajizos y ojo traslúcido que al mediterráneo oliváceo de pelo endrino y ojo oscuro. En un estadio superior, hasta el mismo nombre de «raza» será olvidado, o devuelto a su simple origen zoológico, y en cualquier parte del planeta repetiremos como la cosa más natural la hoy sorprendente sentencia martiana «Patria es humanidad».

La Casa de las Américas
ante el Quinto Centenario*

La Casa de las Américas, por la esencia misma de su trabajo, está obligada a tener una posición definida en lo que toca al inminente Quinto Centenario. Los criterios a que hemos arribado hasta el momento, tras no pocos intercambios de ideas entre compañeros que trabajamos en la Casa y también con compañeros cercanos, de Cuba y otros países, son los siguientes:

1. Resulta imposible negar la trascendencia del acontecimiento, que fue la primera llegada a este Continente, incluidas desde luego sus islas, de europeos imbuidos de alguna forma, no obstante sus muchos rezagos feudales, del proyecto de la naciente sociedad capitalista. Tal proyecto, aunque en estado larval, fue el sustento de la expansión europea que ya había implicado la búsqueda y el establecimiento de vínculos crecientes con Asia y África, hechos que se incrementarían a partir de 1492. Como se sabe de sobra, la búsqueda de nuevos contactos con el primero de esos continentes a través del Atlántico llevó en 1492 al arribo azaroso de europeos a lo que ellos creyeron que era Asia e iba a ser llamado aleatoriamente América. Tales europeos eran españoles, embriagados con la victoria reciente en su cruzada particular contra los árabes, y estaban conducidos por un intrépido

---

* Editorial del número 184, julio-septiembre de 1991, de la revista *Casa de las Américas*. Como se dice en el texto, fue objeto de una consideración colectiva, de la cual salió la versión publicada.

y mesiánico genovés, Cristóbal Colón, al que el chileno Volodia Teitelboim llamó «Gran Almirante de la burguesía [...] una dolorosa figura de transición». Su arribo, que no fue el primer viaje de europeos a este continente (ese primer viaje fue el de los vikingos siglos antes), sí fue el primero con consecuencias: debido, como se ha dicho, a estar vinculado a un proyecto más amplio.

2. Por supuesto, es inaceptable llamar «descubrimiento» a aquella llegada. En nuestro Continente existían en 1492 decenas de millones de seres humanos, descendientes de *los únicos auténticos descubridores de estas tierras*, venidos milenios atrás en oleadas sucesivas sobre todo de Asia, y al parecer también de Oceanía; y existían varias culturas enteramente originales, algunas de ellas más adelantadas en ciertos aspectos que la de los europeos de la época. Tales culturas, las de quienes el guatemalteco Manuel Galich llamó «nuestros primeros padres», no fueron descubiertas, sino desbaratadas por los europeos.

3. Lo que sí ocurrió en 1492, y no es poco, fue el inicio de la *mundialización del mundo*, de la conversión de la historia de la humanidad en una sola historia. En todo caso, se pueden aceptar, sin entusiasmo, términos como encuentro o encontronazo o descubrimiento mutuo del Viejo y el Nuevo Mundos, términos que aspiran a poner en relativo pie de igualdad, aunque solo sea en el plano verbal, a los depredadores europeos y a los agredidos y diezmados indígenas de nuestro Hemisferio.

4. Como ejemplos flagrantes de la manera en que ha sido adulterada la historia, a la llegada de europeos a estas tierras en 1492 (no a la anterior de los vikingos) se la llamó «Descubrimiento», lo que no fue ni una ni otra; a quienes en estas tierras vivían, se los llamó «indios», lo que evidentemente tampoco eran; y a partir de cierto momento, a la conquista se la llamó «pacificación»,

y a los conquistadores, «pobladores»: el primero de estos términos volvió a usarse en muchas circunstancias: por ejemplo, a propósito de la guerra de independencia de Cuba en el siglo XIX y de la de Vietnam en el siglo XX, lo que hace ocioso todo comentario.

5. Igualmente hay que rechazar de plano la palabra «celebración». ¿Celebran los europeos de hoy las invasiones que a lo largo de su historia han conocido, la más reciente de las cuales fue la de los nazis, quienes, según señaló el martiniqueño Aimé Césaire, osaron tratar durante varios años a numerosos europeos como numerosos europeos habían tratado a buena parte de la humanidad durante siglos? ¿Quién no ha visto horrorizado las imágenes de los barcos en que prohombres de ilustres naciones occidentales, que se decían cristianas, trasladaban como reses a los esclavos africanos? Hay que contentarse con la palabra «conmemoración» en su escueto sentido etimológico: de recordar se trata; de recordarlo todo tal como fue. O si no, se incurriría en lo que expuso el español Rafael Sánchez Ferlosio al escribir: «Toda conmemoración es, por naturaleza, apologética y, consiguientemente, no neutral, ni mucho menos crítica. Conmemorar una cosa comporta aprobarla y hasta glorificarla, y por añadidura que los conmemorantes se identifiquen con los conmemorados [...]».

6. Es necesario insistir en que, así como la historia de España no comienza con las invasiones a la península ibérica por los romanos, los germanos o los árabes (no obstante las hondas huellas que los pueblos respectivos dejaron en la rica cultura española), tampoco nuestra historia comienza en 1492, con el inicio de la invasión española, y luego las de otros países europeos, a estas tierras. Por eso José Martí pudo reclamar con toda razón en su ensayo de 1891 «Nuestra América», ese texto

capital que acaba de cumplir su primer siglo sin perder un ápice de vigencia: «La historia de América, de los incas a acá, ha de enseñarse al dedillo, aunque no se enseñe la de los arcontes de Grecia. Nuestra Grecia es preferible a la Grecia que no es nuestra. Nos es más necesaria.»

7. El propio José Martí había dicho en 1877 que la invasión de América por europeos constituyó «la injerencia de una civilización devastadora, dos palabras que, siendo un antagonismo, constituyen un proceso».

8. De acuerdo con lo anterior, para las comunidades indígenas la conquista (¿la «pacificación»?), consecuencia tan lógica como nefasta de la llegada de los europeos, fue una monstruosa fechoría considerada por Martí «una desdicha histórica y un crimen natural». Añadió Martí: «¡Robaron los conquistadores una página al Universo!» Por su parte, el brasileño Celso Furtado la llamó «una verdadera hecatombe demográfica [...] casi sin paralelo en la historia humana»; la francomexicana Laurette Séjourné, «un cataclismo, frente al cual palidecen las más sombrías catástrofes de la historia»; y el búlgaro-francés Tzvetan Todorov, «el mayor genocidio de la historia de la humanidad». Por ello es de elemental justicia que se oiga la voz de los indígenas que (conservando sus idiomas, sus creencias, sus formas de vida) descienden de modo directo de los sobrevivientes de aquel genocidio; así como la de los descendientes directos de esclavos negros (pavorosamente descuajados de África para hacerlos trabajar como bestias en las plantaciones del Nuevo Mundo, sobre todo en la cuenca del Caribe), cuyos planteos han sido, son, y sólo pueden ser, de rechazo. En cuanto a los primeros, el mexicano Miguel León Portilla hizo posible conocer la «visión de los vencidos», «el reverso de la conquista», contemplada no por los conquistadores sino por los conquistados;

y, desarrollando criterios expuestos por investigadores como el peruano Antonio Cornejo Polar, el suizo Martin Lienhard enfatizó que tal visión no se agotó en el siglo XVI, sino que prosigue hasta nuestros días en descendientes de quienes sobrevivieron al trauma de la conquista, cuya «expresión verbal fundamental se realiza en el marco de la oralidad», aunque «por momentos […] se sirven de la escritura europea para expresar una "visión" alternativa», la cual

> exige, ahora, la elaboración de «otra historia» de la literatura latinoamericana, una historia que tendrá que relativizar la importancia de la literatura europeizada o criolla, aquilatar la riqueza de las literaturas orales y revelar o subrayar la existencia de otra literatura escrita, vinculada a los sectores marginados.

A nombre de esos «sectores marginados» formados por millones de indígenas, la boliviana Domitila Chúngara dice: «lo de nosotros no fue un encuentro sino una invasión descarada que saqueó nuestras riquezas, que esclavizó y ultrajó a nuestro pueblo, por lo tanto yo no acepto ese término de encuentro»; y el haitiano Anthony Phelps, asumiendo el punto de vista de los americanos descendientes de africanos, exclama: «El "descubrimiento" fue y sigue siendo hasta el presente sinónimo de conquista, genocidio, traición, esclavitud, explotación. […] Festejar ese "descubrimiento" sería un insulto a la memoria de los negros comprados, vendidos y traídos como esclavos a nuestro Continente.»

9. Sin embargo, desde un punto de vista realmente mundial (no solo el de una cultura, etnia, zona o sistema de la Tierra), no hay más remedio que destacar la ambigua importancia de lo acaecido en 1492 y de lo que ello provocó. Dos de las consecuencias mayores de aquella llegada de 1492 fueron el desarrollo

del capitalismo en la Europa occidental (paradójicamente, apenas en los países ibéricos), y el surgimiento de la América Latina y el Caribe tal como ahora se los conoce: lo que Simón Bolívar llamó «un pequeño género humano», y Martí «nuestra América mestiza», integrada según él «por las naciones románticas del continente y por las islas dolorosas del mar».

10. Los dos hechos mencionados: el crecimiento del capitalismo en el Occidente subdesarrollante, del que formarían parte luego países no europeos como los Estados Unidos y Japón, y la conformación de nuestra América subdesarrollada, como la mayor parte de África y Asia, por aquel; estos dos hechos están profundamente imbricados: no se puede hablar del uno sin hablar del otro, según hicieron ver autores como el trinitario Eric Williams en *Capitalismo y esclavitud*, el uruguayo Eduardo Galeano en *Las venas abiertas de América Latina*, y, referido en lo esencial a un Continente afín a nuestra América y con un razonamiento que suscribimos, el guyanés Walter Rodney en *Cómo Europa subdesarrolló a África*.

11. En general, a partir de 1492 comienza la división de la Tierra entre un grupo minoritario, cada vez más rico, de países subdesarrollantes, y un grupo ampliamente mayoritario, cada vez más pobre, de países subdesarrollados por aquellos: lo que ahora se llama la relación Norte-Sur, una relación cuya violencia se ha agravado peligrosamente al esfumarse el equilibrio bipolar surgido a raíz de la llamada Segunda Guerra Mundial. El Norte se cree dueño para siempre del mundo, y no faltan amanuenses suyos que proclamen ridículamente que ha llegado el fin de la historia. Por nuestra parte, creemos que la humanidad ni siquiera ha llegado aún al fin de la prehistoria.

12. Otro ejemplo (en este caso, feliz) de convergencia entre los llamados Viejo y Nuevo Mundos es el de la lengua española, la

mitad de cuya vida, sin duda la mitad más importante desde cualquier punto de vista, la hemos compartido, la hemos recreado en común españoles e hispanoamericanos. Naturalmente, hechos similares, con las variantes propias de cada situación, ocurren en los casos de otras lenguas de países metropolitanos que también han sido asumidas y recreadas en nuestra América, como el portugués en el Brasil, y el inglés y el francés en el Caribe anglófono y francófono respectivamente, sin olvidar que en estas dos zonas del Caribe se hablan, como lenguas nacionales, distintos *créoles*. Y en las Antillas ocupadas por Holanda existe esa *lingua franca* o *sabir* que es el papiamento: en tales Antillas, la situación parece ser de las más graves del área, ya que sus habitantes, si pretenden valerse de la correspondiente lengua metropolitana, se encuentran, como dijera al uruguayo Mario Benedetti el escritor de aquella zona Pacheco Domacassé, con que «el holandés es a su turno el papiamento de Europa». El propio Benedetti recordó hace poco que en nuestra América «han sobrevivido y son habladas (y en algunos casos, también escritas) por millones de indoamericanos» numerosas lenguas aborígenes.

> Por ejemplo [sigue diciendo Benedetti], en México hay un millón de habitantes que hablan lenguas aborígenes; el 50% de los guatemaltecos hablan idiomas de origen maya; el 30% de los peruanos no hablan castellano; el aymara abarca amplias zonas de Perú y Bolivia; en estos dos últimos países, más Ecuador, hay cuatro millones de quechuahablantes. Paraguay, por su parte, es el único país latinoamericano verdaderamente bilingüe, ya que la virtual totalidad de sus habitantes hablan castellano y guaraní.

13. En última instancia, los actuales habitantes de nuestra América (con la excepción de los vastos enclaves de indígenas «puros»

que vergonzosamente han sido y son tratados por las oligarquías criollas y sus capataces como los antepasados de aquellos lo fueran por los colonizadores) descendemos física y sobre todo culturalmente de conquistadores y conquistados, de esclavistas y esclavos, y estamos tratando de construir, y a menudo construyendo, una realidad nueva. Solo con esta visión nos es dable apreciar lo ocurrido en 1492 y después. Para decirlo con palabras del brasileño Darcy Ribeiro, nuestros países, al igual que sus similares en el planeta, deben

> repensar el proceso civilizatorio desde su perspectiva de pueblos desheredados y oprimidos, para rehacer el mundo de acuerdo con las tradiciones del humanismo perdido y para redefinir, una vez más, el rumbo de la marcha humana. Ésta es una tarea que sólo a ellos cabe, tal como —según Hegel— cabía al esclavo el papel de combatiente de la libertad, y al amo, envilecido por su propio poder, el papel de guardián del despotismo.

14. Es imprescindible distinguir con toda claridad entre la crítica a cualquier forma de colonialismo, de neocolonialismo y de explotación, y la crítica a un país en particular. Por ejemplo, con frecuencia en sectores de países occidentales, cuyas respectivas historias de rapiña los desautorizan para hablar así, se propagan censuras a la vieja España basadas en la llamada Leyenda Negra, en vez de criticar todo colonialismo, todo neocolonialismo, toda explotación, que han sido y son espantosos, practíquelos quien los practique. No podemos de ninguna manera caer en aquella trampa, sobre todo si se considera que la cultura española, una de las más valiosas de la humanidad, se encuentra entre las raíces fundamentales de la nuestra; en la existencia de españoles anticolonialistas que van de hombres como el Padre Las Casas a hombres como Pi y Margall, y en

la tradición española de rebeldía que se manifestó en hazañas como las de Sagunto y Numancia, los comuneros de Castilla, la guerra independentista antinapoleónica o la épica contienda de 1936 a 1939, en que tantos hombres y mujeres de América participaron en defensa de la agredida República Española, haciendo bueno el verso del nicaragüense Rubén Darío: «Soy un hijo de América, soy un nieto de España.»

15. En realidad, como destacó el lituano-chileno Alejandro Lipschütz, hay que rechazar toda leyenda negra, sea ella «antiportuguesa, antibritánica, antifrancesa, antialemana, antirrusa, antiyanqui», etc. Existen regímenes más o menos buenos y regímenes regulares, malos y pésimos, pero no existen pueblos buenos ni pueblos malos: y en nuestra América han confluido culturas provenientes de las cuatro esquinas del globo, que aquí, a través de lo que el cubano Fernando Ortiz llamó «transculturación», concepto asumido creadoramente por el uruguayo Ángel Rama, se funden y producen algo distinto: esa «síntesis» que el mexicano Alfonso Reyes vio que no es «un punto terminal», sino «un nuevo punto de partida, una estructura entre los elementos anteriores y dispersos, que —como toda estructura— es trascendente y contiene en sí novedades. H_2O no es solo una junta de hidrógeno y oxígeno, sino que —además— es agua». La justa observación de Reyes en forma alguna puede confundirse con andar sumando trozos en una especie de neutralidad boba o culpable ante los dramáticos hechos históricos. Por otra parte, las vidas y las obras de intelectuales tan representativos de nuestra América como Martí, Mariátegui y el Che son ejemplos suficientes de todo lo contrario. Lipschütz complementó aquellas palabras suyas que citamos añadiendo: «hay sólo lugar para una leyenda antiseñorial. // Y aún más vale otro hecho de orden histórico: en verdad no se trata de una *leyenda* antiseñorial sino de la auténtica *realidad*

señorial milenaria», que hay que combatir siempre, asuma el
nombre que asuma, no importa lo prestigioso que parezca: a
Unamuno le complacía recordar que nuestro vocablo «prestigio» viene del latino «praestigium», que quiere decir «charla-
tanería, impostura»: lo que se ve muy bien en su complejo y
discutido derivado «prestidigitador»; y no estamos para magos de aldea: con perdón de los compañeros magos, que tanta
falta nos hacen.

16. Tampoco es aceptable que un país metropolitano o exmetro-
politano, sea el que fuere, invente en su favor una Leyenda
Blanca o Rosa, se considere introductor o auspiciador en
nuestras tierras de «la» civilización (a no ser esa «civilización
devastadora» de que habló Martí), o se proclame enlace privilegiado de nuestra América con otras zonas del mundo. En
vez de eso, a quinientos años de 1492, nuestros países, cuyos
mejores intelectuales impugnaron hace tiempo ciertas nostálgi-
cas aspiraciones de encajarnos en un que otro meridiano cultural, tienen autoridad para dialogar directamente con los demás
países del pequeño y asendereado planeta que compartimos,
y que la codicia y la irresponsabilidad están a punto de hacer
inhabitable. Si no mejoran las cosas, y los vientos que soplan
no son muy esperanzadores que digamos, la especie autolla-
mada *homo sapiens*, particularmente en su variedad «occidental», va resultando demasiado costosa para la Naturaleza que
la produjo y la sufre. Tengamos piedad para el Cosmos, al que
literalmente estamos llenando de basura y que consagró tantos millones de años (desde que el tiempo no era tiempo, ni el
espacio espacio) al parto del ser humano. ¡Que no haya sido
un parto de los montes! ¡Que su (nuestro) destino no sea el de
las incontables especies que ya hemos extinguido, robándole
demasiadas páginas al Universo!

17. Para que no merezcamos lo que escribió el Padre Mariana: «Dumque coelum considerat, observatque astra, terram amisit», volvamos de golpe a la Tierra: nos es cuestión de vida o muerte tener siempre presente que nuestro enemigo principal es hoy el arrogante y agresivo imperio de turno, el norteamericano, y sus secuaces los Judas locales, no los desvanecidos imperios de otras eras, cuyos polvorientos destinos deben servir de advertencia al mascavidrios o dinosaurio de ahora; las distintas formas de explotación, el intercambio desigual, la impagable deuda externa, el desangrador neoliberalismo económico, la renacida política del garrote, las hambrunas y epidemias que ya nos azotan, los avatares del racismo y el machismo, no los crueles pero inexistentes conquistadores de hace siglos. ¿No es cierto que algunos contemporáneos se muestran muy enérgicos contra esos fantasmones de ayer para no enfrentar las realidades del momento, para no pelear contra los conquistadores, depredadores y explotadores de hoy? «Una república imperial [...] la Roma americana» llamó Martí a los Estados Unidos en 1894, cuando se insinuaba su expansión mundial. Tres años después de la muerte en combate, en 1895, del gran cubano, del gran ser humano, los Estados Unidos, confirmando las advertencias de aquel, el primer hombre en señalar y combatir los rasgos del imperialismo que vio surgir ante sus ojos, valiéndose del estallido del acorazado *Maine*, surto en el puerto de La Habana, y con ese acontecimiento a modo de excusa (como harían después con «el incidente del Golfo de Tonquín» en relación con Vietnam, y con Iraq porque cometió el hecho en verdad inexcusable de invadir a Kuwait como los Estados Unidos habían invadido a Granada y Panamá, y volverán a hacer... ¿cuándo?, ¿dónde?), se entrometieron en la guerra de independencia que los cubanos le teníamos prácticamente ganada a los colonialistas españoles, terminaron de derrotar a estos, e

iniciaron la era del nuevo imperialismo. A esta situación, en nuestros días, se refirió así el norteamericano Noam Chomsky:

> Por razones que tienen que ver con la historia mundial, las partes de habla inglesa [de la humanidad] se volvieron potencias mundialmente dominantes, particularmente los Estados Unidos que son la primera potencia realmente global en la historia, y la América Latina ha estado muy subordinada al poder imperial occidental y a su violencia. Y esto sigue. Sigue en la crisis del endeudamiento externo; en las amenazas de intervención; en las formas altamente distorsionadas de desarrollo; en el retraso social, frecuentemente extremo, de muchas áreas que tienen una gran riqueza cultural. Todos estos son fenómenos que se han desarrollado en el transcurso de las interacciones de la historia mundial y han llevado, por varias razones, a una situación altamente dependiente y subordinada, de opresión, para la mayor parte del Continente.

18. Gracias a la intervención militar norteamericana en la Cuba de 1898, ocurrió el hecho inusual de que fueran derrotados a la vez los dos contendientes que se habían enfrentado con las armas durante treinta años: los independentistas y los colonialistas (había cubanos y españoles en ambos ejércitos), y de ese modo fue inaugurada nuestra común contemporaneidad: razón por la cual nunca hemos entendido que se hable de una «generación del 98» en España y se olvide que también hay, más que una generación, una literatura del 98 en Hispanoamérica, la cual Martí inauguró *avant la lettre*, y con la jefatura visible de Rubén Darío, y el nombre de «modernismo, esa gran libertad», al decir del argentino Jorge Luis Borges, «renovó las muchas literaturas cuyo instrumento común es el castellano y llegó, por cierto, hasta España». Una de las hermosas ironías de la historia, otra sorpresa del «viejo topo», es que haya correspondido a la revolución de plena orientación martiana iniciada en la pequeña

Cuba en 1959, al llevar adelante en condiciones muy adversas un proceso imperfecto pero grandioso (antimperialista, popular y de horizonte socialista), salvar el honor de una estirpe derrotada por partida doble en 1898, y cuyos mejores representantes, que hicieron encarnar por primera vez al socialismo en castellano, volvieron a ser derrotados en España en 1939.

19. Los países que constituyen nuestra América no están aún integrados ni política ni social ni económicamente, lo que tanto ha facilitado que se los siga saqueando, pero no es abusivo decir que en el orden cultural, a pesar de lagunas y desvaríos, existe cierta integración, en defensa de la cual (y de nuestras raíces indígenas, europeas, africanas, asiáticas: mundiales) ha puesto y pondrá su grano de arena, sin estrecheces ni temores, la Casa de las Américas.

20. La llegada del Quinto Centenario no puede ser ocasión para azuzar divisiones, rencores, altanerías y odios estériles, sino para insistir, con total respeto para las diferencias que son riquezas, en la integración, tan difícil como imprescindible, de nuestra América. Solo tal integración («que de hecho», según el paraguayo Augusto Roa Bastos, «existe en potencia, pese a todos los pesares de su fragmentación y balcanización secular[es]»), nos hará posible participar a plenitud en la historia mayor de la humanidad, de la que la prepotente y voraz civilización occidental («una civilización devastadora») no es en absoluto el triste capítulo último, sino el preludio de una etapa posoccidental realmente ecuménica, generosa y fraterna, dentro de la cual se hará viable el complejo «fenómeno humano» también en el Continente que honraran tantos hombres y mujeres «desde los viejos tiempos de Netzahualcoyotl» hasta estos días arduos en que sería indigno arriar la esperanza.

La Habana, 11 de junio de 1991.

Pensamiento de nuestra América: autorreflexiones y propuestas*

Dos siglos en un día

El primero de enero de 1804, Jean Jacques Dessalines, General en Jefe del ejército del primer país libre de nuestra América, proclamó la independencia de la que había sido la colonia francesa de Saint Domingue. Por decisión de sus libertadores, en lo adelante el país llevaría su nombre indígena de Haití. En 1791 había estallado allí una gran insurrección de esclavos negros que terminaría asumiendo carácter de guerra por la independencia. Dos años después, la esclavitud fue abolida. (Hubo que esperar siete décadas para que una medida similar fuera tomada en los Estados Unidos.) En 1802, valiéndose de una traición, los franceses arrestaron y deportaron a la principal figura de la insurrección, Toussaint L'Ouverture. Al año siguiente, el ejército enviado por Napoleón con el propósito de sofocar aquella guerra de independencia capituló. La extraordinaria hazaña de los que el trinitense C.L.R. James llamaría en un libro clásico *The Black Jacobins* [...] (Londres, 1938)[1] —a quienes la Revolución Francesa en ascenso sirvió de acicate, y Bonaparte

* Con ligeras variantes, esta es la conferencia inaugural del curso homónimo ofrecido en la Casa de las Américas entre el 5 y el 16 de agosto de 1996. Se publicó originalmente en *Casa de las Américas*, no. 204, julio-septiembre de 1996.

intentó en vano frenar— coronaba a la escala de un país un ci-marronaje de muchos siglos en el Caribe.

El destronamiento por Napoleón, en 1808, del rey de España es-timuló las ansias de gobierno propio que abrigaban grupos criollos en las colonias americanas de ese país. A partir de 1810, tales ansias encarnaron, de México y Venezuela al Río de la Plata y Chile, en guerras independentistas que tuvieron conductores como Miguel Hidalgo, Simón Bolívar, José de San Martín y Bernardo O'Higgins, respectivamente, e involucraron a la Hispanoamérica continental. Las Antillas hispanoamericanas, cuyas oligarquías nativas temían ver repetirse en sus tierras el ejemplo haitiano, se sustrajeron en-tonces a la onda revolucionaria: así dilataron procesos indepen-dentistas que al tomar cuerpo más tarde acabarían distinguiéndose en aspectos capitales de los desencadenados en 1810. La victoriosa batalla de Ayacucho selló en 1824 la independencia con respecto a España de la Hispanoamérica continental. Un año antes los Estados Unidos habían dado a conocer la Doctrina Monroe, primera piedra concreta de una política exterior no abandonada que aspira a acotar a nuestra América para su exclusivo dominio.

Aunque no careció de antecedentes revolucionarios, como la Conjuración Minera por la cual fueron ejecutados en 1792 Tiradentes y otros patriotas, la independencia llegó a Brasil por vías evolutivas. Trasladados al país suramericano el príncipe regente y la corte de Portugal para no caer prisioneros de los franceses tras la invasión napoleónica a esa metrópoli en 1808, el heredero del prín-cipe, vuelto emperador y haciéndose eco de capas influyentes del país (a cuya cabeza estuvo José Bonifacio de Andrade e Silva), lo declaró independiente en 1822. A diferencia de la América españo-la, la América portuguesa, no obstante guerras civiles que hubieran podido desgarrarla, logró conservar su unidad; y, aun compartien-do con aquella muchos rasgos comunes, también en otros órdenes prosiguió durante largo tiempo un camino paralelo.

Las décadas inmediatas verían a prominentes ciudadanos de nuestra América tratando, en medio de luchas a menudo turbulentas, de diseñar países que (con salvedades como Haití y en cierta forma Paraguay) marginarían a los indígenas, a los negros y a los mestizos, y se pensarían en función de las oligarquías criollas blancas, o que se tenían por tales, en especial de quienes poseían aspiraciones burguesas y se consideraban occidentales de Ultramar: consideraciones que se daban de cachetes con esfuerzos europeos por recolonizar abiertamente a varios de esos países, además de hacerlo de modo indirecto. El caso más señalado de lo primero fue el de México, el cual tras larga lucha logró vencer en 1867 a un imperio que la Francia del pequeño Napoleón pretendió establecer allí. Dos décadas atrás, en una guerra de rapiña, los Estados Unidos habían devorado la mitad de México; y a partir de 1855 William Walker intentó vanamente repetir la fechoría en Centroamérica.

Solo en 1868 se alzaron en armas Puerto Rico y Cuba. El intento de Puerto Rico se extinguió poco después; pero la guerra de Cuba duró diez años, y tras la que fue considerada simplemente una tregua, interrumpida por conatos bélicos, se reanudó en 1895. Esta vez, organizada por el radical José Martí, no la impulsaban integrantes de la oligarquía nativa, sino de las clases y capas medias y populares, con abundante presencia negra y mulata; ni se proponía solo la independencia frente a la ya caduca España, sino también frente al emergente imperialismo estadunidense. Representantes de este, al ocurrir en 1898 la voladura del acorazado *Maine* en la bahía de La Habana, acusaron de dicha voladura al gobierno de España, le declararon la guerra con tal excusa, y lo derrotaron en pocos meses, hurtando así a los cubanos su ya inminente victoria, y de paso apoderándose de Puerto Rico, y luego de las Filipinas y otras islas del Pacífico. El primero de enero de 1899 el general John Brooke tomó posesión del gobierno de Cuba en nombre de los Estados Unidos; y el 20 de mayo de 1902, la Cuba que había peleado treinta años por su independencia recibía, mutilada por la Enmienda Platt, una República que de hecho era un protectorado.

Habría que esperar a otro primero de enero, sesenta años después de aquel en que Cuba fue oficialmente uncida a los Estados Unidos, para que la Isla cambiara de modo radical su condición. En el interregno, los Estados Unidos ejercieron con violencia en el Caribe, al que han considerado su *mare nostrum*, la política de las cañoneras y del garrote, invadiendo numerosos países de la cuenca. Nuestra América, por su parte, vería surgir la poderosa Revolución Mexicana de 1910, con grandes figuras como el líder campesino Emiliano Zapata y más tarde Lázaro Cárdenas, quien en 1938 nacionalizó el petróleo; el movimiento de reforma universitaria iniciado en 1918 en Córdoba, Argentina, que repercutió en muchos países hispanoamericanos; resistencias frente a los yanquis como las de los héroes y mártires Charlemagne Peralte en Haití y Augusto César Sandino en Nicaragua; la sublevación y la masacre salvadoreñas de 1932, donde fue asesinado Farabundo Martí; gobiernos populistas como los de José Batlle y Ordóñez en Uruguay, Hipólito Yrigoyen y Juan Domingo Perón en Argentina, y Getulio Vargas en Brasil, país que había conocido la legendaria marcha de Luis Carlos Prestes y años después su abortada insurrección comunista; un fugaz gobierno socialista y luego otro más dilatado de Frente Popular en Chile; la Revolución Boliviana de 1952; los regímenes nacionalistas de Guatemala entre 1944 y 1954. Este último año, un gobierno llegado allí al poder en elecciones convencionales fue depuesto por una invasión mercenaria enviada por el gobierno estadunidense, lo que desde entonces le ha costado al país más de cien mil desaparecidos. Un nuevo período en la historia de nuestra América se abrió cuando el primero de enero de 1959 llegó al poder la Revolución Cubana, que, hostigada desde el primer momento por los Estados Unidos, asumiría carácter socialista.

En los treinta y siete años transcurridos, muchos han sido los intentos por llevar adelante la segunda independencia de nuestra América iniciada en Cuba en 1959. Numerosos movimientos guerrilleros rurales y urbanos, de amplia orientación socialista, fueron violentamente combatidos por el Imperio, ocasionando la muerte a una pléyade de combatientes cuya figura más emblemática es la de Ernesto Che Guevara, ultimado en Bolivia en 1967. Sin embargo, en 1970 el socialista Salvador Allende, en elecciones también convencionales como las de la Guatemala agredida en 1954, llegó al poder en Chile; y en 1979 el Frente Sandinista de Liberación Nacional organizado por Carlos Fonseca, quien perecería combatiendo, lo hizo en Nicaragua, tras derrocar por las armas al tirano local. Pero los respectivos procesos revolucionarios, no obstante ser multipartidistas y mixtos en muchas cosas, fueron yugulados por implacables maniobras estadunidenses. Allende fue asesinado en 1973, y su gobierno sustituido por una feroz dictadura militar; la guerra sucia y el ahogo económico contra Nicaragua impuestos por los Estados Unidos llevaron a los sandinistas a perder en 1990 unas elecciones que no podían ganar. (Mientras tanto, los Estados Unidos habían vuelto a realizar invasiones abiertas en el Caribe: en 1961, en Cuba, donde fueron derrotados; en 1965, en la República Dominicana; en 1983, en Granada; en 1989, en Panamá.) Así pareció cerrarse en nuestra América, en medio de un reflujo histórico mundial, un ciclo renovador inaugurado en 1959 (y que llegó a abarcar la actuación de militares radicalizados como Juan José Torres en Bolivia, Juan Velasco Alvarado en Perú y Omar Torrijos en Panamá), aunque la asediada Cuba revolucionaria ha logrado sobrevivir, y mantiene relaciones con la casi totalidad de los países latinoamericanos (incluido el fundador Haití), en los cuales no existen ya las dictaduras militares proimperialistas que los ensangrentaron; y también con países del Caribe que empezaron a independizarse en la década del sesenta de este siglo.

El primero de enero de 1994 entró en vigor en México el Tratado de Libre Comercio firmado entre ese país, los Estados Unidos y Canadá. Para observadores superficiales, a partir de la fecha México dejaría atrás su condición subdesarrollada, común a todos los países de nuestra América, e ingresaría en el mejor de los mundos posibles. Pero ese mismo primero de enero, la ciudad de San Cristóbal de Las Casas y otras también en Chiapas fueron tomadas por el Ejército Zapatista de Liberación Nacional, el cual dio a conocer así su existencia. Se trata, como lo ratificarían sus numerosas y vívidas declaraciones, de un movimiento, en su mayoría, campesino (de ahí el esgrimir a Zapata como bandera) e indígena, con el que asomó su rostro el «México profundo», se hicieron patentes «el colonialismo interno», la «pluralidad de culturas», según conceptos con que trabajan algunos de los mejores pensadores de México y son válidos también para muchos otros de nuestros países. Movimientos de resistencia indígena los ha habido en América desde el segundo arribo de europeos, en 1492: medio milenio antes habían llegado, sin consecuencias, los vikingos. El más conocido de esos movimientos fue la rebelión encabezada en Perú (con repercusiones colindantes) por Túpac Amaru entre 1780 y 1781, cuando fue bárbaramente ejecutado. Aún es temprano para saber qué logrará el EZLN, pero el proyecto neoliberal que él objetó entró en seria crisis a finales del propio año 1994. En todo caso, es grande la originalidad de México. Su Revolución de 1910 fue de enorme autenticidad, no remedo de modelos foráneos. ¿Nos reserva México un nuevo capítulo en la historia de nuestra América? ¿O se abrirá ese capítulo en otro sitio?

Ciento noventa años median entre el primero de enero de 1804 y el de 1994. Y es más el tiempo si se toman en cuenta los antecedentes y consecuentes. Durante ese lapso, en nuestra América se ha peleado contra varias metrópolis y contra formas diversas de colonialismo y neocolonialismo. Tal es el ámbito histórico al que se remite este curso, el cual considerará aspectos del pensamiento generado en ese ámbito.

Estímulos para este curso

Hacía tiempo que quería organizar lo que he pensado, escrito y dicho sobre las cuestiones que este curso aborda. La sugerencia de mis compañeros Luisa Campuzano y Jorge Fornet a ofrecerlo, me ha obligado a intentar esa organización. Aunque no es sensato esperar que vaya ahora a empezar de nuevo, no todo será reiteración. Al frente de su quinto libro de versos, *Elogio de la sombra* (Buenos Aires, 1969), escribió Jorge Luis Borges: «A los espejos, laberintos y espadas que ya prevé mi resignado lector, se han agregado dos temas nuevos.» No mencionaré cuáles fueron esos temas: baste con saber que existieron. También el resignado lector (en primer lugar, oidor) se encontrará aquí con mis temas u obsesiones habituales, y con variaciones sobre ellos; pero a la vez con nuevos temas. Tampoco insistiré en cuáles son. Hay que dejar algo a la sorpresa.

Sí insistiré, en cambio, en otros inesperados estímulos para el curso. Quizá en este caso se trate de uno solo, encarnado en diversos ejemplos. Cronológicamente, el primero de ellos fue para mí el libro del palestino-estadunidense Edward W. Said *Culture and Imperialism* (Nueva York, 1993), que leí con mucho interés, y algunas de cuyas páginas hice traducir y publicar en el número 200 (julio-septiembre de 1995) de *Casa de las Américas*. Me llamó la atención que en libro de tanta sabiduría nuestra América estuviera casi ausente, no obstante el asunto tratado. El segundo ejemplo fue la antología compilada por Patrick Williams y Laura Chrisman *Colonial Discourse and Post-colonial Theory* (Nueva York, 1993), donde se agrava lo anterior: no hay allí ni un autor iberoamericano.

El hecho se repite en otra antología posterior, compilada por Bill Ashcroft, Gareth Griffiths y Helen Tiffin: *The Post-colonial Studies Reader* (Londres y Nueva York, 1995). Pero la palma en este orden le corresponde a mi admirada amiga india Gayatri Chakravorty Spivak, residente en los Estados Unidos. En la página 57 de su libro con el feliz título *Outside in the Teaching Machine* (Nueva York y Londres, 1993) se lee: «La América Latina *no* ha participado en la descolonización.»² (Énfasis de G.C.S.) Presumo que algo así es el basamento intelectual de las ausencias observadas en los libros que he nombrado. Y si la América Latina *no* ha participado en la descolonización, ¿cómo se llama aquello en que *sí* ha participado durante más de dos siglos, y a lo que me referí en la primera parte del trabajo?

Dije que en las citadas antologías no aparecía ni un autor iberoamericano. Debí haber especificado, como hago ahora: ni un texto escrito originalmente en español o en portugués, las lenguas en que empezó a decirse la modernidad al uso, ya que España y Portugal fueron los países europeos que la inauguraron. Las colonias americanas de ambas metrópolis estuvieron pues entre las primeras colonias de tal modernidad. Y, consiguientemente, las suyas se cuentan entre las iniciales luchas anticolonialistas, algunas tan tempranas como la rebelión criolla de los comuneros de Paraguay (1717-1735).

Las independencias conseguidas a principios del siglo XIX por la mayoría de los países de nuestra América resultaron insuficientes. Pero no menos insuficientes fueron las que mucho más tarde, a raíz de la terminación en 1945 de la llamada Segunda Guerra Mundial, lograrían países asiáticos y africanos. Llamar descolonización solo a la tarea cumplida en estos, quizá porque las metrópolis respectivas eran más *modernas* que las paleoccidentales España y Portugal, es aberrante; y también es aberrante olvidar entre las metrópolis a *la más moderna* de todas: los Estados Unidos. Me temo que pueda haber ocurrido algo de ambas cosas en el arte de birlibirloque de que dan testimonio las obras citadas. Llamo la atención sobre el hecho de que en las antologías varias veces aludidas sí aparecen autores de nuestra América (los cuales nos son muy cercanos) que escriben en inglés (los barbadienses George Lamming y Kamau Brathwaite, el santaluceño Derek Walcott) o francés (los martiniqueños Aimé Césaire y Frantz Fanon, el haitiano Jacques Stephen Alexis).

Estaba proyectando este curso cuando reparé en que yo no era el único a quien sobresaltaba aquel criterio. En la entrega de otoño de 1994 de la revista *Ojo de Buey* leí con identificación el trabajo del británico Peter Hulme que hice traducir y publicar en el número 202 (enero-marzo de 1996) de *Casa de las Américas* con el título «La teoría poscolonial y la representación de la cultura en las Américas». Hulme, al comentar el libro de Said, la selección compilada por Williams y Chrisman y otros textos, objeta criterios como el de J. Jorge Klor de Alva, para quien «las nociones mismas de colonialismo e imperialismo vinieron de las experiencias modernas de los poderes coloniales no hispánicos, y solo fueron subsecuente e inapropiadamente sobreimpuestas a las experiencias hispanoamericanas desde el siglo XVI hasta mediados del siglo XVIII» (p. 5). Ese argumento le parece a Hulme «fundamentalmente defectuoso». Y se pregunta: «¿por qué tomar *aquel* modelo de colonialismo y decidir que, puesto que América no encaja en él, no puede entonces hablarse de descolonización, discurso colonial o teoría poscolonial?» (Ibíd). En cuanto a que Said (y, añado, también otros) no reconoce «a los Estados Unidos como una potencia colonial e imperial desde su comienzo sino solo desde el fin de la Segunda Guerra Mundial», Hulme opina:

> Lo que sucede en *Culture and Imperialism,* como sucedió también en *Orientalism,* es que los Estados Unidos de América —a los que Said ligera pero imperdonablemente se refiere como

«América»— aparecen en la escena asumiendo el manto imperial después de la Segunda Guerra Mundial, pero sin ninguna consideración sustancial de los propios orígenes de la nación como asentamiento de colonias británicas, españolas y francesas, así como tampoco de sus propios inicios imperiales en el Pacífico a mediados del siglo XIX, ni de su propia historia de «colonialismo interno», ni de sus propias guerras genocidas contra la población indígena de Norteamérica, ni de su propio aventurerismo en Centroamérica y el Caribe en [el] siglo XX. [...] su análisis del imperialismo norteamericano carece de la profundidad-de-tiempo histórico y cultural que él aporta al material europeo [p. 4].

Hulme menciona luego varios ejemplos de autores de nuestra América, concretamente del Caribe, «que pueden verse en retrospectiva como teóricos poscoloniales precursores de Said». Añade que «no hay una correlación fácil entre el final formal de una relación colonial y la producción de material teórico que pueda ser considerado como "poscolonial"; pero lo que ha sido escrito en Haití a principios del siglo XIX merece ciertamente mayor atención». Y concluye este razonamiento así:

> Sin embargo, si me obligaran a identificar un momento de «comienzo» en el sentido que Said otorga a esta palabra, entonces cada vez más me parece que el momento sería 1898, año sísmico para el Caribe, el comienzo quizá de su modernidad. [El cubano] Fernando Ortiz, estoy seguro de ello, será leído cada vez más como el gran teórico de las *consecuencias* culturales de 1898. La gran figura al otro lado de ese año divisorio es José Martí, de cuya obra bien pueden extraerse las bases para una genuina teoría poscolonial americana [pp. 7–8].

Me complacen no pocos criterios de Hulme (y, por supuesto, de otros autores metropolitanos), pero lo que aquí me importa destacar no es la aceptabilidad de cuestiones y pensadores nuestros por aquellos autores, cuyas obras quedan lastimadas o incluso invalidadas si desconocen o devalúan lo que merece ser conocido o valorado positivamente. Lo que me importa es que no quedemos atorados por ruedas de molino que a fin de cuentas, y con todo el respeto debido, pueden ser otras vueltas de tuerca (así aparezcan con ropa de academia o de estameña) de lo que la canadiense Mary Louise Pratt llamó en un libro de 1992 «ojos imperiales». Mirar las cosas con ojos propios, como pensarlas con cabeza propia, es imprescindible.

Concluiré esta parte de mi conferencia con una larga cita de Walter D. Mignolo. Volveré en el curso sobre la obra de este estudioso argentino que reside en los Estados Unidos, se expresa indistintamente en español e inglés, y posee amplia información y sensibilidad afinada para el problema del cual trato ahora. La cita proviene de un trabajo suyo sobre el discurso colonial y poscolonial que lleva el elocuente subtítulo de «¿Crítica cultural o colonialismo académico?». He aquí sus palabras:

> La influyente pregunta hecha hace varios años por Gayatri Spivak fue: «¿Puede el subalterno hablar?» [...] A esta interrogación sería dable responder diciendo que el subalterno siempre ha hablado, aunque los eruditos y los científicos sociales no siempre han estado dispuestos a escuchar [...] La cuestión de si el colonizado puede ser representado acaso no sea ya un problema, y podría replantearse en términos de diálogos desde diferentes *loci* de enunciación más que como un monólogo académico realizado en el acto de «estudiar» el discurso colonial y no «escuchar» a personas políticamente comprometidas (dentro o fuera de la academia), escritores de países coloniales, poscoloniales o del Tercer Mundo que producen un dis-

curso alternativo. Quizá en la arena intelectual los esfuerzos por inventar a un «otro» desde lejos y desde antes enmascaran nuevas formas de colonización [...] Para los interesados en examinar críticamente la dependencia cultural de países poscoloniales [...], el problema tiene que ser repensado en el contexto de mimetismo y dependencia tanto como en términos de intervenciones intelectuales y programas de investigación que alimentan las tradiciones y necesidades del país. Para aquellos de nosotros que nos hallamos en el exilio, al negociar la producción intelectual en nuestros lugares de origen (trátese de la América Latina, África o Asia) y la conversación intelectual en nuestro lugar de residencia (los Estados Unidos o la Europa occidental), se plantea la cuestión de si nuestra función debe ser la del intermediario que promueve la importación de «nuevas teorías» en nuestros países «atrasados», o si debemos «pensar desde» las experiencias poscoloniales en las cuales crecimos [...] Mi interés es subrayar el punto de que el «discurso colonial y poscolonial» no es sólo un nuevo campo de estudio o una mina de oro para extraer nuevas riquezas, sino la condición de la posibilidad para construir nuevos *loci* de enunciación tanto como para reflejar que los «conocimiento y comprensión» académicos deben ser complementados con «aprender de» aquellos que viven en y piensan desde legados coloniales y poscoloniales, de [la guatemalteca] Rigoberta Menchú a[l uruguayo] Ángel Rama. De lo contrario, corremos el riesgo de promover mimetismo, exportación de teorías y colonialismo (cultural) interno en vez de promover nuevas formas de crítica cultural y emancipaciones intelectuales y políticas; el riesgo de hacer de los estudios coloniales y poscoloniales un campo de estudio, y no un liminal y crítico *locus* de enunciación. [...] el Tercer Mundo no produce sólo «culturas» para ser estudiadas por antropólogos y etnohistoriadores, sino también intelectuales que generan teorías y reflexionan sobre su propia cultura y su propia historia [«Colonial and Postcolonial Discourse: Cultural Critique or Academic Colonialism?», *Latin American Research Review*, 28 (3), 1993, pp. 130-131].

Nuestra América entre los nombres y las realidades de América

Voy a desglosar y comentar el título de este curso, a fin de hacer transparente su propósito. Comienzo por lo que podría considerarse lo más obvio: la conocida denominación «Nuestra América». La he empleado desde las primeras líneas de este texto, pero también me he visto obligado alguna vez a hacerla alternar con otra, tomada como sinónimo de la anterior. Tal proceder me lleva a una aclaración inevitable.

Como bien sabemos, «América» es el nombre con que acabó siendo conocido el continente al que llegaron por segunda vez europeos en 1492, y donde viven hoy varios bloques humanos, todos con orígenes coloniales. Dos de esos bloques se han organizado como países capitalistas desarrollados: los Estados Unidos y Canadá, excolonias sobre todo de Inglaterra. Esta fue hasta inicios del presente siglo el país capitalista más desarrollado del planeta, lo que serían a partir de entonces los Estados Unidos, herederos en tantos aspectos de aquella. El resto del llamado Hemisferio Occidental es el área de nuestro curso, y como conjunto no fue nunca, ni es previsible que lo sea al menos en lo inmediato, una unidad política. Se trata de una vasta zona en su gran mayoría colonizada por España (que también colonizó buena parte de lo que hoy son los Estados Unidos) y Portugal, países de estructuras arcaicas que no habían conocido verdadero desarrollo capitalista, y por tanto no pudieron dejarlo en herencia a sus excolonias, como sí hizo Inglaterra con respecto a varias de las suyas; dentro de esa zona, en el Caribe existen también tierras que, arrebatadas por lo general a España, fueron (o son aún) enclaves coloniales de otras metrópolis europeas, y hasta de los Estados Unidos, como Puerto Rico: este último, sin embargo, no abandonó su cultura. Esa América la constituyen bloques de países que tienen en común, entre varias cosas, ser todos subdesarrollados: los que forman Hispanoamérica (la cual, además de países continentales, incluye en las Antillas a Cuba, la República Dominicana y Puerto Rico), Brasil y los primeramente aludidos del Caribe. En los países continentales existen comunidades indígenas, muy numerosas en ocasiones, cuyas culturas a menudo solo de modo superficial se han fusionado con las aportadas por los conquistadores y colonizadores ibéricos. A estos últimos se añadieron cuantiosos africanos traídos como esclavos, y luego asiáticos y hombres y mujeres de otras procedencias. Aunque ha habido abundantes mezclas y transculturaciones, también en este orden la heterogeneidad es grande.

Si aspiramos a que tenga sentido, lo que no es forzoso que ocurra con los nombres, no es fácil dar con una denominación para conjunto tan diverso. Por otra parte, los Estados Unidos de América (tal es su apelativo completo, el cual, como el de la hoy disuelta Unión de Repúblicas Socialistas Soviéticas, implica además una definición) usufructuaron para sí desde el siglo XIX la denominación «América», y ello ha sido aceptado incluso más allá de sus fronteras, aunque no del todo en el resto del continente, donde a veces, por el contrario, empleamos la palabra «América» con referencia sobre todo a aquella parte de ella donde vivimos: así la usaron los primeros libertadores hispanoamericanos, y siguieron usándola figuras como los mexicanos Alfonso Reyes y Leopoldo Zea, y el chileno Pablo Neruda; así aparecerá más de una vez en el curso. En acuerdo con este criterio, Martí llamó en 1884 a los Estados Unidos «la América europea», dando a entender que había otra América, la nuestra, que merecía ser llamada de tal manera, sin más. Pero indudablemente la apropiación del sustantivo y de su correspondiente adjetivo por los voraces vecinos del Norte ha complicado también el saber cómo nos llamamos.

El chileno Miguel Rojas Mix tituló a un libro donde esta cuestión es tratada con detenimiento, y se consideran sus ramificaciones, *Los cien nombres de América* [...] (Barcelona, 1991). No son cien, pero sí muchos, y aún podrían añadirse más: por ejemplo, los nombres indígenas de «Tawantinsuyo» o «Anáhuac». Sin embargo, como en el caso de los primeros habitantes de América (quienes, a semejanza de Colón, no llegaron a saber que el continente era mayor de lo que creyeron), la casi totalidad de esos nombres no designa al mismo objeto, sino a partes distintas de él. (Entre las escasas excepciones se hallan, de origen europeo, además de «América», los tempranos «Nuevo Mundo» e «Indias», consagración este último de un error geográfico; y de origen kuna, «Abya-Yala», que propuso en los años setenta de este siglo un congreso indio «para designar a nuestro continente mestizo».) Por ejemplo, «Hispanoamérica» o «América española» se refiere solo al conjunto de las repúblicas «antes colonias españolas», como en 1824 explicitó Bolívar, al convocar al congreso de Panamá que se celebraría en 1826. Para el dominicano Pedro Henríquez Ureña, sin embargo, «América Hispánica» incluía también al Brasil, pues el término «Hispania» (al igual que «Iberia») abarca tanto a España como a Portugal. «Iberoamérica» se refiere sin duda a las dos grandes comunidades de mayoritario origen ibérico en América, y sobre todo últimamente suele incluir también a sus exmetrópolis. «América Latina» (cuestión a la que el uruguayo Arturo Ardao dedicara su minucioso libro *Génesis de la idea y el nombre de América Latina*, Caracas, 1980) suma a los anteriores los países del Caribe que fueron o siguen siendo colonias francesas. Pero en el Caribe existen países cuyas metrópolis o exmetrópolis no forman parte de la Romania, no hablan lenguas neolatinas (por ejemplo,

Inglaterra y Holanda), y debido a ello sus habitantes no se sienten concernidos por aquella denominación. Lo que ha llevado, cada vez más, a hablar de «América Latina y el Caribe». Considerar al Caribe como una subunidad es justo, porque más allá de la diversidad de lenguas (no solo las de origen europeo, sino también distintas lenguas nacionales) y otras características, los caribeños tenemos mucho en común. Sucede, sin embargo, que la mayoría de nosotros, como se ha dicho ya, estamos englobados dentro de los «latinoamericanos». En cambio, las comunidades indígenas no suelen aceptar ser llamadas «latinoamericanas». Para intentar resolver esta cuestión, en este siglo se empezó a hablar de «Indoamérica»; y, probablemente por similitud, de «Afroamérica» y «Euroamérica». Se trata de tres grandes zonas que en cierta forma se corresponden con lo que el brasileño Darcy Ribeiro, en *Las Américas y la civilización* [...] (Buenos Aires, 1969), libro iluminador al que volveré a referirme en el curso, llamó «pueblos testimonios», «pueblos nuevos» y «pueblos transplantados». Es positivo retener esta idea de la diversidad de nuestros pueblos, pues ello contribuye a poner las cosas en su justo sitio, frente a quienes hablan de nuestro monolitismo de etnia, lengua, religión y cultura. Pero también es menester subrayar que esa diversidad no contradice necesariamente la existencia de una difícil unidad dinámica nacida durante siglos de historia relativamente común. Incluso el complicado Caribe pudo ser historiado como una entidad por el trinitense Eric Williams (*From Columbus to Castro: The History of the Caribbean 1492–1969*, Londres, 1970) y el dominicano Juan Bosch (*De Cristóbal Colón a Fidel Castro. El Caribe, frontera imperial*, Madrid, 1970), siguiendo un camino que trazara James (quien por cierto fue profesor de Williams) en el epílogo («De Toussaint L'Ouverture a Fidel Castro») que añadiera a la segunda edición, revisada (Nueva York, 1963), de *The Black Jacobins* [...].

No conozco mejor denominación para aquella difícil unidad dinámica que la de «nuestra América». Investigadores como el panameño Ricaurte Soler (en su notable libro *Idea y cuestión nacional latinoamericanas*, México, 1980) y la chilena Sara Almarza (en «La frase *Nuestra América*: historia y significado», *Caravelle* [...], 43, 1984) han estudiado la presencia de este sintagma en varios autores, y aún podrían añadirse más ejemplos a los aducidos por ellos. Pero indudablemente correspondió a Martí acuñarlo en la forma en que ha llegado a nosotros, creadoramente abierto hacia el porvenir. En sus manos, tal sintagma no privilegia aspectos geográficos ni etnias ni lenguas ni culturas, y se limita a subrayar la pertenencia a nosotros. El conjunto vuelve a tener un nombre común, pero esta vez más allá de la colonia: aplicando una expresión que en libro de este mismo año usó la española María Luisa Laviana Cuetos, puede decirse que se ha pasado «de las Indias a nuestra América». Martí comenzó a forjar el nombre durante su destierro en México y Guatemala, entre 1875 y 1878, y tras su reveladora experiencia estadunidense le dio forma madura en el texto programático homónimo. Ese lúcido y hermoso manifiesto de nuestra modernidad no ha perdido vigencia, entre otras cosas porque los acuciantes problemas de que trata están lejos de haber desaparecido. Abordaremos pues aspectos esenciales del pensamiento de nuestra América desde su primera independencia hasta hoy, enmarcados por el ensayo martiano «Nuestra América», que vio la luz inicial en *La Revista Ilustrada de Nueva York* el primero de enero de 1891.

Pensamiento, autorreflexiones y propuestas

Puesto que este es un curso sobre pensamiento, se impone saber en qué sentido va a ser empleado tal concepto. Al español «transterrado» en México José Gaos (discípulo de izquierda de José

Ortega y Gasset y traductor de Martin Heidegger), quien dejara tan honda huella en Hispanoamérica, debemos esta definición:

> de la vida forma parte un pensamiento que se especializa en «pensamiento», filosofía y ciencia. El «pensamiento» es aquel pensamiento que no tiene por fondo los objetos sistemáticos y trascendentes de la filosofía, sino objetos inmanentes, humanos, que por la propia naturaleza de las cosas, históricas, éstas no se presentan como los eternos temas posibles de un sistema, sino como problemas de circunstancias, es decir, de las de lugar y tiempo más inmediatas, y, por lo mismo, como problemas de resolución urgente; pero que usa como formas los métodos y el estilo de la filosofía o de la ciencia; o que no tiene aquellos objetos, sino los [primeramente] indicados, ni usa estos métodos y estilo, pero que idea y se expresa en formas, orales y escritas, literarias —géneros y estilo—, no usadas, al menos en la misma medida, por aquel primer pensamiento. Al «pensamiento» se le considera frecuentemente por ello como literatura [*El pensamiento hispanoamericano*, México, c. 1944, p. 11].

Aunque no lo diga explícitamente, creo que sobre bases similares se apoyó el español José Luis Abellán para elaborar los ocho nutridos volúmenes de su *Historia crítica del pensamiento español* (Madrid, 1979-1992). En todo caso, en sus líneas iniciales Abellán afirma que la obra «es muchas cosas al mismo tiempo: desde una nueva interpretación de la cultura española hasta una aproximación a un modo de filosofar y de historiar muy alejado de lo tradicional»; defiende el uso de la expresión «pensamiento», y afirma que «toda la ejecución de la obra está sostenida por una hipótesis de trabajo: la de la fecundidad de la Historia de las Ideas como método válido para ofrecernos una historia del pensamiento español con sentido propio».

Que yo sepa, no existe una obra equivalente, por su horizonte y su dimensión, referida al pensamiento de nuestra América en conjunto, aunque libros como *El pensamiento latinoamericano* (Barcelona, 1976), del más destacado e influyente discípulo de Gaos, Leopoldo Zea (libro que es la relaboración de otros previos), o, en forma más breve, *El pensamiento latinoamericano y su aventura* (Buenos Aires, 1994), del argentino Arturo Andrés Roig, son contribuciones cuyo conocimiento es aconsejable. Como también lo es el de otros panoramas, y el de dos compilaciones de textos de autores varios que debemos igualmente al laborioso Zea y aparecieron ambas en México, en 1986: *Ideas en torno de Latinoamérica* y *América Latina en sus ideas*. Pero en el prefacio, fechado en 1963, de una edición anterior de *El pensamiento latinoamericano* (prefacio que retuvo en la nueva edición), Zea había explicado que

> un trabajo exhaustivo sobre este pensamiento sólo podrá ser realizado cuando se hayan escrito las historias de las ideas, el pensamiento y la filosofía de cada uno de los países latinoamericanos, y de la comparación de todos ellos se deduzca lo que los caracteriza dentro de una comunidad más amplia [...] Una labor exhaustiva corresponderá, así, a los investigadores de los distintos países de nuestra América [pp. 11-12].

Aunque desde aquella fecha hasta hoy han aparecido valiosos estudios parciales, además de los que mencionó Zea en ese prólogo, la observación sigue siendo centralmente válida. Este breve curso, pues, no puede ser sino una contribución muy modesta al conocimiento de su asunto. Y en el pórtico mismo quiero explicar que mi concepción del pensamiento, en general afín a la de Gaos, está aún más cercana a la que Miguel de Unamuno defendió en *Del sentimiento trágico de la vida [...]* (Madrid, 1913), y ejemplificó con su propia faena. Tal concepción no excluye *a priori* ni lo que suele asumir la encarnación de la literatura ni textos políticos o religiosos, para mencionar los que podrían parecer extremos. Baste con decir que para mí el pensador por excelencia de nuestra América es Martí: y su pensamiento se manifiesta tanto en sus ensayos como en sus versos, tanto en sus crónicas como en sus discursos, tanto en sus cartas como en sus textos para niños y jóvenes. Su caso, por otra parte, dista mucho de ser excéntrico en nuestra América, ni es atribuible a ser Martí un hispanoamericano del siglo XIX (esto último solo puede ser dicho de él con muchas reservas). Me limitaré a recordar tres ejemplos de autores múltiples (escritores de ficción, ensayistas, investigadores) del siglo XX que se valen de idiomas distintos del que para Martí fue habitual: Césaire, del francés; Darcy Ribeiro, del portugués; Lamming, del inglés.

Por otra parte, no se tendrá en cuenta todo el pensamiento de nuestra América, sino el integrado por algunas «autorreflexiones y propuestas». Es decir, lo que nuestra América ha pensado de sí misma; y, también, lo que a partir de ella se ha considerado de varios aspectos del mundo: en ambos casos, desde luego, cuando se trate de un pensamiento que pueda estimarse realmente valioso, aunque no siempre se esté de acuerdo con él. Para hacer esto, me ha parecido mejor que la presentación cronológica reunir en haces algunas ideas principales: ello, entre otras cosas, permite que ciertos autores sean considerados más de una vez. Pero siempre que fue dable, me atuve al orden cronológico, aunque en algunos casos resulta claro que ese orden tuvo que ser abandonado. Y también debe resultar claro que no se trata de asuntos, sino de ideas sobre asuntos. Pues lo que se aborda en este curso es el pensamiento, antes que las realidades sobre las que se piensa. Por ejemplo, es obvio que en nuestra América tanto el indígena como la mujer aparecen desde el inicio, millares de años antes de 1492, y el negro poco después de esa fecha. Pero las meditaciones sobre (y desde) ellos adquieren valor particular en determinados momentos. Es entonces cuando serán abordadas, señalándose los antecedentes. En todo caso, aunque se ha tratado de esquivarlas, ciertas repeticiones son inevitables: aún más exigiría la dialéctica de lo sucesivo y lo simultáneo.

Sobre algunas aporías del anticolonialismo

Antes de mencionar los haces de ideas que estudiaremos, quisiera hacer una observación de carácter general. Si se me pregunta la fecha y el continente en que estamos, y respondo que en 1996 y en América, me he valido de un mundo conceptual no nacido aquí: he hablado en *español*, idioma cuyo nombre no puede ser más decidor (de haberlo hecho en otros idiomas que también conozco, como francés e inglés, la situación no habría cambiado un ápice); he aceptado una división del tiempo y una denominación también nacidas en Europa. Podría aducir que el español, al igual que el francés y el inglés, provienen de un idioma anterior, de nombre ignorado, que se habló en regiones imprecisas, pero sin duda no solo en tierras que después serían conocidas como europeas; y podría añadir otros juicios por el estilo. Pero así no iría muy lejos. Hay que cortar por lo sano discusiones de esta naturaleza, que pueden llegar a ser paralizantes sobre todo en comunidades nacidas de situaciones coloniales. Martí zanjó gordianamente el asunto cuando habló de «nuestra América», no ignorando en absoluto que «América» era nombre que se nos había impuesto desde fuera; otro tanto hizo Antonio Alatorre cuando, teniendo en cuenta a quienes hablamos el español como lengua materna, se refirió a él como *«nuestra* lengua»: después de todo, del millar de años que lleva de existencia este idioma, la mitad más rica de ese tiempo lo hemos ido elaborando en común en muchas partes del mundo, incluida largamente América, y hoy por hoy solo uno de cada diez de aquellos hablantes está en España. Cosas similares pueden y deben afirmarse de otros hechos. Enfatizar, como estamos moralmente obligados a hacer, el valor de lo propio, no implica postular un absurdo robinsonismo, ni siquiera cuando se pretenda viernesismo.

Lo que acabo de decir en forma alguna significa negarle, por ejemplo, a las comunidades indígenas de América el absoluto derecho que poseen, y debemos defender totalmente si de veras somos demócratas, a valerse de sus lenguas, practicar sus religiones, desarrollar sus culturas, disponer de su autonomía, pues el pluralismo cultural es una realidad innegable entre nosotros. Respetémosle a esas comunidades su plena libertad. Y ejerzamos la nuestra, que incluye la apropiación de cuanto estimemos válido en la historia, y el rechazo en ella de lo que estimemos negativo. No es arrojando acríticamente por la borda lo ya incorporado como alcanzaremos nuestras metas liberadoras.

Por último, creo que en esto del nombre que nos corresponde adolecemos del mal del definicionismo. Es verdad que, como ya se dijo, tanto «Estados Unidos de América» como «Unión de Repúblicas Socialistas Soviéticas» son nombres y también definiciones. Pero esto no es regla, sino excepción. El propio Martí no fue remiso a hablar a veces, por ejemplo, de «América Latina», o de «América» a secas, aun cuando estuviera refiriéndose a «nuestra América». Ni los hombres que se llaman León son leones, ni las mujeres que se llaman Rosa son rosas. Parece que «Hispania» significaba «tierra de conejos». ¿Y qué? Como escribiera Alfonso Reyes y me gusta citar, nadie se pone a la sombra de una semilla.

Haces de ideas

He agrupado en trece lecciones el pensamiento que vamos a estudiar en el curso. Y para nombrarlas, me he valido a menudo de sentencias acuñadas, o de títulos de obras destacadas, aunque ello no quiere decir que las lecciones vayan a referirse necesaria o exclusivamente a esas sentencias o a esos títulos. He aquí los nombres: «Independencia o muerte», «Diseñando la patria del criollo», «O inventamos o erramos», «Frente a la nueva metrópoli», «Tras el águila y la serpiente», «La utopía de América», «Surge un nuevo pensamiento social», «La América indígena», «El afroamericano, o indígena "importado"», «Inicios de la segunda independencia», «Habla la mujer», «América en la historia», «Algo sobre los pos/tres». Paso a explicar sumaria-mente el contenido de las correspondientes lecciones.

«Independencia o muerte» fue consigna de la proclama que, a continuación del acta de independencia de Haití, leyó Dessalines el primero de enero de 1804. Creo que puede servir para referirse al meollo del *Pensamiento político de la Emancipación* (Caracas, 1977), que los argentinos José Luis y Luis Alberto Romero, al antologar (con valioso prólogo del primero), acotaron entre 1790 y 1825. Se trata del capítulo inicial del pensamiento de nuestra América en el alba de su primera descolonización. En ese pensamiento se manifestaron actitudes sociales conservadoras, a veces en figuras por otra parte ilustres. Tal fue el caso del venezolano Francisco de Miranda, el Precursor por antonomasia de la independencia hispanoamericana, sin olvidar a otros como el peruano Juan Pablo Viscardo y el ecuatoriano Eugenio de Santa Cruz y Espejo. Fue también el caso del mexicano Fray Servando Teresa de Mier. Vale la pena recordar que tanto la de Miranda como la de Mier fueron vidas nada conservadoras: incluso espectaculares. Ahora bien: el aspecto ígneo de aquel pensamiento corresponde a quienes en medida diversa han sido considerados, tanto por sus ideas como por sus vínculos con las masas, jacobinos. Así llamó James a los haitianos, especialmente a L'Ouverture. Otros, que comparten ese criterio, añadieron a Miguel Hidalgo y José María Morelos, de México; Antonio Nariño, de Colombia; José

María de España y Manuel Gual, de Venezuela; Mariano Moreno y Bernardo Monteagudo, de Argentina; José Gervasio Artigas, de Uruguay; José Gaspar Rodríguez de Francia, de Paraguay. Pero, sin menoscabar la magnitud de tales figuras y de otras (en primer lugar, San Martín), el «hombre solar» de este momento fue Bolívar, en cuyas vastas y complejas concepciones es imprescindible detenerse.

«Diseñando la patria del criollo» alude, más que a Benedict Anderson y sus seguidores, al título del penetrante libro del guatemalteco Severo Martínez Peláez *La patria del criollo. Ensayo de interpretación de la realidad colonial guatemalteca* (San José, Costa Rica, 1972). Pero voy a tomar en consideración no al pensamiento de la Guatemala colonial (aunque algo habría que decir sobre José del Valle, a quien Martínez Peláez juzga con rigor), sino sobre todo a los de Argentina y Chile, donde después de la independencia fueron notorios los intentos por diseñar patrias a la medida del criollo: reservando ahora esta última palabra, en cuyos avatares nos detendremos durante el curso, para el descendiente americano de europeos que se creía uno de ellos, y en consecuencia radicalmente distinto del aborigen, el negro y el mestizo americanos. Tales patrias se imaginaron como homólogos o versiones trasatlánticas de países europeos de capitalismo desarrollado; aunque de este lado del Atlántico existía otro modelo también tentador: el de los Estados Unidos. De ahí el anhelo de procurarse inmigración blanca, es decir europea; y el haber facilitado la apertura a la condición neocolonial que usufructuaron nuevas metrópolis: Inglaterra en primer lugar. Figuras notables (y no siempre coincidentes) como el venezolano-chileno Andrés Bello, los argentinos Esteban Echeverría, Domingo Faustino Sarmiento y Juan Bautista Alberdi, y el chileno José Victorino Lastarria fueron pensadores representativos de esta tendencia. En ella, en cierta forma, cabría adscribir, aunque su país no fuera aún independiente y tuviera otras características, al cubano José Antonio Saco, cuyo modelo en este Hemisferio fue Canadá, también colonia (pero de Inglaterra), en vez de los Estados Unidos, que él temía que absorbieran a Cuba. (Sobre el caso más señalado, el de Argentina, Tulio Halperin Donghi compiló una útil antología.) La fórmula arquetípica de esta cohorte de pensadores bien podría ser el título inicial de la famosa obra de Sarmiento en torno a Facundo Quiroga: *Civilización y barbarie* (Valparaíso, 1845). El falso dilema reaparecerá más de medio siglo después en otra obra maestra, esta vez brasileña: *Los sertones* (Rio de Janeiro, 1902), de Euclides da Cunha, quien sin embargo afirma que la campaña que allí describe, en la cual la «civilización» derrotó a la «barbarie» en 1897, «fue, en la significación integral de la palabra, un crimen»: y lo denunció en su fuerte libro.

«O inventamos o erramos» es la desafiante fórmula que estampara en su *Sociedades americanas* (Arequipa, 1828-Lima, 1842) el originalísimo venezolano Simón Rodríguez, y sirve para designar al pensamiento que acompaña en el tiempo al núcleo del anterior, y lo contradice. El joven Bolívar tuvo dos maestros eminentes: Bello y Rodríguez. Es simbólico que en ellos fueran a encarnar sendas maneras bien distintas de concebir a la América posterior a la independencia. Una atiende esencialmente a modelos prexistentes (lo que no significa en absoluto que carezca de rasgos propios); otra subraya con energía el necesario invencionismo (sin dejar por eso de alimentarse de lecciones previas), y no se limita al criollo blanco, sino que mira también a las otras clases y etnias de América. Si Rodríguez puede ser visto como el reverso (o el complemento) de Bello, al chileno Francisco Bilbao puede vérselo como el de Sarmiento. No pocos pensadores de la Reforma mexicana que encabezó Benito Juárez (por ejemplo, Ignacio Ramírez, Gabino Barreda, Ignacio Manuel Altamirano, sobre todo el más joven y brillante: Justo Sierra), muchos de ellos sumados después al porfirismo, oscilaron entre ambas posiciones.

«Frente a la nueva metrópoli» se refiere obviamente a la circunstancia de que cuando aún no había concluido la independencia de nuestra América con respecto a metrópolis europeas, otra nueva, los Estados Unidos, empezó a emerger en este mismo Hemisferio, y fue haciendo cada vez más claro su proyecto expansionista esbozado en la Doctrina Monroe y armado ya de todas sus armas en la primera conferencia panamericana, realizada en Wáshington entre 1889 y 1890. Aunque Bolívar, Bilbao y el panameño Justo Arosemena, entre otros, habían anticipado la alarma ante el peligro, correspondió a José Martí ser el primer antimperialista (en el sentido moderno del término) de nuestra América, y acaso del mundo todo. El hecho de que a la vez luchara por independizar a Cuba y Puerto Rico de España y se apoyara en «los pobres de la tierra», contribuyó a darle una envergadura enorme a su labor. Martí se sintió heredero en Cuba de pensadores como Félix Varela y José de la Luz y Caballero, y desde luego de los próceres que iniciaron la guerra por la independencia, como Carlos Manuel de Céspedes e Ignacio Agramonte. Tuvo además convergencias con figuras como los puertorriqueños Ramón Emeterio Betances y Eugenio María de Hostos, el dominicano Máximo Gómez, los cubanos Antonio Maceo y Enrique José Varona y, en algunos aspectos, el peruano Manuel González Prada; y continuadores inmediatos entre modernistas hispanoamericanos como el nicaragüense Rubén Darío y el uruguayo José Enrique Rodó (y en cierta forma el colombiano Baldomero Sanín Cano), quienes a partir de la intervención de los Estados Unidos en Cuba, en 1898, se opusieron al expansionismo de aquellos. Esta última actitud se moverá hacia un antimperialismo cada vez más explícito en autores como el argentino Manuel Ugarte, y encontrará una tribuna privilegiada en el *Repertorio Americano*, del costarricense Joaquín García Monge, donde junto a otros la chilena Gabriela Mistral defendería inolvidablemente a Sandino.

«Tras el águila y la serpiente» no remite tanto al libro del mexicano Martín Luis Guzmán *El águila y la serpiente* (Madrid, 1928) como al símbolo que es de México, y al gran impacto que tuvo la revolución desencadenada en aquel país a partir de 1910. Las vertientes radicales de su primer momento se manifestaron en combatientes como Emiliano Zapata y Pancho Villa e intelectuales como Ricardo Flores Magón. Encauzada la revolución en beneficio de una burguesía nacional, tuvo alientos todavía mesiánicos y ya ontologizantes en José Vasconcelos (a cuya intensa gestión de cultura se deben hechos como el impulso al muralismo); y, tras la consolidación de esa burguesía, se interiorizó en pensadores como Samuel Ramos y Octavio Paz: este último realizaría luego en prosa brillante una actualizada crítica/defensa del sistema. Pero aquellas vertientes radicales (que a principios de los años cuarenta, con la colaboración de republicanos españoles, hicieron posible la creación de la revista *Cuadernos Americanos,* bajo la dirección de Jesús Silva Herzog) alimentaron, con nuevos puntos de vista y rigurosos enjuiciamientos, a sucesivas promociones, de las que son ejemplos Pablo González Casanova y Alonso Aguilar. Y más allá de las fronteras del país, ya habían animado en Nicaragua a Sandino, quien alcanzaría a su vez amplia resonancia; y en cierta forma animarían al proceso de afirmación nacionalista vivido por Guatemala entre 1944 y 1954, cuyos avatares fueron expresados por autores como Miguel Ángel Asturias, Luis Cardoza y Aragón y Manuel Galich.

«La utopía de América» nos plantea el primer contrapunto mayor en el curso entre lo cronológico y lo temático. Pues la utopía está vinculada a América desde 1492, y (por lo general implícitamente) atraviesa buena parte del pensamiento americano. Pero entre nosotros la idea de la utopía adquiere fuerza particular a partir de la tercera década del siglo XX, cuando Pedro Henríquez Ureña escribe «La utopía de América», que significativamente publicará conjuntamente con «Patria de la justicia» (La Plata, Argentina, 1925). Reyes, el brasileño Oswald de Andrade, el argentino Ezequiel Martínez Estrada, el cubano José Lezama Lima, Darcy Ribeiro, el mexicano Guillermo Bonfil Batalla, el peruano Alberto Flores Galindo, el paraguayo Augusto Roa Bastos, el venezolano Luis Britto García enriquecerán luego el tema. Este alcanzó una inesperada floración cuando se vivió mundialmente el paso «del socialismo científico al socialismo utópico», para usar el provocativo título de un trabajo publicado en 1971 por el español-mexicano Adolfo Sánchez Vázquez, aunque no con idéntico sentido al que él le dio allí. Pero también conoció una especie de superfetación, pues no todo proyecto es necesariamente utópico, ni toda utopía es positiva: esto último lo vocean, por una parte, las distopías, tan frecuentes desde hace tiempo; y por otra, visiones, más que eutópicas, *light*.

Mucho antes de que se diera aquel paso, «surge un nuevo pensamiento social» en nuestra América, en gran medida por influjo de la Revolución de Octubre de 1917, y requerido por exigencias internas. Se trata de un desarrollo original del marxismo, que ya había tenido adelantados como el chileno Luis Emilio Recabarren, y encontraría voceros en el argentino Aníbal Ponce (discípulo de su compatriota José Ingenieros), los cubanos Julio Antonio Mella y Rubén Martínez Villena, y en especial el peruano José Carlos Mariátegui. Sobre todo gracias al último, como se vio en su excelente revista *Amauta*, este pensamiento, con gran ímpetu y avidez intelectual, voluntad de heredar ideas a veces muy diversas, y fortalecido en polémicas como las sostenidas con el concurrente aprismo (fundado por el también peruano Víctor Raúl Haya de la Torre), se propuso interpretar de modo genuino a nuestra América con vistas a transformarla, e hizo notables contribuciones. Sin embargo, la osificación que a partir de la década del treinta empezó a experimentar el movimiento comunista internacional bajo hegemonía estalinista no pudo menos que afectar negativamente al marxismo americano, en un proceso que expuso el brasileño-francés Michael Löwy en su antología sobre aquel (París, 1980). Pero incluso en esas condiciones adversas tal pensamiento nutrió sobre todo a estudiosos rebeldes como James, el argentino Sergio Bagú y el brasileño Caio Prado Jr., y a grandes escritores (así, el peruano César Vallejo, los cubanos Nicolás Guillén y Alejo Carpentier, el brasileño Jorge Amado, el haitiano Jacques Roumain, el mexicano José Revueltas, Neruda, Césaire), aunque solo vendría a conocer otro período revolucionario en América tras la victoria cubana de 1959.

«La América indígena» es, en todos los sentidos de la palabra, el sujeto más antiguo de nuestra América. La invasión europea iniciada en 1492 y el subsiguiente destrozo de las culturas que serían llamadas indias sumieron en la base de la pirámide social a los restos de lo que algunos llaman «Preamérica». Pero ella sobrevive siglos después de esa catástrofe, y ofrece cada vez más sus visiones no solo de «vencidos», para aludir a la conocida antología que en 1959 publicó en su país el mexicano Miguel León Portilla. Si no como sujeto sí como tema, la encontramos desde los primeros textos relativos a este continente. Desdeñada y combatida por los «civilizadores» del siglo XIX, fue en cambio exaltada y defendida por los radicales de ese siglo, aunque todavía insuficientemente conocida. Con Mariátegui, tras la lección de González Prada, se inició un intento de comprensión a fondo. Para él, «[l]a solución del problema del indio tiene que ser una solución social», y «[s]us realizadores deben ser los propios indios». El peruano José María Arguedas, dolorosa criatura entre dos mundos, avanzó en ese camino, como artista y etnólogo que en parte se había formado en el ámbito indígena. Esta última condición da fuerza particular a testimonios como los del mexicano Juan Pérez Jolote, el peruano Huillca y en especial la guatemalteca Rigoberta Menchú. Y también a meditaciones suyas, y de ideólogos como los que difundió

Bonfil Batalla en *Utopía y revolución. El pensamiento político de los indios en América Latina* (México, 1981): los bolivianos Fausto y Ramiro Reynaga, los peruanos Guillermo Carnero Hoke y Virgilio Roel Pineda, el guatemalteco Antonio Pop Caal, el venezolano Arcadio Montiel, el mexicano Franco Gabriel Hernández; así como a los documentos de elaboración colectiva recogidos en dicho libro: todos tienen en común reclamar proyectos indios alternativos al proyecto occidental. Sin ser indios, y con enfoques diversos, autores como Darcy Ribeiro, el lituano-chileno Alejandro Lipschütz, la francomexicana Laurette Séjourné, los mexicanos León Portilla, Ricardo e Isabel Pozas, Luis Villoro, González Casanova, Gilberto López y Rivas y Bonfil Batalla, los cubano-mexicanos Alberto Ruz Lhuillier y Calixta Guiteras, Galich, el peruano Luis Guillermo Lumbreras, el dominicano-mexicano Héctor Díaz Polanco, los argentinos Rodolfo Kusch y Adolfo Colombres, los españoles Xavier Albó y Emilio Serrano Calderón de Ayala (residentes uno en Bolivia y otro en varios de nuestros países), hacen posible una mejor comprensión de la martirizada América primigenia, y de las vicisitudes, metas y posibilidades actuales de sus comunidades.

«El afroamericano, o indígena "importado"» es título que alude a la paradójica pero acertada observación de Lipschütz según la cual esa fue la condición del africano traído a América como esclavo. Arrojado desde el siglo XVI a la base de la pirámide social, a semejanza del indio, también él y su descendencia conocerían el desdén de los «civilizadores», y hasta incomprensiones inesperadas. Salvo en el caso de intelectuales haitianos como Antenor Firmin, quien impugnó a Gobineau en *L'égalité des races humaines* […] (París, 1885), la fundamental contribución del negro a América solo empezó a ser estudiada con profundidad en el siglo XX, y especialmente a partir de la década del veinte, por autores como los cubanos Fernando Ortiz, Lydia Cabrera y José Luciano Franco, los brasileños Nina Rodrigues, Arthur Ramos, Gilberto Freyre y

Edison Carneiro, los haitianos Jean Price-Mars y Jean Casimir, el venezolano Miguel Acosta Saignes. Por lo general, estos autores, como los mencionados en el acápite anterior, desbordaron en sus trabajos las cuestiones específicas de ambos acápites: ejemplos superiores de ese desbordamiento los ofreció Ortiz. Hay que destacar el relevante papel del jamaicano Marcus Garvey, con su consigna dramática de regreso a África de los negros; y los aportes de pensadores/escritores como los ya nombrados James, Guillén, Roumain, Césaire, Williams, Alexis, Fanon, Lamming, Brathwaite, y además haitianos como René Depestre, jamaicanos como Richard Hart y Rex Nettelford, martiniqueños como Édouard Glissant.

«Inicios de la segunda independencia» es denominación que adquiere su pleno sentido cuando se sabe que al comentar/impugnar la primera conferencia panamericana, en 1889, Martí exclamó que había llegado para nuestra América «la hora de declarar su segunda independencia»; y cuando se sabe también que la Revolución Cubana triunfante en 1959 había declarado desde el comienzo de la lucha, a raíz del 26 de julio de 1953, que el autor intelectual de esa lucha era Martí. Fidel Castro, a quien se debe tal declaración, ratificó su filiación martiana incluso cuando más tarde proclamó el carácter socialista que había asumido la revolución y su adhesión personal al marxismo-leninismo, y la ha reiterado siempre. Igualmente fue ganado por la prédica martiana el Che Guevara, también de pensamiento marxista profundamente creador. La fusión del ideario martiano, en el que la ética ocupa sitio central, con una perspectiva socialista auténtica da su impronta particular a la Revolución Cubana (incluido el pensamiento brotado al calor de ella), y contribuye a explicar por qué tras el fracaso del experimento socialista europeo no se produjo la caída, anunciada por agoreros de todo tipo, de esta revolución. Además, los inicios de la segunda independencia de nuestra América incluyen muchas manifestaciones de un pensamiento vivo que acompaña a intentos como los de las heroicas guerrillas en varios países, las experiencias revolucionarias chilena, granadiense y nicaragüense, y las transformadoras en Perú y Panamá; y, más allá de la política estricta, una literatura y un arte de alto nivel (con sus correspondientes críticas) que merecieron el reconocimiento mundial, la teoría de la dependencia, la pedagogía del oprimido, la teología y la filosofía de la liberación, y, al margen de casillas, meditaciones originales, para solo mencionar algunas líneas que ahora es materialmente imposible ejemplificar con nombres: se hará en el curso, desde luego. Por otra parte, muchos de esos nombres son bien conocidos, pues nunca como en la fecha autores de nuestra América han sido tan publicados, traducidos, galardonados, esculcados (y algunos también asesinados, pero por desgracia los asesinatos, a diferencia de los hechos anteriores, son más frecuentes en nuestra historia). Las reverberaciones de aquellos inicios no se han extinguido. Pero al capítulo esperanzador abierto en 1959 lo han seguido capítulos sombríos, y la hegemonía de la derecha en el planeta. Sería pues ridículo ejercer el panglosianismo. Más ridículo aún, sin embargo, sería entregarse a la desesperanza que ha estado de moda, y dar por muertas las cosas en cuyo deceso afirman creer los ruidosos ideicidas domesticados que acompañan en el papel a los homicidas y a sus patronos. La historia, que por cierto en español es mujer, está bien lejos de haber concluido.

«Habla la mujer» responde al título de un libro que se mencionará. Solo con la América indígena es dable comparar en antigüedad al tema de la mujer aquí. Pero ya se ha dicho que este no es un curso de temas, sino de pensamiento. Y no es posible negar que, aunque la cuestión de la mujer haya sido considerada desde mucho antes (recuérdense aportes como los de la prodigiosa Sor Juana, la cubana Gertrudis Gómez de Avellaneda, los puertorriqueños Hostos y Luisa Capetillo, la chilena Gabriela Mistral, la argentina Victoria Ocampo, la dominicano-cubana Camila Henríquez

Ureña), es en décadas recientes cuando el abordaje de tal cuestión adquiere en nuestra América, como en el resto del mundo, verdadera sistematicidad. Ello se ve en trabajos como los de la argentina Isabel Larguía y su compañero el estadunidense John Dumoulin (trabajos que me complace recordar que empezaron a publicarse en 1971 en *Casa de las Américas*), la mexicana Rosario Castellanos, la chilena Julieta Kirkwood, la brasileña Heloísa Buarque de Hollanda; los recogidos en volúmenes colectivos como *La sartén por el mango* (ed. por Patricia Elena González y Eliana Ortega, Río Piedras, Puerto Rico, 1984) y *Escribir en los bordes* (comp. por varias, Santiago de Chile, 1990), y en revistas especializadas como *fem*, de México, una de cuyas fundadoras, la guatemalteca Alaide Foppa, estaría entre las desaparecidas y los desaparecidos en su país. La cubano-americana Ofelia Schutte dedicó un capítulo a «Identidad cultural, liberación y teoría feminista» en su libro *Cultural Identity and Social Liberation in Latin American Thought* (Albany, Nueva York, 1993); y la chilena Lucía Guerra ofreció una visión de conjunto en *La mujer fragmentada: Historias de un signo* (La Habana, 1994). Además, hace algún tiempo hay entre nosotros/nosotras un auge de la narrativa de mujeres (de quienes también se hablará en el curso), con su correspondiente crítica: la admirable poesía de ellas ya era bien conocida. En cuanto a las mujeres «no intelectuales» (si ello existe, lo que Gramsci puso en duda con referencia a los seres humanos en general), ¿qué decir de obras como el extraordinario testimonio donde la trabajadora boliviana Domitila Barrios de Chúngara, de la mano de la investigadora brasileña Moema Viezzer, expresa: *«Si me permiten hablar...»* [...] (México, 1977)? Este libro llevó a nadie menos que la inglesa Jean Franco a dar el título «Si me permiten hablar: la lucha por el poder interpretativo», a un seminal ensayo que leyó en la Casa de las Américas y publicamos en el número 171 (noviembre-diciembre de 1988) de la revista homónima. Hay que subrayar que la mujer habla, como lo ejemplifican con valor y originalidad las Madres y Abuelas de la Plaza de Mayo en Argentina, y obliga a escuchar.

América en la historia es el título de un libro que en 1957 publicó Zea en México. Aquí, la denominación apunta a esa y otras obras que han pensado la historia, con originalidad, desde nuestra América. Es el caso, para mencionar algunas, de *Capitalismo y esclavitud* (North Carolina, 1944), de Eric Williams; *Discurso sobre el colonialismo* (París, 1950), de Césaire; *La invención de América. El universalismo de la cultura de Occidente* (México, 1958), del mexicano Edmundo O'Gorman; *Los condenados de la tierra* (París, 1961), de Fanon; *El Siglo de las Luces* (México, 1962), de Carpentier; *El proceso civilizatorio. Etapas de la evolución sociocultural* (Río de Janeiro, 1968), de Darcy Ribeiro; *Cómo Europa subdesarrolló a África* (Dar es Salaam, 1972), del guyanés Walter Rodney; *The Darker Side of the Renaissance. Literacy, Territoriality, and Colonization* (Ann Arbor, 1995), de Mignolo. Probablemente en este haz es donde deben ser incluidas obras de los autores de lo que el chicano José David Saldívar, en *The Dialectics of Our America* [...] (Durham y Londres, 1991), llamó «la escuela de Caliban», y sobre la cual no puedo extenderme por razones que espero comprensibles. La mención del chicano Saldívar lleva a recordar que nuestra América vive hoy también, representada por millones de sus hijas e hijos, en los Estados Unidos, donde se calcula que para mediados del siglo XXI más de la mitad de sus habitantes tendrán orígenes no estadunidenses. Incluso por esa presencia en la Roma americana o en las entrañas del monstruo, para usar dos imágenes de Martí; por el traslado allí de una frontera imperial similar a la que mencionó Bosch, nuestra América se hace y se hará sentir en la historia, participando en impredecibles hibridaciones.

«Algo sobre los pos/tres» podría ser ese fin de fiesta con toda la banda que anunciaban los viejos circos, o un reparto de dulces. Pero el énfasis se pondrá, inevitablemente, en algunos «pos».

Destapé la caja de Pandora al citar en las primeras líneas a obras donde se menciona el poscolonialismo. Una conferencia ofrecida en 1993 por la canadiense Linda Hutcheon lleva el título, tan grato para quienes somos lectores de novelas policiales, de «The post always rings twice: the postmodern and the postcolonial» (*Textual Practice*, vol. 8, no. 2, verano de 1994). Una cosa lleva a otra. Y a otras. La evidencia de que antes de que concluyera «el corto siglo XX, 1914-1991» (Eric Hobsbawm, Londres, 1994) había finalizado no *la* historia, pero sí, indudablemente, una era histórica, llevó, por una parte, a retrocesos como una verbosa derechización que implica un renacido y crudo anticomunismo, y un neoliberalismo depredador cuyo intento es volver a colonizarnos; y por otra (aunque no faltaron las coincidencias), provocó una suerte de orgía más bien perpleja de pos(t)ismos. Balances recientes de estos (ya hay también un pasado de los pos) se hallan en compilaciones como *Posmodernidad en la periferia. Ensayos latinoamericanos de la nueva teoría cultural* (Berlín, 1994), realizada por Hermann Herlinghaus y Monika Walter, y *The Postmodern Debate in Latin America* (Durham y Londres, 1995), editada por John Beverley, Michael Aronna y José Oviedo. Como siempre, habrá que separar la paja del grano, distinguir los ecos miméticos de las elaboraciones auténticas; y mantener enhiesta la certidumbre de que no solo no ha concluido la historia, sino tampoco lo ha hecho la prehistoria. Por ahora, de modo significativo, solo dos nuevos pensadores nuestros han alcanzado en estos años resonancia mundial: Rigoberta Menchú, de Guatemala, y el subcomandante Marcos, de Chiapas, México. Una mujer y un hombre, como en los mitos del inicio, valiéndose del primer idioma de procedencia europea traído a este Hemisferio, defienden «con corazón», como me escribió Rigoberta, a descendientes directos de la América que no empezó a ser descubierta sino desgarrada en 1492. Esa lucha involucra a todas y a todos los que creemos en la arriesgada pero digna ocasión que es nuestra madre América; a quienes nos sentimos viviendo más que una época pos, una época pre: o, si se quiere, las arduas vísperas de lo que hace décadas vengo llamando el mundo posoccidental, en el que deben concurrir las metas inalcanzadas, la audacia epistemológica y la humildad ontológica del ecosistema que es la humanidad, si esta ha de sobrevivir (lo que desde luego no es seguro). Nicolás Guillén había escrito en su *Elegía a Jacques Roumain* (La Habana, 1948): «El pasado pasado no ha pasado. / La nueva vida espera nueva vida.»

De Drácula, Occidente, América y otras invenciones*

Diario de Jonathan Harker [...] *Mayo 3. Bistritz*. Dejé Munich a las 8:35 P.M., el primero de mayo, y llegué a Viena en la mañana siguiente, temprano [...] Buda-Pesth parece un lugar maravilloso, a juzgar por la ojeada que pude darle desde el tren y lo poco que pude caminar a través de las calles. Temí alejarme de la estación [...] La impresión que tuve fue que estaba dejando el Oeste y entrando en el Este; los más occidentales de los puentes espléndidos sobre el Danubio, que es aquí de anchura y profundidad nobles, nos llevaron entre las tradiciones de la autoridad turca.[1]

He comenzado con el famoso principio de *Drácula* y su mención del Oeste, cuyo abandono anuncia el temor que será en lo adelante la atmósfera de la novela. Como acabamos de conmemorar el primer centenario de dicha novela, la cita me pareció una entrada tan válida como cualquier otra a nuestro tema. Soy además viejo admirador, aunque no en la conducta, del personaje del Conde, quien ha sido incluido, junto a otras criaturas también procedentes del hegemónico mundo anglosajón y pasto natural del cine (Frankenstein, Sherlock Holmes, Mickey Mouse, Tarzan, Superman, James Bond, Batman) entre los integrantes privilegiados de la mitología popular de nuestra época. Es pues razonable

---

*   Publicado originalmente en *Marx Ahora*, no. 3, 1997.

que le demos la palabra inicial. Pero debo añadir al menos dos aclaraciones.

La primera es que si bien las cosas han cambiado, hace cuestión de medio siglo, cuando empezó mi vida intelectual, no era de buen tono tomar en serio al Conde. Nadie menos que Adolfo Bioy Casares, en su prólogo a la *Antología de la literatura fantástica* que en 1940 publicara conjuntamente con Jorge Luis Borges y Silvina Ocampo (una compilación de la cual ha podido decirse con justicia que arranca en parte al menos la nueva narrativa hispanoamericana), afirmó: «*Vampiros y Castillos*: Su paso por la literatura no ha sido feliz; recordemos a Bram Stoker.» Y de inmediato mencionó, con obvia finalidad ominosa, dos de las responsabilidades extraliterarias del irlandés: «Presidente de la Sociedad Filosófica y Campeón de Atletismo de la Universidad de Dublín.»[2] Aunque la observación es propia del grato humor pendenciero de H. Bustos Domecq, se me escapa el desprestigio a que debía obligar esta fidelidad, cierto que hoy infrecuente, al precepto latino *mens sana in corpore sano*.

La segunda aclaración es que lo negativo del ámbito histórico evocado por Stoker dista mucho de ser original. Desterrado por Carlos V en 1532 a una isla del Danubio, Garcilaso de la Vega escribió, en su canción tercera: «Danubio, río divino, / que por fieras naciones / vas con tus claras ondas discurriendo».[3] Es más, «[s]egún Herrera [entonces ya] era tópico clásico la fiereza de las gentes bárbaras y belicosas cuyas tierras regaba el Danubio» (p. 186, nota 54). En la segunda de sus odas latinas, Garcilaso volvió sobre el asunto, hablando expresamente «de los bárbaros» (pp. [468]–473). Y ya que estamos en esta zona tan poco frecuentada de la obra del toledano, recuérdese que su tercera oda latina estuvo dedicada a Juan Ginés de Sepúlveda, a quien invitó allí a narrar «la historia de África pavorosa ante un rey intrépido y piadoso», el propio Carlos V (pp. [479]–483). Es decir, que el poeta áulico que fue Garcilaso no solo ensalzó las acciones predatorias de su señor, sino que, consecuentemente, estuvo identificado con el afanoso defensor intelectual de dichas acciones que fue Sepúlveda, quien, como se sabe, protagonizaría con Bartolomé de Las Casas la primera gran polémica europea a propósito de las guerras de rapiña contra los aborígenes de América. Aunque, como lo ejemplifican los textos citados de Garcilaso, los europeos tempranos ya contaban con sus bárbaros (por ejemplo, unos más allá del Danubio, otros en África), fue sobre todo a partir de aquellas fechorías en América cuando empezó a cobrar cuerpo mayor la división, todavía vigente en esencia, entre el Oeste y el resto. Con lo que el elegante caballero Garcilaso nos autoriza a que volvamos más tarde a *Drácula*.

No tengo la absurda idea de establecer un paralelo entre la extraordinaria faena lírica del gran poeta que, abriendo una época que tampoco se ha cerrado, trasvasó del italiano al español el endecasílabo con sus guantes perfumados de los cuales habló García Lorca, por una parte; y por otra, una modesta aunque espectacular novela gótica escrita más de trescientos cincuenta años después, previsiblemente en inglés. Pero no debe desaprovecharse ver a ambos autores en relación con la teoría y la práctica de lo que iba a conocerse como el Oeste, el Occidente, el mundo o la cultura occidental.

Garcilaso, nacido pocos años después de la llegada de Colón a lo que este llamó las Indias, soldado del Emperador y exquisito poeta cortesano, estaba convencido de la grandeza de su España, distinta de los bárbaros y encarnación de los más altos valores. Lejos de imaginar siquiera que su país, tan inaugurador, sería relegado después de su muerte a la condición de paleoccidental, un Pierre Menard le hubiese podido atribuir sin esfuerzo palabras según las cuales, en su momento y en su ámbito, la historia había llegado a su fin. Ampliando lo que a propósito de sí dijera Mark Twain sobre dejar el hábito de fumar, sostener tal creencia es lo más fácil del mundo, y a cada rato ha sido hecho, aunque en el propio siglo XVI español opinaran otra cosa figuras como el enérgico y justiciero Las Casas, entre cuyos amigos no se encontraba el renacentista Sepúlveda, pero sí Cristóbal Colón.

Precisamente sobre la hazaña del Almirante, otro espíritu renacentista aunque diferente de Sepúlveda, Hernán Pérez de Oliva, redactó en vida de Garcilaso, hacia 1528, la *Historia de la inuención de las Indias*, según José Juan Arrom una de las dos primeras sobre tal tema escritas en nuestra lengua por un autor español.[4] En su «Estudio», Arrom acerca a Pérez de Oliva a Las Casas y Vitoria, y los contrapone a Oviedo y Sepúlveda (pp. 23–32). «Inuención», o, en nuestra grafía, «Invención», procede desde luego del latín «invenio», que un confiable diccionario de ese idioma explica que significa «encontrar, hallar»; y del sustantivo «inventio» añade que no es solo «acción de encontrar o descubrir, descubrimiento», sino también «facultad de inventar, invención», y en retórica, «invención». Retengamos en buena parte de lo que sigue, para abreviar, el original sentido de *descubrir*, pero añadámosle el posterior de *forjar*, menos alejado del primero de lo que podría parecer. En cuanto a esa acepción primera, ilustra Arrom:

> En el sentido latino de [...] «hallar, y por consiguiente hallazgo o descubrimiento» [...] aparece en otros cronistas del siglo XVI. Andrés Bernáldez escribe: «D. Cristóbal Colón [...] inventor de las Indias.» (*Historia de los Reyes Católicos Dn. Fernando y Da. Isabel*, Sevilla, 1870, II, 82). Las Casas comenta: «La honra y la gloria que se le debe a quien Dios había elegido y eligió para que con grandes trabajos descubriese, haciendo inventor deste orbe». (*Historia de las Indias*, lib. I, cap. 65 [...]). Y Juan de Castellanos, en uno de los escasos pasajes poéticos de las *Elegías de varones ilustres de Indias*: «Al occidente van encaminadas / las naves inventoras de regiones» [p. 39, nota].

Es innecesario insistir en que ese «occidente» al cual se encaminan las naves en los versos felices (por excepción) de Juan de Castellanos, no será, en general, el mismo Occidente del que hablamos en este texto. Ni «inventoras», con su familia, iban a quedar reducidas al significado prístino, y en cambio generalmente se inclinan a la otra acepción, cuando no las combinan ambas.

No hace mucho se dio en usar la fórmula en inglés, donde se hablaba de la invención de casi cualquier cosa. En su introducción a la obra que compilara con el título *The Invention of Ethnicity* (y publicó originalmente en 1989), escribió Werner Sollors: «Si el título de algunas publicaciones de las últimas dos décadas y las discusiones sostenidas recientemente por estudiosos de varias disciplinas son representativos de una tendencia más vasta, la palabra "invención" se ha vuelto un término central para nuestra comprensión del universo.» Y más adelante, con indudable gracia:

> Incluso una simple mirada a publicaciones desde 1960 y a recientes intervenciones críticas revela que una variedad de voces usa ahora la palabra a fin de describir, analizar o criticar fenómenos tan diversos como la invención de la cultura; de la historia literaria; de la narrativa; de la infancia tanto como de la pérdida de la infancia; de la adolescencia; de la maternidad; del parentesco; del yo; de América; de la Nueva Inglaterra; de Billy the Kid y el Oeste; del negro; del indio; del judío; de Jesús y el cristianismo; del hospital moderno; del museo de ciencia; de los años 20 en París; de nuestra habilidad para «ver» las imágenes fotográficas; de la visión del *outlaw* en los Estados Unidos; o de la forma estadunidense de muerte.[5]

Pero no obstante lo sabroso de esta relación, en español la lista es muy anterior a 1960, e incluye en lugar destacado *La invención de América. El universalismo de la Cultura de Occidente*, de Edmundo O'Gorman (México, 1958), lo que obliga a considerar *la invención de Occidente*, tan inextricablemente vinculada a la de América, al punto de que se trata de conceptos interrelacionados. Occidente adquiere conciencia de sí no cuando Europa encuentra, en su colisión con América, al *otro* por excelencia (ya sabía de asiáticos y africanos), sino al reducir a la criatura inesperada, al igual que a las anteriores, a la condición de otro, al *otrificarlo*, con lo que da sustento a su mismidad. Para ello incrementa, hasta hoy, las más variadas formas de racismo (según han señalado Ortiz y Baran y Sweezy).[6] Para ello se diseña su progenie: asegura no descender de africanos como los egipcios, ni de asiáticos como los árabes, sino de griegos y romanos, ya que no le es posible soslayar a no pocos de los bárbaros de aquellos, quienes los tenían por detestables. Para ello inventa leyendas como la de los supuestos terrores del año 1000,[7] que ni existieron ni, de haber existido, hubieran afectado más que al grupo de europeos que se atenían al calendario correspondiente. Este proceso de otrificación es hoy un lugar común universitario; y sin duda ha contribuido a que se le tenga como tal lugar común, sobre todo entre muchos académicos estadunidenses, la obra de Edward W. Said *Orientalism* (Nueva York, 1978). No obstante las reservas que puedan expresarse con respecto a él, es justa la boga de que ha gozado este libro, el cual tanto debe a los sacudimientos de la década anterior, los turbulentos años sesenta del siglo XX. A raíz de la crisis vivida durante dichos años sesenta, en Occidente se volvieron a escribir no pocas cartas persas, que ahora querrían ser olvidadas por tantos de sus autores, pero no los más auténticos. Es coherente que Said añadiera al título anterior su *Culture and Imperialism* (Nueva York, 1993).

Sin excluir imprescindibles barruntos previos (Pierre Chaunu los ha remitido incluso al siglo XIII),[8] la fecha decisiva para el brote tanto de «Occidente» como de «América» es 1492, con todo lo que esa fecha implica y es harto sabido. Para Noam Chomsky, se trata del inicio de una conquista que continúa.[9] Lo que no está reñido, sino todo lo contrario, con el hecho de que haya conducido al único sistema mundial, en la terminología cara a Immanuel Wallerstein,[10] quien compara a ese *único* sistema mundial que ha existido, y donde todos estamos englobados, con el Universo, el cual, según lo que se sabe hasta ahora, es también único. Para nacer, la América que hoy existe requirió la presencia de Occidente, y viceversa.

A fin de aclarar a qué me refiero al hablar de «Occidente», que no veo *identificado* con Europa, aunque allí nacieran la realidad y su correspondiente vocablo/concepto, volveré en más de una ocasión a razonamientos y citas de que ya me valí en otros textos. (Muchas veces, y esta es una más, he repetido las palabras en que mi maestro Alfonso Reyes decía que prefería repetirse a citarse.) Comenzaré evocando estas palabras de *El capital*: «Aunque los [...] inicios de producción capitalista ya se nos presentan esporádicamente en los siglos XIV y XV, en algunas ciudades del Mediterráneo, la *era capitalista* solo data del *siglo XVI*.» Más adelante:

El descubrimiento de las comarcas auríferas y argentíferas en América, el exterminio, esclavización y soterramiento en las minas de la población aborigen, la conquista y saqueo de las Indias Orientales, la transformación de África en un coto reservado para la caza comercial de pieles-negras, caracterizan los albores de la era de producción capitalista. Estos procesos idílicos constituyen *factores fundamentales de la acumulación originaria*. Pisándoles los talones, hace su aparición la *guerra comercial* entre las naciones europeas, con la redondez de la tierra como escenario.[11]

En consonancia con lo anterior, en 1928 José Carlos Mariátegui hablaría de «la sociedad occidental o, mejor dicho, capitalista».[12] Y en 1957 añadiría Leopoldo Zea: «el capitalismo, esto es, el mundo occidental».[13] Ignoro cuándo empezó a hablarse del mundo capitalista (primero solo europeo, y más tarde también de algunas otras zonas) como sinónimo de Occidente. Es claro que tiene su raíz en Europa: pero no abarca el conjunto de Europa, sino su parte *occidental*; ni tal parte toda, pues la más occidental de ese continente, Portugal y España, países que fueron los adelantados de la expansión europea trasatlántica, quedarían relegados, al no conocer desarrollo capitalista, como zonas paleoccidentales. No he encontrado la expresión «Occidente» en las *Lecciones sobre la filosofía de la historia universal*, de Hegel. Pero ya en el siglo XIX su uso era frecuente, y se incrementaría en el siglo XX, cuando la defensa de Occidente, con muy distintos niveles intelectuales, sería la defensa del capitalismo (a menudo no presentado como tal, sino como la sola verdadera *civilización*: término forjado en Europa en el siglo XVIII), incluso en sus variantes más agresivas: sin excluir las propias del fascismo, que en gran medida son la conclusión lógica de tales defensas. Algunos ejemplos de ese siglo se encuentran en continuadores de la *postura* de Sepúlveda (no obstante el que pudieran desconocerlo, al igual que muchas otras cosas), como Oswald Spengler, Henri de Mann, los *nouveaux philosophes*, Allan Bloom, Francis Fukuyama, Samuel P. Huntington. La lista es enorme; y las mistificaciones que sus integrantes nos proponen, abrumadoras. Por su brevedad y su claridad, aportaré la observación que John Elson ofreció hace menos de un lustro en *Time*, revista de sólido conservadurismo: «El triunfo del Oeste fue en muchos sentidos una sangrienta vergüenza —una historia de atrocidad y rapiña, de arrogancia, avaricia y despoliación ecológica, de desprecio hybrístico hacia otras culturas e intolerancia hacia creencias no cristianas.»[14] Solo un punto necesita ser modificado en estas claras y bruscas palabras: el uso del tiempo pasado. Lo allí dicho no es solo lo que Occidente (el capitalismo) *fue*: es también lo que *es* para la gran mayoría de la humanidad, que sigue padeciéndolo.

Desde hace algún tiempo parece preferirse otra denominación para Occidente: el Norte. Lo que, por exigencia terminológica, hace del mundo no occidental, el Sur. Es necesario no olvidar que en

todos los casos se trata de violencias metafóricas, similares a las
que nos han casado con dicotomías pintorescas como la que, al
hablar de un agua salada (que lo es), habla también, frente a ella,
de un agua dulce (que no lo es, según conoce el que la bebe, salvo
que decida echarle azúcar o miel). El mundo occidental, es decir
el capitalismo, ni lo integra todo el Occidente de Europa, ni lo integra solo Europa: no están allí los americanos Estados Unidos y
Canadá ni el asiático Japón. Tampoco el Norte, la flamante denominación de Occidente, es siempre norteño, como lo prueban las
ubicaciones y los propios nombres de Australia y África del Sur.
En ningún caso ha habido coincidencia absoluta entre la realidad
del capitalismo y la ubicación geográfica. La primacía cronológica
de ciertas zonas europeas es sin embargo indudable. Mientras que
otras formaciones socioeconómicas surgieron, con independencia
unas de otras, en distintas partes del globo, solo en dichas zonas
europeas asomó inicialmente el capitalismo, el cual requirió para
su desarrollo ese saqueo del planeta que nos recuerdan tanto las
conocidas citas del radical Marx como la *light* de *Time*. Tal saqueo
impidió el desarrollo de su propio capitalismo en la mayor parte
del planeta, cuyos países pasarían a formar parte de lo que, en la
clásica imagen de Toynbee, es un proletariado externo. A dichos
países se les suele llamar, desde hace alrededor de medio siglo,
subdesarrollados. En correspondencia con esa imagen, he propuesto llamar a los países occidentales o norteños, tan Dráculas ellos,
subdesarrollantes.[15]

Sin embargo, el capitalismo verdadero, el subdesarrollante, no
se limita, como bien sabemos y acabo de recordar, a unos cuantos
países europeos. El que hasta el siglo XIX fue el ejemplo mayor de
ellos, Inglaterra, lo llevó (a veces al alimón con otras metrópolis)
a algunas de las que fueron sus colonias en otros continentes: en
América, a los Estados Unidos y Canadá; en África, a Suráfrica;
en Oceanía, a Australia, para poner ejemplos notorios. Se trata

de «pueblos transplantados», según la clásica división de Darcy Ribeiro,[16] que continuaron o incluso incrementaron las características metropolitanas. Pero no era esa condición de «transplantados», la cual implicaba la marginación y aun el exterminio de los aborígenes, lo que garantizaría el triunfo del capitalismo subdesarrollante. También Argentina, por ejemplo, es un «pueblo transplantado», según la terminología de Darcy. Pero ni la atrasada España pudo dejarle en herencia el desarrollo capitalista que ella no tenía, a diferencia de Inglaterra; ni el proyecto modernizador que encarnaron hombres como Sarmiento y Mitre, no obstante ser tan genocida como el de sus modelos occidentales, hizo otra cosa que uncirla a nuevas metrópolis. Ahora se están viviendo situaciones en cierta forma similares en países del Este europeo que formaron parte del llamado campo socialista, donde el fracaso último del gran experimento ruso iniciado en 1917, y la implosión de lo que fue la Unión Soviética, hicieron pensar a algunos insensatos que al agua mal salada del socialismo la sucedería allí el agua falsamente dulce del capitalismo. Esos países, sin embargo, lo que están siendo es latinoamericanizados, como advirtió pronto Noam Chomsky.[17]

En su famoso discurso de Argel en febrero de 1965, que tan dramáticamente denunció la connivencia con Occidente de algunos sectores de las que se decían naciones socialistas europeas, el Che Guevara habló de la «sudamericanización» de que estaban amenazados países de África y Asia.[18] Quizá hasta para él, tan visionario, hubiera sido excesivo conjeturar que unas décadas después ese iba a ser el destino de aquellas naciones dizque socialistas a cuyos dirigentes emplazara con su honradez y rigor habituales.

Volvamos por un momento a *Drácula*. Si Garcilaso se hubiera llevado una sorpresa mayúscula de saber que su mundo iba a devenir paleoccidental, probablemente la de Stoker no habría sido menor ante el destino que esperaba al Imperio Británico, pues también él creía vivir una especie de fin de la historia. Lo cierto es que ambos tenían razón en sus momentos respectivos, pero no en *la longue durée*. Sin querer simplificar las cosas, no está de más ver lo que un comentarista de Stoker observó:

> De hecho, la novela se apoya fuertemente en la distinción entre Este y Oeste, lo oscuro y lo luminoso, lo primitivo y lo moderno. Harker, en el primer párrafo del libro, se percata, al viajar más allá de «Buda-Pesth», de que está abandonando el Oeste y entrando en el Este —esa parte de Europa que ha sido indeleblemente influida por el Imperio Otomano [...] // Todo [...] lo que es civilizado e iluminado en relación con el Oeste es dejado atrás. [...] // [...] El año de la publicación de *Drácula*, 1897, fue también el Año del Jubileo de Diamante, que celebró los sesenta años del reino de la Reina Victoria. [...] El Imperio Británico, aunque iniciaba su declinación, nunca había parecido más fuerte. Pero más allá del Atlántico, el gigante [norte]americano empezaba a agitarse. *Drácula*, de hecho, deviene, visto en retrospectiva, curiosamente profético de la guerra Hispano-[Norte]americana de 1898, que con frecuencia se señala como la marca de la aparición inaugural de los Estados Unidos en el poder político global. Durante los años finales de Stoker, los Estados Unidos se encontraban a punto de remplazar al balance de poder establecido de antiguo en Europa y a sus envejecidos imperios —como el Austro-Húngaro, que *Drácula* representaba. [...] Los Estados Unidos [...] se convierten en los proveedores de armas del mundo libre en la ficción, no mucho antes de serlo en la realidad. // [...] La victoria final del Oeste estaba asegurada.[19]

El año 1898 es una fecha decisiva. Para Hobsbawm, «el corto siglo XX», que llama «edad de los extremos», empezó en 1914, con el inicio de la Gran Guerra, y concluyó en 1991, con el desmembramiento de lo que fue la Unión Soviética,[20] pero si queremos entender mejor ciertas cosas, no es posible quedar presos en esas fechas, y ello por razones extralocales. Después de todo, 1492 no remite solo a América, sino, como ya ha sido recordado, a Occidente y al mundo todo. Y la guerra de independencia de las Trece Colonias, con su magnífica *Declaración* de 1776, según Marx «tocó a rebato para la clase media europea»,[21] y resonó fuertemente en la Francia de 1789. Pero, al dejar intocada durante casi un siglo la esclavitud, no entró en contradicción con la esencia de Occidente, esencia que estudió Eric Williams en su libro *Capitalism and Slavery* (North Carolina, 1944). Ello le viabilizó llegar a ser, algún tiempo después, la nueva cabeza de Occidente.

Pasando a nuestra América, caso bien distinto es el de la guerra en Saint Domingue (antes y después llamado Haití) entre 1791 y 1804. La que fuera riquísima colonia, tras abolir la esclavitud en 1793, fue violentamente marginada del curso de Occidente, que acabó por aceptar la revolución política en lo que serían los Estados Unidos, pero nunca la social: esta última llevó a Haití a pagar, hasta hoy, un precio altísimo. No hace mucho he visitado este país, con la alucinante Citadelle, símbolo de su fiera independencia, y su pavorosa pobreza. Curiosamente, en sus documentos independentistas los colonialistas franceses son una y otra vez llamados por los haitianos, bárbaros.[22]

Se conocen suficientemente las peripecias y consecuencias inmediatas de las revoluciones continentales hispanoamericanas iniciadas a principios del siglo XIX. Quisiera detenerme en una fecha a mediados de ese siglo, y señalar algunas de sus ramificaciones mundiales. Me refiero concretamente a 1853. Ese año, José Martí nació en Cuba (que era, con Puerto Rico, la última colonia española en América), e iba a desencadenar la última guerra independentista contra aquella arcaica metrópoli y la primera contra el naciente imperialismo estadunidense. Ese año, Gobineau comenzó a editar en París su *Éssai sur l'inegalité de races humaines*, que daría fundamento racial al pensamiento fascista, harto ejercitado ya en las aventuras coloniales, como señaló Aimé Césaire en su *Discours sur le colonialisme* (París, 1950). Ese año, Marx publicó en los Estados Unidos doce de sus artículos sobre el colonialismo inglés en la India. No poco se ha escrito sobre ellos, pero con frecuencia errática cuando no erróneamente. Mucho más que su observación según la cual «la profunda hipocresía y la barbarie inherentes a la civilización burguesa se presentan sin velos ante nuestros ojos cuando, en vez de observarlas en su hogar, donde asumen formas honorables, las contemplamos en las colonias, donde se hallan desnudas», se ha preferido otra cita suya, de raíz hegeliana, según la cual «a pesar de todos sus crímenes, Inglaterra fue el instrumento inconsciente de la historia al realizar dicha revolución».[23] Aijaz Ahmad ha comentado con agudeza estos artículos de Marx, que no implican la última palabra de este sobre el tema.[24] Y en el número 207 de la revista *Casa de las Américas* aparece un ensayo de Néstor Kohan con el elocuente título «Marx en su (tercer) mundo». Sin tiempo para detenerme ahora en la cuestión, no quiero dejar de recordar que también ese año 1853 el comodoro estadunidense Perry desembarcó por vez primera en Japón, con la finalidad de abrirlo a Occidente. Que actuó de alguna forma como «instrumento inconsciente de la historia» iban a revelarlo sucesos posteriores. Si en 1868 Cuba inició su primera guerra de independencia (independencia que al cabo le sería hurtada durante sesenta años con la intervención estadunidense en 1898), Japón inauguró aquel año una sorprendente transformación que lo llevaría de su feudalismo a una forma original de capitalismo. Si en 1905 Cuba era un protectorado yanqui, Japón emergía en esa fecha, con la victoria sobre Rusia, como una nueva potencia mundial. Hasta la primera mitad del siglo XIX, Japón habría sido tenido sin duda como un «perdedor». Volvió a serlo, menos metafóricamente (junto con Alemania e Italia), tras la llamada Segunda Guerra Mundial. Pero como ni en un caso ni en otro la historia había terminado, la realidad ulterior fue bien distinta. El crecimiento de China, a partir del triunfo en 1949 de su autóctona revolución comunista; la derrota militar de los Estados Unidos a manos del Vietnam comunista; o el principio de la extinción definitiva del *apartheid*, con el gobierno democrático de Mandela en Sudáfrica,[25] revelan otros avatares de la no finalizada historia. Como se está tan acostumbrado a que sea el Norte el que exprese sus criterios, con frecuencia apocalípticos, sobre el Sur (pretendiendo exculparse de su responsabilidad colonizadora), quiero llamar la atención sobre la obra en dos volúmenes *La nueva organización capitalista mundial vista desde el Sur*, coordinada por Samir Amin y Pablo González Casanova (Barcelona, 1995).

Concluiré con un par de reflexiones que atañen, una, a nuestra América; y otra, a la humanidad en su conjunto.

Me ha dejado de una pieza conocer el criterio (expuesto a propósito del vigésimo congreso de LASA, en 1997) de que «las migraciones del Sur al Norte [...] hacen cuestionable la distinción América Latina/América sajona». En su libro *L'empire et les nouveaux barbares*, Jean Christophe Rufin, ante la amenaza (o al menos la impedimenta) que él cree que constituye para el Norte el Sur, habla de un *limes* que de un extremo a otro del planeta debe separar, y lo hace, al primero (el imperio) de los segundos (los nuevos bárbaros). Y explica:

> La frontera mejor diseñada y la más pura [...entre Norte y Sur] es el limes que separa a México y los Estados Unidos. No es exagerado decir que allí nació el limes. Todos los principios de estrategia que le están vinculados encontraron su expresión, si no su origen, en esa estrecha zona entre América anglosajona y América latina.[26]

Los políticos estadunidenses encargados de la cuestión no tuvieron que esperar a ese libro mediocre para proceder en consecuencia, forjando artefactos, disposiciones xenófobas y medidas coercitivas de muy diversa naturaleza (la TV se ha hecho eco de algunas) que hacen vigente la distinción que ellos establecen entre la América Latina y *su* América (lo único que llaman «América»). No hace mucho volví a contemplar el muro que, arrancando del Pacífico, se propone ser un limes entre los Estados Unidos y nuestra América como el que en el siglo II después de Cristo levantaron los emperadores flavios a lo largo de la Germania. ¿O debe comparársele, más cercanamente, con otra construcción ubicada en Alemania: el Muro de Berlín?

En su artículo «L'empire americain», aparecido en febrero de 1997 en *Le Monde Diplomatique*, su director, Ignacio Ramonet, abordó el intento por los Estados Unidos de regir el mundo, ahora que, de momento, se han quedado sin un rival a su medida:

> Por eso, soberanamente, imponen sanciones económicas a Cuba, a Libia o a Irán; se opusieron arbitrariamente a la relección al puesto de secretario general de la ONU del señor Boutros-Ghali. Y acaban de rechazar firmemente — «*Es claro, es categórico, no es verdaderamente negociable*», replicó el señor William Cohen, el nuevo ministro de defensa— la legítima demanda de Francia de ver la comandancia Sur de la OTAN atribuida a un oficial europeo. En su propensión a la hegemonía, los Estados Unidos llegan incluso, en el caso de la ley Helms-Burton que refuerza el embargo contra Cuba, a reclamar que la legislación [norte]americana tenga una aplicación extraterritorial. // [...] Cuando emergen ya, en el horizonte geopolítico, los mastodontes del futuro —China, India, la Unión europea—, ¿pueden los Estados Unidos proseguir, sin riesgo de conflicto mayor en un término medio, sus arrogantes pretensiones imperiales? ¿Ignoran que, tarde o temprano, «*todo imperio perecerá*»?[27]

Se echa de menos entre esos mastodontes el nombre de Japón. Pero él aparece en libros como los que en 1992 publicaron Jeffrey E. Garten y Lester Thurow: uno habla de una paz fría y la lucha por la supremacía; y otro, de la venidera batalla económica: en ambos casos, entre los Estados Unidos, Japón y Europa.[28] Tal batalla económica ya ha comenzado. La atroz historia de Occidente muestra a dónde conduce esa batalla: 1914 y 1939 no son fechas vacías. Cuantos tenemos sentido moral, en el Norte y en el Sur, debemos hacer todo lo que podamos para inventar alternativas al venidero conflicto mayor, que sería una catástrofe última. Alternativas que con un nombre u otro nos abran a una realidad posoccidental donde nuestra América, que no es ni aspira a ser un mastodonte, tenga también su lugar, con vistas a la «transmodernidad»[29] postulada por Enrique Dussel; y la humanidad no desemboque en la barbarie, cuyas últimas palabras podrían emitirse en inglés: pero el resto sería silencio interrumpido por crujir de insectos.

Concierto para la mano izquierda*

Paul Wittgenstein, al parecer hermano del filósofo (y clarinetista aficionado) Ludwig Wittgenstein, nació en 1887 en Viena, donde estudió piano y tuvo condiscípulos como Ignacy Jan Paderewski y Artur Schnabel. En 1915, al año de haber estallado la horrorosa carnicería, emblemática de Occidente, que fue la primera etapa de la Guerra Mundial, y durante una batalla en el frente ruso, sufrió una herida de resultas de la cual tuvo que serle amputado el brazo derecho. Pero se sobrepuso a esa limitación, y llegó a alcanzar especial habilidad técnica en la mano izquierda. Además acudió a varios compositores, quienes generosamente produjeron para él obras con las cuales logró proseguir una brillante carrera. Entre esos compositores se contaron Richard Strauss, Maurice Ravel, Serguei Prokofief y Benjamin Britten. Ravel y Prokofief le escribieron en 1931 sendos conciertos de piano para la mano izquierda, y el primero, además, le otorgó el derecho de exclusividad de ejecución de la obra por un período de dos años. El 27 de diciembre de 1934, en un concierto de la Orquesta Filarmónica de La Habana bajo la conducción de Amadeo Roldán, la pieza fue interpretada por el propio Wittgenstein, quien fallecería en los Estados Unidos en 1961.

Salvo lo tocante a la hermandad entre el pianista y el filósofo, que me comentó la poetisa francesa Liliane Giraudon, debo casi todos los datos anteriores a mi bondadoso amigo el erudito musicólogo cubano Ángel Vázquez Millares. Me dirigí a él hace un

---

*   Prólogo al libro homónimo (La Habana, 2001).

tiempo solicitándole información, en particular, sobre el *Concierto para la mano izquierda*, que tanto me gusta, de Ravel, porque quería nombrar así un libro de ensayos que proyectaba. Ese libro es este. Pero en el lapso transcurrido, algunas cosas han cambiado. Por ejemplo, redistribuí unos ensayos y añadí otros (con la excepción de «Reyes desde otra revolución», que data de 1968, todos los incluidos han sido escritos de 1989 en adelante). Lo que no creo que haya cambiado es la razón del título: razón bien clara. En los años recientes (quizá desde finales de la década del sesenta, sin duda a partir de la década del ochenta), la humanidad ha estado asistiendo a un crecimiento de la derecha como no se veía desde el apogeo del fascismo, y a una fuerte crisis de la izquierda, crisis agravada por hechos como el fracaso último de la Revolución surgida en Rusia en 1917. No faltan quienes afirman que aquellos dos términos, cuyo uso, como se sabe de sobra, se remonta a la Revolución Francesa, han perdido ya sentido. No comparto en absoluto ese criterio, y a ello alude el título del libro. El cual debe ser asumido como si contempláramos las realidades ante un espejo. Pues la mano que esta vez ha quedado si no mutilada sí bien herida es la izquierda. Lo que no le impide sobrevivir y, aunque lastimada, llena aún de futuridad.

«Derecha» e «izquierda» son términos que miran a la política. En 1995 Norberto Bobbio publicó un libro, que tuvo justa repercusión, con el título: *Derecha e izquierda*. En el original italiano llevó además el subtítulo *Razones y significado de una distinción política*, que no aparece en la edición española. Frente a quienes, desde distintas perspectivas, dan por evaporada la pareja, él defendió su vigencia con sólidos argumentos. Y añadió un testimonio personal:

> Siempre me he considerado un hombre de izquierdas y por lo tanto siempre he dado al término «izquierda» una connotación positiva, incluso ahora que está siendo cada vez más atacada, y al término «derecha» una connotación negativa, a pesar de estar

hoy ampliamente revalorizada. La razón fundamental por la cual en algunas épocas de mi vida he tenido algún interés por la política, o, en otras palabras, he sentido, si no el deber, palabra demasiado ambiciosa, la exigencia de ocuparme de la política, y alguna vez, aunque más raramente, de desarrollar actividad política, siempre ha sido mi malestar ante el espectáculo de las enorme desigualdades, tan desproporcionadas como injustificadas, entre ricos y pobres, entre quien está arriba y quien está abajo en la escala social […] [N.B.: *Derecha e izquierda,* trad. de Alessandra Picone, 2a. ed., Madrid, 1998, p. 171].

Al comentar este libro de Bobbio, Adolfo Sánchez Vázquez lo llamó «una obra, como otras suyas, de un valor teórico excepcional, y, a la vez, digna de la trayectoria fecunda y honesta de quien, desde la óptica de un socialismo liberal, se sitúa en una posición inequívoca de izquierda». Y además escribió:

la derecha ha tendido históricamente a limitar el área de las libertades reales para la mayoría de la población, y a frenar los avances en la igualdad social reclamados por las clases más desprotegidas. La izquierda, por el contrario, ha tendido —en mayor o menor medida, de acuerdo con la franja de que se trate— a superar esos límites y frenos, y a ampliar la esfera de las libertades reales y de la igualdad social. Ser de izquierda —o, más exactamente, estar a la izquierda— sigue significando hoy asumir con un contenido concreto, efectivo, ciertos valores universales (dignidad humana, libertad, democracia, solidaridad y derechos humanos), cuya negación, proclamación retórica o angostamiento han sido siempre propios de la práctica política de la derecha [A.S.V.: «Izquierda y derecha en la política: ¿y en la moral?», *Casa de las Américas,* no. 209, octubre-diciembre de 1997, pp. 22–23].

Sánchez Vázquez pasa después a preguntarse por la dicotomía derecha-izquierda en otros campos más allá de la política. Y, sensatamente, recuerda que no hay ciencia ni técnica ni arte ni religión que «por su naturaleza específica» sea de derecha o de izquierda, aunque sí pueda serlo el uso político que de ella se haga. La negación o el desconocimiento de este hecho es responsable de graves errores cometidos a nombre de la izquierda; mientras la derecha carga, por negación o desconocimiento parejo, con la cuota de culpas que le toca. En cuanto a la moral, Sánchez Vázquez opina que tampoco se identifica con la política, pero que «en las comunidades reales, asimétricas como las nuestras», las más profundas aspiraciones morales solo pueden ser asumidas «por las fuerzas que optan por los valores y fines propios de la izquierda» (pp. 27–31).

A sabiendas de lo dicho me he valido del título del libro. Otro libro paralelo, que a solicitud editorial entregué a Letras Cubanas, se llama *La poesía, reino autónomo*, lo que me parece suficientemente decidor. Pero allí se reúnen ensayos o notas sobre producciones poéticas, cuya relativa independencia me interesaba subrayar. En el caso presente, los ensayos versan, en esencia, sobre cuestiones de pensamiento. Y al pensamiento sí suele serle aplicable su condición de derecha o de izquierda. Aun así, no está de más añadir que, al margen de lo que varios de los autores comentados y yo mismo profesemos, no identifico izquierda con marxismo. Sobre el punto (y otros), remito al ensayo de Fernando Martínez Heredia «Izquierda y marxismo en Cuba» (*Temas*, Nueva época, no. 3, julio-septiembre de 1995), el cual, aunque centrado en un país, contiene observaciones que pueden generalizarse. Así esta: «la izquierda revolucionaria no ha sido necesariamente marxista, ni cultivar el marxismo ha significado obligadamente ser de izquierda revolucionaria» (p. 18).

Quisiera, por último, decir que, a pesar de su carácter polémico (o quizá precisamente por ello), me impresionó el ensayo de Eric Hobsbawm «La barbarie: guía del usuario», que leí primero en *New Left Review*, no. 206, 1994, y fue luego recogido por el autor en su volumen *Sobre la historia* (1997), del que hay traducción al español, por la que cito (Barcelona, 1998). En él, Hobsbawm sostiene el criterio de que «la barbarie ha ido en aumento durante la mayor parte del siglo XX, y no hay ninguna señal de que este aumento haya terminado» (p. 253). Y añade que «la primera guerra mundial inició el descenso a la barbarie» (p. 256). Son evidentes los vínculos de este ensayo con el libro de Hobsbawm *La edad de los extremos. El corto siglo XX 1914–1991* (1994), publicado en español con el título *Historia del siglo XX. 1914–1991* (Barcelona, 1995).

Esta no es ocasión para discutir ensayo y libro tan llenos de sugerencias. Me limitaré a expresar que, aunque con una visión más eurocéntrica de lo que hubiera sido de desear, ofrecen (sobre todo el libro) un panorama impresionante del tremendo siglo que nos ha tocado vivir. Ya Rosa Luxemburgo había advertido que el capitalismo no tenía que ser sucedido necesariamente por el socialismo: podía serlo por la barbarie. De la barbarie que ya nos circunda habla Hobsbawm. Para él, el descenso a tal barbarie comenzó en 1914, con la llamada primera guerra mundial (capítulo inicial de una conflagración que se reanudaría en 1939); esa guerra que le arrancó un brazo al gran pianista Wittgenstein y la vida a millones de seres humanos. Rechazar tal barbarie es misión de la izquierda. Y lo es, con la conciencia de que durante siglos (no desde 1914, sino desde 1492), Occidente, para edificar su civilización, provocó o incrementó la barbarie. Le asistió la razón a Walter Benjamin al decir que no hay documento de civilización que no fuera a la vez un documento de barbarie.

Los ensayos que aquí recojo no se proponen otra misión, con puntos de vista propios de nuestra América y horizonte mundial. Quisiera que las voces se escucharan en su diversidad y en su ansiedad. Ojalá los trabajos se vean referidos a un coro que busca dar notas propias en el arduo concierto humano.

La Habana, 11 de octubre de 1999

Un instante, un milenio*

Asomarse al milenio recién comenzado es tarea descomunal. Pues ese milenio no ha ocurrido todavía, y por tanto no es posible historiarlo. Si acaso, cabe imaginarlo. Y aunque Santa Teresa consideró a la imaginación «la loca de la casa», lo que nos autorizaría para decir cualquier cosa, en rigor la imaginación, a fin de que conduzca a resultados fértiles, debe partir de hechos confiables. Por ejemplo, en esta ocasión, evocando, así sea de modo harto sucinto, el milenio que acaba de concluir ante nuestros ojos.

No hace mucho, la humanidad llegó a seis mil millones de habitantes. En 1960 había alcanzado tres mil millones. Es decir, que en cuatro décadas duplicó su número. Ese número en el año 1000 era de 275 millones. Tales cifras muestran cómo se ha incrementado el ritmo de la historia. Conviene recordar que el tiempo ha sido dividido de modo diferente por las distintas culturas, y que al decir que estamos a la entrada del tercer milenio, aceptamos la división impuesta por una de esas culturas, la cultura occidental. Esta, sin embargo, hace mil años ni siquiera tenía rostro definido, y pesaba muy poco en el mundo, el cual, por añadidura, no estaba todavía intercomunicado. Grandes culturas existían en ese momento, por ejemplo, en China, en el mundo árabe, en Bizancio. Otras conocían distintos grados de desarrollo en el resto del mundo, incluso en África y América. Nada anunciaba el predominio

* Publicado originalmente en el periódico *Juventud Rebelde* el 31 de diciembre de 2000.

que iban a alcanzar países del Occidente de Europa. Mucho se ha escrito sobre las razones de ese predominio. Baste recordar que si en diversas zonas del Globo habían surgido por separado formaciones económico-sociales más o menos semejantes e independientes, solo en países del Oeste europeo, unos siglos después del año 1000, empezó a alborear otra formación económico-social, más dinámica: el capitalismo (también conocido como cultura occidental u Occidente a secas), el cual requería para desarrollarse el saqueo del planeta. Sus inicios se revelaron en los siglos XIV y XV en ciudades de Italia. Allí, y algo más tarde en otros países europeos, se despertaron apetencias de saber, querellas religiosas, ansias de viajes. Entre estos últimos, la llegada en 1492 de españoles encabezados por el mesiánico genovés Cristóbal Colón al continente que sería nombrado América hizo posible que el conjunto de los seres humanos entrara en relación. No fue (acaso no pudo ser) una relación armoniosa. Comunidades enteras fueron diezmadas (cuando no aniquiladas) para someterlas a las exigencias del capitalismo, que solo existía entonces en países europeos. Estos establecieron colonias en todos los continentes, explotaron a los pueblos respectivos (y a los suyos propios), reimplantaron la esclavitud. A partir del siglo XVI, el mundo quedó dividido entre un grupo relativamente pequeño de países subdesarrollantes (autollamados a partir del siglo XVIII la civilización), enriquecidos por el trabajo y los bienes de otros, y un grupo grande de estos últimos (considerados la barbarie), subdesarrollados por los primeros. Pero los integrantes de ambos grupos no siempre han sido los mismos. En ciertas colonias de Inglaterra, el país capitalista por excelencia hasta el siglo XIX, crecieron regímenes capitalistas fuertes. El ejemplo más notorio es el de los Estados Unidos. Y el único país no poblado por europeos en acceder en grande al capitalismo es Japón, desde la segunda mitad del siglo XIX. Tanto los Estados Unidos como Japón, ninguno de los cuales se halla en Europa, integran hoy Occidente, que ahora se prefiere llamar Norte, regido desde hace un tiempo por el primero. La voracidad de las metrópolis imperialistas por volver a repartirse un mundo ya repartido, inició en 1914 la más mortífera guerra de la historia, cuyo primer capítulo se extendió entre esa fecha y 1918, y el segundo entre 1939 y 1945. Por otra parte, en el seno de los propios países donde se desarrolló el capitalismo surgió, como su impugnación, el socialismo. De los varios intentos de este para ofrecer una alternativa no capitalista, el más relevante fue el brotado en la arcaica Rusia zarista en 1917. Su experimento, que se implantó también en países colindantes de Europa, fracasó al cabo, y acabó por extinguirse entre 1989 y 1991. Sin embargo, han quedado países extraeuropeos (China, Corea, Vietnam, Cuba) que desde zonas excoloniales continúan alentando complicadas metas socialistas.

Al ir a comenzar el tercer milenio, la humanidad, no obstante haber alcanzado grandes logros científicos y técnicos, confronta muy serios problemas demográficos y ecológicos. Pero ningún problema es más grave que el de la separación creciente entre la elite de países subdesarrollantes cada vez más ricos y la masa de países subdesarrollados (por aquellos) cada vez más pobres. Los primeros no podrán salvarse si los segundos (entre los que se encuentran los de la América Latina y el Caribe) se pierden, pues la nave en que estamos es la misma: el planeta Tierra. La solidaridad es una imperiosa necesidad.

Entre las principales lecciones que se desprenden del milenio transcurrido, están que ningún régimen es definitivo, y que no es dable predecir qué países o zonas llevan en sí las semillas del porvenir. Una cosa es segura: en el presente milenio, o el depredador capitalismo lastimará a la sociedad y a la naturaleza al punto de que el *homo sapiens* se extinguirá como los dinosaurios; o, antes de que ocurra tal catástrofe, el capitalismo, al igual que los regímenes que lo han antecedido, será sobrepasado por otro: en su caso, por una sociedad posoccidental realmente ecuménica y justiciera, por una época en que, al decir del visionario Martí, «todas las llanuras serán cumbres». En esto último creemos firmemente quienes confiamos en la capacidad de sobrevivencia y perfeccionamiento del género humano.

II

Fanon y la América Latina*

Los condenados de la tierra[1] no es el primer trabajo de Frantz Fanon que aparece publicado en Cuba. En 1961, por ejemplo, el libro *Argelia, año 7* (La Habana, Editorial Vanguardia Obrera), que debía a Fanon incluso el título, recogió, entre otras colaboraciones, su ensayo «La familia argelina en la revolución», proveniente de *L'an V de la révolution algérienne* (1959). Pero esta edición de ahora es la que lo ha dado a conocer ampliamente entre nosotros.

Nacido a mediados de la década de 1920 en Martinica, Fanon perteneció a la generación de hombres de los países subdesarrollados que están cambiando el curso de la historia: Fidel Castro, Ben Bella, Nasser (un poco mayor en edad), Lumumba, asesinado por el imperialismo en sus primeros pasos políticos, son algunos de sus nombres.[2] Fanon, además, hijo de América, formado profesionalmente en Francia (fue médico siquiatra) y enraizado por último en Argelia, con cuya revolución libertadora estuvo vinculado hasta sus últimos días, es un ejemplo admirable de ese hombre nuevo que, en el seno de los países coloniales, se siente uno frente al enemigo común. No es el menos conmovedor de los pasajes de su libro, aquel en que oímos decir a este hombre que en Europa sintió y analizó lúcidamente su condición de negro entre blancos:[3] «Nosotros, los argelinos...» (p. 175). He aquí una prueba de la unidad de nuestro mundo. Por cierto que en la América Latina

---

* Publicado originalmente en *Casa de las Américas*, no. 31, julio-agosto de 1965.

conocemos bien este préstamo de grandes figuras de una tierra a otra, y es posible que ningún otro país nuestro, a lo largo de su historia, se haya beneficiado más con esto que la propia Cuba: el dominicano Máximo Gómez, que dirigió nuestras tropas contra España; el venezolano Carlos Aponte, que después de pelear en las filas de Sandino murió junto a Guiteras, y el argentino Ernesto Che Guevara son solo algunos ejemplos.[4]

En el prólogo al libro, Sartre nos adelanta que para Fanon «la verdadera cultura es la revolución». Podría habernos dicho igualmente que la verdadera patria de un colonizado es una colonia en revolución. Nuestras revoluciones son una sola revolución, y *por eso* nuestros países, al parecer heterogéneos, forman una unidad. ¿Y cuáles son esos países nuestros? Indudablemente, los que ahora llaman subdesarrollados o del Tercer Mundo; los que Marx nombró alguna vez «secundarios», y son conocidos, en general, como las colonias. «El Tercer Mundo», dice Sartre, «se descubre y expresa a través de esa voz.» Conviene poner en claro el sentido de ese término que hace unos pocos años está en boga: Tercer Mundo.

No hay demasiada claridad sobre esta expresión. Pero no cabe duda de que ha ido imponiéndose, y ya que todos la usamos, necesitamos saber a qué atenernos a propósito de ella. En el que quizá sea el libro más reciente sobre el tema, *Le pillage du tiers monde*, París, Maspero, 1965, su autor, Pierre Jalée, después de expresar sus reparos al término, nos da esta clasificación de los países en la actualidad:

> *Grupo de países socialistas*: Unión Soviética, democracias populares de Europa, comprendida Yugoslavia, China, Mongolia, Corea del norte, Vietnam del norte, Cuba.
>
> *Grupo de países capitalistas*:
>
> A) *Zona del imperialismo*: los Estados Unidos y Canadá, Europa excepto la Unión Soviética y las democracias populares, Japón, Israel, Australia y Nueva Zelandia.

B) *Tercer Mundo*: América excepto los Estados Unidos, Canadá, y Cuba; África completa; Asia, excepto los países socialistas, Japón e Israel; Oceanía, excepto Australia y Nueva Zelandia [p. 12].

Naturalmente que esta clasificación, que por lo menos tiene la virtud de existir y de ser clara, es discutible: véase el propio caso de Cuba, por mencionar un solo ejemplo, que, siendo un país de gobierno marxista-leninista, participa en las reuniones de «países no alineados», junto a aquellos del Tercer Mundo que, a diferencia del resto de la América Latina, tienen políticas exteriores independientes. Por otra parte, a partir de la Segunda Guerra Mundial, y especialmente a partir de 1948, en que queda consolidado en Europa el conjunto de las democracias populares (lo que permite un fortalecimiento notable del socialismo en el mundo, y una consiguiente debilitación del capitalismo), lo más sobresaliente de la historia ha sido la obtención de la independencia por muchos de estos países subdesarrollados, pertenecientes pues al Tercer Mundo, y el paso de no pocos de ellos al socialismo: en 1949, surge la República Popular China, e Indonesia se independiza; en 1950 la India, y en 1953 Egipto, se convierten en repúblicas; en 1954, tras la magnífica victoria indochina de Dien Bien Phu, estalla la insurrección argelina.

Para entonces, ya puede hacerse un primer balance de la descolonización. Ese balance tiene lugar al año siguiente, 1955, en Bandung. No cabe duda alguna: los pueblos de color entran en escena. En 1956, el año del XX Congreso del PCUS y de los sucesos de Budapest, Nasser nacionaliza el canal de Suez, fracasa la intervención anglofrancesa, y Fidel Castro desembarca en Cuba; en 1958, se constituye la RAU, se forma el GPRA y Guinea se independiza; en 1959, la Revolución Cubana llega al poder, y en 1960 el Congo obtiene su independencia, con Lumumba al frente. Se ha ido más lejos que cuando Bandung: los tres continentes «atrasados», todas las «razas» participan ya de la descolonización. A la luz de estos hechos, y especialmente de sus experiencias directas en la lucha independentista argelina, Fanon escribe *Los condenados de la tierra*. Se trata de un nuevo balance del proceso, donde se recogen y depuran las experiencias, y se incita a nuevas luchas. Aunque Argelia obtendría su independencia al año siguiente, sabemos que a partir del asesinato de Lumumba, gran amigo de Fanon, en 1961, el imperialismo ha recrudecido los medios a su alcance para intentar (vanamente) frenar la descolonización: los nuevos acontecimientos en el Congo, Vietnam y Santo Domingo son un índice claro de ello. Pero ya esto escapa a la visión de Fanon, muerto de leucemia hace cuatro años, a raíz de aparecido su libro.[5]

El primer capítulo, «La violencia», es también el más importante: aquel que expone y sustenta la tesis central del libro. La descolonización solo puede obtenerse por la violencia, «la partera de la historia». En el ejercicio de *esa* violencia, el colonizado se hace otro, un hombre nuevo. Por otra parte, ese proceso debe realizarse tomando en consideración los rasgos específicos de los países del Tercer Mundo, sin apresurarse a aceptar fórmulas válidas para otras zonas. Fanon llega a afirmar: «los análisis marxistas deben modificarse ligeramente siempre que se aborda el sistema colonial». El propio Lenin había dicho que lo más esencial del marxismo, el alma viviente del marxismo, era el análisis concreto de las situaciones concretas. No es pues sorprendente lo que propone Fanon. Pero a él le interesa subrayar, dramáticamente, la necesidad que tenemos de arribar a soluciones propias, de pensar con nuestra cabeza, de ser originales no por prurito de novedad, sino por fidelidad. Para que ello no sea confundido en forma alguna —y no es ésa intención de Fanon, como lo reitera Sartre en su prólogo— con la defensa de una ilusoria «tercera vía», sirve de ejemplo admirable el caso de Cuba. El libro, sin embargo, está escrito desde una perspectiva anterior a Girón y a la declaración por Fidel del carácter socialista de nuestra revolución. (Solo una nota al pie, en la página 92, parece haberse hecho después de esos acontecimientos.) En cualquier caso, su muerte prematura impidió a Fanon ratificar, en el caso de Cuba, en qué forma un país del Tercer Mundo, al acometer su revolución radical, ve cómo esa revolución es socialista, sin por ello perder, antes al contrario, su fuerza de creación y originalidad.

Sin duda en este capítulo —y en el siguiente, «Grandeza y debilidad del espontaneísmo», que es su complemento— encontramos no pocas observaciones válidas para nosotros los latinoamericanos, pues aunque el libro se dirige de preferencia a los pueblos africanos, contempla el horizonte general de nuestros países todos, con problemas comunes en no pocos puntos. Cuando Fanon nos habla del papel radical del campesinado, de las guerrillas, del surgimiento de nuevas organizaciones revolucionarias, con cuadros que se reducan en la lucha campesina, ¿cómo no pensar en nuestras tierras? ¿Cómo no sentirnos involucrados cuando Fanon nos recuerda, con vehemencia, algo que Marx ya había señalado en *El capital*: que el mundo desarrollado se ha hecho gracias a nosotros, sobre nosotros? Marx escribió:

> El descubrimiento de los yacimientos de oro y plata de América, la cruzada de exterminio, esclavización y sepultura en las minas de la población aborigen, el comienzo de la conquista y el saqueo de las Indias Orientales, la conversión del continente africano en cazadero de esclavos negros: son todos hechos que señalan los albores de la era de producción capitalista. Estos procesos idílicos representan otros tantos *factores fundamentales* en el movimiento de la *acumulación originaria* [Ed. cubana, La Habana, 1962, I, p. 688].

Fanon corrobora hoy:

> Europa [y, desde luego, también los Estados Unidos] se ha in-
> flado de manera desmesurada con el oro y las materias primas
> de los países coloniales: América Latina, China, África. De todos
> estos continentes, frente a los cuales la Europa de hoy eleva su
> torre opulenta, parten desde hace siglos hacia esa misma Europa
> los diamantes y el petróleo, la seda y el algodón, las maderas y
> los productos exóticos. Europa es, literalmente, la creación del
> tercer mundo [p. 96].

El juicio, pues, sobre lo que nosotros somos capaces de provocar en
belleza y esplendor, podemos anticiparlo desde ahora en Europa
y los Estados Unidos; y al revés: el juicio sobre los crímenes y las
devastaciones del capitalismo debe hacerse, sobre todo, aquí: no
en Europa, sino en el Congo; no en los Estados Unidos, sino en
Vietnam. Solo el Tercer Mundo conoce en toda su integridad el horror del capitalismo. De ahí su carácter de encrucijada esencial de
nuestros días.

Pero a nosotros los latinoamericanos el libro no solo nos ofrece
meditaciones de esta naturaleza, válidas para toda la comunidad
de pueblos subdesarrollados, y la misma certidumbre de que esa
comunidad existe, sino además nos invita a ofrecer nuestra historia
inmediata a los demás países del Tercer Mundo como ejemplo de
desbarajuste y fracaso, con alguna que otra excepción. Confesemos
que es una dura prueba, pero, a la vez, que solo así contribuiremos
a evitar males de otros, y también a entendernos a nosotros mismos. Es un ejercicio de humildad; también de autoconocimiento.
Oigamos a Fanon en el capítulo tercero, «Desventuras de la conciencia nacional». Como para él «en los países subdesarrollados la
etapa burguesa es imposible», nuestros países le sirven para mostrar (casi pudiéramos decir que *experimentalmente*), sobre todo a
África, para qué sirve nuestra viceburguesía:

La burguesía nacional organiza centros de descanso y recreo, curas de placer para la burguesía occidental. Esta actividad tomará el nombre de turismo y se asimilará circunstancialmente a una industria nacional. Si se quiere una prueba de esta eventual transformación de la burguesía excolonial en organizadora de fiestas para la burguesía occidental, vale la pena evocar lo que ha pasado en la América Latina. Los casinos de La Habana, de México, las playas de Río, las jovencitas brasileñas o mexicanas, las mestizas de trece años [pp. 142–143].

¿Pero no han tenido nuestros países gobiernos, delegados internacionales, banderas, himnos, escudos, ejércitos?

La América Latina, formada por países independientes con representaciones en la ONU y con moneda propia, debería constituir una lección para África. Esas antiguas colonias, desde su liberación, sufren en medio del terror y las privaciones la ley de bronce del capitalismo occidental [p. 92, n.].

Y en los gobiernos que hemos contraído, ¿qué pueden aprender los países curiosamente llamados nuevos?

Lo mismo que la burguesía nacional escamotea su etapa de construcción para entregarse al disfrute, en el plano institucional salva la etapa parlamentaria y escoge una dictadura de tipo nacional socialista. Ahora sabemos que esa caricatura de fascismo que ha triunfado durante medio siglo en la América Latina es el resultado dialéctico del estado semicolonial de la etapa de independencia [p. 159].

En otras palabras: a los ojos de Fanon, la América Latina ha resultado un conejillo de Indias para las otras regiones subdesarrolladas. En nuestras vacunas pueden ellas contemplar qué les ocurrirá si persisten en aspirar a una imposible etapa burguesa, realizable en el siglo XIX para los países en vías de desarrollo; entre los cuales, por cierto, no se encontraba España, y menos aún sus desprendimientos ultramarinos. Para esos países, como lo había anunciado ya nuestro Mariátegui, solo una solución es posible hoy. En su prólogo, la resume así Sartre: «Fanon explica a sus hermanos de África, de Asia, de la América Latina: realizaremos todos juntos y en todas partes el socialismo revolucionario, o seremos derrotados uno a uno por nuestros antiguos tiranos» (p. 15). Es natural que, a partir de este criterio, Fanon se refiera de modo especial a la Revolución Cubana, como aquel movimiento que significa para nuestro continente la salida del criptocoloniaje en que hemos sido situados, hermanándose por ello al vasto movimiento de descolonización de los países laterales: «El pueblo cubano sufrirá, pero vencerá […] También los Estados Unidos van a retroceder un día, quizá ante la voluntad de los pueblos. Ese día lo festejaremos, porque será un día decisivo para los hombres y mujeres del mundo entero» (p. 92, n.).

En cierta forma, el libro de Fanon, en su aspecto más estructurado al menos, concluye con este tercer capítulo. Y, sin embargo, los otros dos capítulos de que también consta distan mucho de ser meros añadidos: uno («Sobre la cultura nacional») es una comunicación dirigida al Segundo Congreso de Escritores y Artistas Negros, Roma, 1959;[6] otro («Guerra colonial y trastornos mentales»), es un conjunto de hojas clínicas en que se nos da a conocer una serie de alteraciones síquicas provocadas por la guerra. En este último, el siquiatra que nunca dejó de ser Fanon nos ofrece *in vivo* la prueba de cómo el sicoanálisis, al margen de sus aberraciones evitables, es fértil, desde una perspectiva marxista, para la comprensión y curación de numerosos casos. Más allá de la polémica, que puede hacerse bizantina, en torno a la sobrevivencia parcial del freudismo a la luz del pensamiento marxista, Fanon ofrece aquí ejemplos, experiencias.

En el capítulo «Sobre la cultura nacional» no podemos entrar sin que de nuevo América nos dé en la cara. Esta vez, no necesariamente porque ella nos sea nombrada, como en el capítulo
tres; sino porque esa anhelante búsqueda de nuestro ser nacional
ha sido un tema obligado para nuestros escritores durante todo
el siglo XX (*Ariel*, de Rodó, es de 1900; *Lima, la horrible*, de Salazar
Bondy, de 1963), y buena parte del XIX. Con razón dice Fanon:

> Ha podido sorprender la pasión dedicada por los intelectuales
> colonizados a defender la existencia de una cultura nacional.
> Pero los que condenan esa pasión exacerbada olvidan singular-
> mente que su mentalidad, su yo se abrigan cómodamente tras
> una cultura francesa o alemana que ya ha sido demostrada y
> que nadie pone en duda [p. 193].

Cuando leemos, además: «Esta búsqueda apasionada de una cultura nacional más allá de la etapa colonial se legitima por la preocupación que comparten los intelectuales colonizados para fijar
distancias en relación con la cultura occidental en la que corren el
peligro de sumergirse», tenemos presentes esas obras que, como
las de Martínez Estrada (*Radiografía de la pampa*, 1933), u Octavio
Paz (*El laberinto de la soledad*, 1950), al mismo tiempo que fijar esas
distancias y subrayar lo específico de sus países respectivos, han
abordado (sobre todo Martínez Estrada) la denuncia de las deformaciones de esos países. Tales deformaciones, e incluso sus mismas
peculiaridades, no podían encontrar explicación suficiente sino a
partir de ese hecho que Fanon desliza en su observación: los medi-
tadores son «intelectuales colonizados». Por ello Paz, en la segunda
edición de su libro (1960), añade un capítulo en que considera a
los países subdesarrollados («La situación de los latinoamericanos
es la de la mayoría de los pueblos de la periferia. Por primera vez,
desde hace más de trescientos años, hemos dejado de ser materia
inerte sobre la que se ejerce la voluntad de los poderosos», p. 172);

y Martínez Estrada, en la que acaso fue la última página que escribió («Prólogo inútil» a su *Antología*, México, 1964), reconoce que tuvo oscura conciencia de este hecho, y menciona incluso a Fanon, coincidiendo *a posteriori* con él.

Desborda ya los límites de esta nota insistir en las agudas observaciones de Fanon sobre este punto: su análisis de la «negritud»; su justa ubicación del folclor («la cultura nacional no es el folclor donde un populismo abstracto ha creído descubrir la verdad del pueblo»), y, sobre todo, su síntesis de la verdadera cultura nacional: «La cultura nacional es el conjunto de los esfuerzos hechos por un pueblo en el plano del pensamiento para describir, justificar y cantar la acción a través de la cual el pueblo se ha constituido y mantenido» (p. 215). Y también: «Creemos que la lucha organizada y conciente emprendida por un pueblo colonizado para restablecer la soberanía de la nación constituye la manifestación más plenamente cultural que existe» (p. 226). ¿Cómo no recordar la figura y la obra de José Martí? En otro lugar he intentado demostrar que solo situándolo en el contexto de lo que iba a llamarse Tercer Mundo podemos entender plenamente el sentido de la tarea y el pensamiento de Martí. Con este libro de Fanon se nos ratifica que lo que en tierras de América pensó e hizo aquel hombre mayor, encuentra comprobación y continuidad en áreas más dilatadas. Ahora, Fanon tiene muchas cosas que enseñarnos a nosotros los latinoamericanos.

Martínez Estrada:
razón de homenaje*

«Estoy muy animado, y pienso que si mis últimos años y mis últimas fuerzas puedo consagrárselas a Cuba, no habré vivido sólo para librerías», me escribió Ezequiel Martínez Estrada el 26 de agosto de 1960. Naturalmente que entonces estaba muy lejos de haber vivido «sólo para librerías», sobre todo si se piensa en el significado de esta expresión para un hermano silvestre de Thoreau y Quiroga. Pero sí es cierto que consagró sus últimos años y sus últimas fuerzas a Cuba. Al cumplirse el 3 de noviembre el primer aniversario de su muerte, le debemos más que un homenaje: le debemos atención a su obra. Pues esa obra es ejemplar, y no solo en el sentido vagamente sermoneador de esta palabra, sino en el de *explicación*. Gracias a ella, comprendemos no pocas cosas de nuestro continente, de nuestros problemas, de la evolución de nuestro pensamiento. Su obra tiene el carácter de un descubrimiento: no es acaso ocioso recordar que eso quería decir entre los griegos la palabra *aletheia*, la verdad.

---

* Con el título «Razón de homenaje», se publicó originalmente al frente del no. 33, noviembre-diciembre de 1965, de *Casa de las Américas*, que fue un *Homenaje a Ezequiel Martínez Estrada*.

Lugar de su obra

Su obra comprende, por lo pronto, versos y prosas. Los versos abarcan los primeros tiempos de su labor, hasta 1929. En los últimos años de su vida volvió a escribirlos, pero, según lo publicado, no pasó de unas cuantas docenas. En 1933 apareció su primer libro en prosa. Iba a ser el inicio de una treintena de títulos, que incluiría ensayos, biografías, varios cuentos de indudable interés, y tres obras de teatro, de escaso valor. Por esta zona de su obra, Martínez Estrada fue sobre todo un pensador.

En poesía, Martínez Estrada es previo a las renovaciones poéticas de la década de 1920: habiéndose formado como un posmodernista (como un prevanguardista), es en calidad de tal que, cuarenta y tantos años después de haberse dado en este continente la pelea del creacionismo y el ultraísmo, de la que saldría la nueva poesía, él sigue escribiendo impertérrito poemas que hubiera podido firmar en 1915 ó 1920. El caso no es el mismo en lo tocante a su pensamiento: las páginas que Martínez Estrada escribe en sus últimos años sobre los países subdesarrollados, sobre el colonialismo, sobre la Revolución Cubana, no hubiera podido escribirlas unas décadas atrás; pero no es menos cierto que Martínez Estrada suele abordar sus asuntos, incluso los contemporáneos, desde una perspectiva premarxista, no en cuanto al marxismo en sí, sino en cuanto a su inserción en la América Latina.

Así como su poesía antecede estilísticamente a la de los vanguardistas hispanoamericanos —César Vallejo (1892-1938), Vicente Huidobro (1894-1948), Jorge Luis Borges (1899), Pablo Neruda (1904)—, aunque por su edad sea algo más joven que algunos de ellos; así su pensamiento antecede, en su formación, en su osamenta íntima, al de los vanguardistas filosóficos, los primeros marxistas orgánicos relevantes del continente —José Carlos Mariátegui (1894-1930), Aníbal Ponce (1898-1938), Rubén Martínez Villena (1899-

1934), Julio Antonio Mella (1903-1929)—, aunque, por un trágico azar, estos hombres hayan muerto en plena juventud, y Martínez Estrada haya podido sobrevivirlos una treintena de años, conociendo así experiencias históricas y consideraciones teóricas que les fueron negadas a aquellos.

Su *paideia* generacional lo vincula a hombres como el dominicano Pedro Henríquez Ureña (1884-1946), como los mexicanos José Vasconcelos (1881-1951) y Alfonso Reyes (1889-1959). Comparte con ellos el arranque espiritualista de su visión, la voracidad enciclopédica, la confianza en la unidad y destino de nuestra América. Mientras los primeros modernistas, desatendiendo la palabra de Martí, se sienten desarraigados, desolados de haber nacido en este continente lateral (actitud que encontrará su manifiesto en las «Palabras liminares» de *Prosas profanas*), estos hombres, desarrollando y enriqueciendo la nueva postura de Rodó, del propio Darío de *Cantos de vida y esperanza*, expresan, por el contrario, su adhesión a este continente. Henríquez Ureña es quien más cerca está de Martínez Estrada, aunque su serenidad, su gesto socrático sean distintos del furor del argentino. Vasconcelos, cuyo temperamento, en cambio, no es muy distinto del suyo, y que vivió intensamente una gran revolución triunfante y escribió en torno a ella obras memorables, incurrió después, por resentimiento, en errores crasos, y lejos de entender las nuevas realidades que surgían, involucionó lamentablemente. Reyes, por su parte, marcado casi en la adolescencia por la muerte violenta de su padre, el general Bernardo Reyes, prefirió no involucrarse en la problemática inmediata de su país: sus admirables visiones de México y de América tienen limpidez y lejanía de horizonte. De todos ellos, es Martínez Estrada quien se sentirá cada vez más vinculado a los acontecimientos de su país, primero; del continente, de toda su época, después, y encontrará modo de comprender a su manera esos problemas, tomando parte en ellos lúcida, apasionada, valientemente.

Esto le da un valor especial a su obra, a su testimonio: por su formación primera y por sus experiencias ulteriores, él sirve de tránsito (y lo comprendió con claridad) entre José Martí, en un extremo, y en el otro las dos oleadas en que el marxismo se hace realidad en el mundo latinoamericano, y que podemos cifrar en los nombres de José Carlos Mariátegui y Fidel Castro. Encarna así la continuidad y fidelidad de nuestra cultura, y la multiplicidad de apetencias, de exigencias, la confusión incluso, características de nuestras tierras mestizas.

De poesía

En su obra poética hay ya mucho de sus encrucijadas, desde su primer libro, *Oro y piedra*, que data de 1918. Aunque creciendo y complicándose, su poesía será la de este libro inicial: una poesía que ha salido de una costilla de Lugones, y que permanecerá fiel a sus orígenes a través del tiroteo de los ismos, desembarcados o surgidos en América precisamente en los años en que él escribe sus versos. El propio Lugones lo llama «un incurable pasatista». Como Unamuno, con quien tiene tanto parentesco, Martínez Estrada lo es, y permanece de espaldas a la batalla de la modernidad. No deja de ser curioso que, por el momento que le tocó vivir a cada cual, mientras esa actitud lleva a Unamuno, en su tiempo, a pretender ignorar la obra de Rubén Darío, entonces encarnación de la novedad, similar actitud lleve luego a Martínez Estrada a ser un secuaz, acaso el último secuaz importante, de Darío, cuando ya este es un clásico. Como es también singular que, en ambos casos, el moderno ignorado haya sabido apreciar la alta calidad poética del renuente: Darío, en medio de incomprensión casi general, afirmó en 1909 que «Miguel de Unamuno es ante todo un poeta y quizás sólo eso»;[1] mientras Jorge Luis Borges no vaciló en llamar

a Martínez Estrada, verdad que años después del entusiasmo ul-
traísta, «nuestro mejor poeta contemporáneo».[2]

Hacia 1929, la poesía de Martínez Estrada, quien ha recibido
por ella las más altas distinciones de su país, es un instrumento
afinadísimo de magnífica precisión e inteligencia, pero al mismo tiempo se encuentra, por así decir, históricamente cerrada.
Después de Huidobro, después de *Trilce* (1922), de *Fervor de Buenos
Aires* (1923), de *Tentativa del hombre infinito* (1925), la herencia de
Darío y Lugones es ya cosa del pasado. Hombre de tanta lucidez
y tan agudo sentido crítico como Martínez Estrada no podía dejar
de percibir esto. Pero relativamente joven le había dado forma a
su palabra, le había sido fiel a esa forma, y había avanzado demasiado en aquella dirección. No siendo hombre de estar a la moda,
era inimaginable la cabriola que lo llevaría, desconyuntado, a la
otra orilla. Se encontraba en un momento difícil. Entonces iban a
sucederse varios acontecimientos que decidirían el nuevo sesgo de
su vida y su obra.

Hacia el país

El primero de estos hechos parece haber sido su amistad fraternal
con Horacio Quiroga. Esa amistad fue de veras de hermanos: aquel
hombre extraño, que había dejado atrás un pasado de refinamiento
literario, y la ciudad misma, para adentrarse en la selva, provocó
un cambio brusco en Martínez Estrada. Él nos ha hablado larga y
conmovidamente de esa amistad, y de las consecuencias que tuvo
sobre él: «Si alguien sufrió una conversión con ella fui yo. Júzguese
por el cambio de mi orientación literaria desde 1929.»[3]

Pero si esta experiencia personal va a alterar su concepto de la
vida y, por tanto, de la literatura, el gran vuelco sobrevendrá con
un acontecimiento nacional, como el propio Martínez Estrada nos

ha dejado también dicho, en esas páginas últimas de su «Prólogo inútil»[4] que con razón han sido consideradas testamentarias:

> Fui enrolado en las filas del servicio obligatorio de la libertad de mi patria. Son los acontecimientos que en [sic] 1930, año de una crisis universal de los valores morales de todas las naciones civilizadas, en que se implanta, después del ensayo victorioso del fascismo italiano, un régimen totalitario que permite a los gobiernos democráticos sojuzgar a sus propios pueblos como si fuesen prisioneros de guerra. Para nosotros los argentinos, el cambio brusco habría sido el salto histórico de una forma social de vida más o menos vegetativa a una forma de vida dinámica, en que los gobiernos asumen resueltamente, no ya la administración de los bienes privados, sino la dirección toda de la vida pública del ciudadano. 1930 significa para la República Argentina el paso de un régimen político y económico poscolonial a un régimen político y económico de la nueva historia fascista del mundo. Para mí, el derrocamiento de Yrigoyen fue el advenimiento de una camarilla o casta militar al Poder, la revelación de que debajo de la cobertura y la apariencia de una nación en grado de alta cultura, permanecía latente la estructura de una nación de tipo colonizado, de plantación y de trata, sólo que cambiadas las formas exteriores.

El fruto inmediato de esa experiencia no se dio ya en la poesía. A falta de otro nombre mejor, digamos que su nueva orientación tomó forma de un largo ensayo, *Radiografía de la pampa* (1933), «el libro más amargo que se haya escrito en Argentina», según Anderson Imbert.[5] El propio Martínez Estrada la considera con razón su obra clave:

> Con *Radiografía de la pampa* yo cancelo, no del todo pero casi definitivamente, lo que llamaría la adolescencia mental y la época

de vida consagrada al deporte, a la especulación y al culto de las letras. *Radiografía de la pampa* significa para mí una crisis, por no decir una catarsis, en que mi vida mental toma un rumbo hasta entonces insospechado [...] es, pues, un apocalipsis, una revelación o puesta en evidencia de la realidad profunda. Ahora, después de treinta años, me explico y me parece natural y lógico que el libro haya sido recibido con una hostilidad que el psicoanálisis puede denominar defensa de una situación [...] Es natural entonces que me refiera a *Radiografía de la pampa* como a la obra fundamental de mis estudios históricos, sociales y de psicología colectiva, y que caiga en el exceso de mis críticos que me aplican el mote antonomástico de «autor de *Radiografía de la pampa*».

Martínez Estrada leía por entonces (ha confesado) a Simmel, Freud y Spengler. Su método de trabajo debe no poco, también, a Waldo Frank. Con aquel estímulo de Quiroga, por un aparte, y con el ejemplo concreto de estos autores, por otra, se lanza a un análisis espectral, con mucho campo para la intuición, en que el poeta logra sentirse a sus anchas, y el buscador de verdad encuentra su camino. Aunque por aquellos años no se dijera así, y aunque el propio Martínez Estrada lo percibiera entonces oscuramente, con esta obra se revelaba el carácter subdesarrollado de su país y, en consecuencia, su dramática vinculación a los otros pueblos del continente. El golpe de estado de Uriburu divide la historia de Argentina en el siglo XX. También este país había conocido unos *gay twenties* que terminan catastróficamente, y dejan a la vista su pobre osamenta subdesarrollada, la cual había pretendido encubrirse con frenéticas importaciones europeas. En lo adelante, no quedará más remedio que cerrar los ojos o decidirse a afrontar esa amarga verdad. Ambas actitudes van a encarnarlas, de manera arquetípica, Jorge Luis Borges y Ezequiel Martínez

Estrada. El Borges de *El tamaño de mi esperanza* (1926), libro que significativamente rechazará luego; el que escribiera allí el elogio de Yrigoyen, «privilegiado por la leyenda»,[6] parece como perder pie en la realidad, después de la caída del propio Yrigoyen: sin que se pretenda negar la importancia de su obra literaria, e incluso lo que implícitamente deja saber de nosotros, su interpretación explícita de los acontecimientos históricos lo llevará cada vez más a comprender cada vez menos. «Tierra de desterrados natos es ésta, de nostalgiosos de lo lejano y lo ajeno», dice irritado en 1926;[7] «creo que nuestra tradición es Europa», escribe resignadamente en 1955.[8] En cambio, la realidad de su país es aprehendida por Martínez Estrada, después de la tragedia, como en un relámpago: un relámpago sombrío, que seguirá impulsando su obra.

Aunque esta obra será casi enteramente ensayística, no son nada desdeñables en ella los cuentos. No me parecería extraño que la narrativa de Martínez Estrada fuera leída, en el futuro, más que casi todo el resto de su obra. Cuentos como «La inundación», como «La tos», como «La escalera» —que él supo escoger para su *Antología*— cuentan entre los mejores de estos tiempos americanos, y forman parte, también, de esa interpretación suya de la realidad que se le había abierto ante los ojos. Pues el paso de Martínez Estrada de un género a otro, e incluso de una disciplina a otra —literatura, sociología, historia— no es bastante claro: él va arrastrando consigo una hibridez que, después de todo, es característica de nuestra América, la cual no vive ni el tiempo ni el *tempo* ni las distinciones europeas. ¿Dónde está hoy el *Canto general* europeo, *El Siglo de las Luces* europeo? ¿Dónde está el poeta hecho sociólogo sin dejar de ser poeta, en la Europa occidental, en los Estados Unidos? Imbricar los géneros y las disciplinas no es por cierto exclusividad de Martínez Estrada, sino mera manifestación del subdesarrollo americano. Sus cuentos, en cuya sensación de imposibilidad, de ahogo oníricos es evidente la huella de Kafka, hemos de verlos también como *radiografías* de un país baldado, que no encuentra manera de echar a andar de nuevo.

Su obra ensayística aborda sobre todo figuras y creaciones nacionales y extranjeras, cuyo sentido intenta desentrañar Martínez Estrada. La más relevante de aquellas obras es la que constituye, en rigor, una nueva salida de *Radiografía de la pampa*: *Muerte y transfiguración de Martín Fierro* (1948). A partir del poema clásico argentino, Martínez Estrada procede aquí a analizar de nuevo la estructura de su país. Como en el caso de Unamuno con Cervantes y el *Quijote*, Martínez Estrada deslinda, siempre que le parece bien, a Hernández de la obra, y al margen de las interpretaciones del poeta, realiza, a partir del poema, un «severo juicio de residencia al devenir histórico argentino», como ha dicho Manuel Pedro González.[9] Para este autor, aquel libro es el «más denso, más trascendente y que mayor repertorio de temas y problemas nos propone de todos los publicados en América en lo que del siglo llevamos andado».[10]

Martínez Estrada ha alcanzado ya una madurez magnífica, y su creación es considerada como literatura mayor, cuando un segundo sismo viene a conmover al país y a alterarlo, consiguientemente, a él: el peronismo. No es cuestión de enjuiciar ahora este confuso movimiento, en que alternaron manifiestas arbitrariedades políticas con justas reivindicaciones de las masas populares, lanzadas al primer plano de la historia argentina. Martínez Estrada vivió los años del peronismo materialmente enfermo. Él aseguraba luego haber estado enfermo como su país. La experiencia no se traduciría en una obra orgánica, como *Radiografía* o *Muerte y transfiguración...*, sino más bien en *catilinarias*, en pedradas arrojadas con gran vehemencia. Pero si no engendró una obra de envergadura, indudablemente demostró cómo Martínez Estrada era uno de los argentinos que podían calar más hondo en los problemas de su tierra, y lo llevó, por otra parte, a interesarse más específicamente en cuestiones políticas, en reivindicaciones obreras.

Para entonces, Martínez Estrada había encontrado una nueva audiencia en su país. Si su obra le había significado, hasta ese momento, premios y el riesgo de pasar directamente a la historia de la literatura, archivado como un texto, el hecho de que la realidad del país insistiera en darle la razón a este aparente irracional, provocó que la nueva generación que surgía en la década de 1950 encontrara en su obra motivos para otra cosa que premios o elogios literarios: este hombre había estado diciendo verdades. Los jóvenes que se van agrupando en revistas como *Contorno* y *Ciudad* (1954), así como los que luego lo harán en *Nueva Expresión* (1958), encuentran que Martínez Estrada es uno de los escasos escritores mayores de su tierra que, lejos de volverle la cara a sus problemas, los ha exhibido crudamente. Los enjuiciamientos son entonces muy diversos, pero apuntan a una nueva valoración del país, que se ofrecerá después en obras orgánicas como las de León Rozitchner, David Viñas o Juan Carlos Portantiero.

Para ellos, ya es evidente que Argentina, lejos de ser un desgarramiento europeo en tierra de infieles, es un país subdesarrollado más dentro de la comunidad latinoamericana. En el orden del pensamiento, probablemente nadie expondrá esto con más claridad que Rozitchner;[11] mientras Viñas y Portantiero replantearán la interpretación de la historia de su literatura, que no es más, dirá Viñas, que «la historia de la voluntad nacional».[12] Portantiero, por su parte, nos ha contado cómo el pensamiento «comprometido» de los jóvenes encontró un pasado en Martínez Estrada:

> La desvinculación generacional [...] se planteó sobre este fondo de crisis ideológica. Para ella llegaron los auxilios del pensamiento existencial europeo, pero reconocía motivaciones internas. Y en esa continuidad con anticipos criollos de la crisis, con interpretaciones no conformistas, no idílicas del país, ¿cómo no iba a aparecer la desesperación crítica de los intuicionistas, de Martínez Estrada en primer lugar?

Ese «intuicionismo» no era, sin embargo, sino «una primera toma de conciencia con la desagradable realidad [...] un punto de partida: nuestro punto de partida para el "compromiso", contra la torre de marfil.»[13] Es curioso que no solo los jóvenes creadores, sino tampoco el propio Martínez Estrada permaneciera en ese estadio, creciendo, hasta el final de su vida, con nuevas experiencias, mientras la caricatura de su visión condujera, como bien dice Portantiero, al «"murenismo", como excreencia del pensamiento intuicionista, símbolo claro de adónde lleva la retórica ontológica».[14]

Revolución. Subdesarrollo

La nueva experiencia que afectaría a Martínez Estrada, y que él sería capaz de asimilar enriqueciendo una vez más su visión, ya con cerca de sesenta y cinco años, fue la Revolución Cubana. Tuve el privilegio de ser testigo cercano de esa conmoción histórica en Martínez Estrada: a mediados de 1959 le escribí solicitándole una colaboración para una revista. Me contestó desde Viena, a donde había ido para asistir a un congreso, y establecimos una relación que duraría hasta su muerte.[15] Lo insté a venir a Cuba. Después de un primer intento de viaje, frustrado por enfermedad suya, vino al fin a principios de 1960, a recibir el premio de ensayo que había ganado en el primer concurso de la Casa de las Américas. Regresó a México, a concluir unas clases, y en agosto de ese año estaba de nuevo en Cuba, trabajando en la Casa de las Américas. Aquí aparecieron varias obras suyas y, sobre todo, preparó los materiales de su esencial estudio sobre Martí, que proseguiría en Argentina, a la que regresó a finales de 1962; allí moriría dos años después. En varias ocasiones pensó en su vuelta, que ya no fue posible: el 3 de abril de 1963, me escribía: «quiero volver. No puedo readaptarme (si es que antes lo estuve). No tiene usted idea de lo que es un gigante que se pudre en pie, que da manotadas y difunde el hedor letal de su gusanera. ¡Qué justa viene la palabra!» Fijaba fecha: «No podré volver a Cuba antes de septiembre.» Pero, llegado ese mes, la enfermedad le impedía el viaje. En septiembre 28: «Ahora tengo un problema de circulación de la sangre. Necrosis en los dedos de los pies que tal vez haya que amputar. Nada agradable. Orfila Reynal me escribe que recibió carta suya, con la noticia de que el Che quiere que vuelva.» Y en marzo 20 de 1964: «Mi salud, mi edad, mis maluqueras, no me permiten esperar que pueda volver a Cuba. Acaso cuando se hayan de corregir las pruebas finales de la II Parte [de su estudio sobre Martí]. Abrazarlos y volver. "A morir entre esta gente", como decía el Padre de América.» Esta es la última carta que recibí de él:

> Bahía Blanca, junio 25 de 1964. // Mi querido Fernández Retamar: // Le debo contestación a dos cartas, y ésta no lo es. Sus cartas son siempre una alegría, un bienestar para mí y para Agustina. La noticia de que se acordó usted de mí con sus discípulos, me enterneció. También usted «corazón cubano, corazón hermano, corazón martiano». Un abrazo de gratitud. // Hace tres semanas me telegrafió Vicentina Antuña que estaba en sus manos el original de la Primera Parte de mi Martí. Ahora están en gestiones para edición conjunta con la Casa de la Cultura Artigas-Martí, de Montevideo. Intervenga usted. Quiero que sea edición cuidada, seria, no dilatoria. Va copia de mi carta a la Dra. Antuña. Verá que la obra está prácticamente terminada de pasar a máquina. Le ruego no olvide de agregarle la nota que le envié. Queda bien en la página 428 (creo). // Los cuatro últimos años de mi vida consagrados a Martí han sido para mí el tiempo mejor aprovechado. Me he purificado y he aprendido a estimar la sabiduría, la santidad, el heroísmo, la abnegación, todos los atributos esencialmente humanos en él. // Conservo una

fotografía con autógrafo como una reliquia, y cuando hay una hermosa flor, se le consagra. // Me gustaría que diese usted un vistazo a los originales. Me complace el interés del Dr. Dorticós y el Dr. Roa. // Piense en la edición de Montevideo. ¿No se demorará todo? ¿No se crearán nuevas dificultades? Quiero ver mi obra antes de irme. [...] // Pronto le escribiré más largo. María Rosa Almendros me mandó un recorte de un gran discurso de Fidel. Ni libros, ni revistas. Nada. Pero me basta saber que tengo verdaderos amigos que me quieren como yo a ellos. ¿Qué más? De Agustina, con los míos, cariños para usted y los suyos, con un fuerte abrazo fraternal de su afmo. // Ezequiel // ¿Vio en *Cuadernos Americanos*, no. 3, mi trabajo sobre Martí?

Creo que la sabiduría que derivó de la Revolución Cubana se concretó primero en un libro amplio y coherente: *Diferencias y semejanzas entre los países de la América Latina* (1962). Este libro, que surgió de un curso en México, donde se publicó, está escrito a partir de los acontecimientos de Cuba, y de lo que esos acontecimientos enseñan. Sobrepasando la órbita argentina que hasta entonces había sido la de sus estudios sociales, Martínez Estrada contempla al continente todo. No se trata solo de haber ampliado el campo físico de la visión: se trata de llevar más claridad a los problemas, contando con la experiencia de los países subdesarrollados, su estructura, su destino tal como lo estaban mostrando teóricos de varias partes y, sobre todo, los países en marcha; en primer lugar, la propia Cuba:

> No somos europeos sino en los abonos artificiales, o en las zonas corticales, mientras el resto del organismo responde al mismo sistema nutritivo y muscular del África. Lo reconoce Freyre: «Las raíces europeas de la historia brasileña fueron sólo en parte europeas. Fueron también africanas y asiáticas. Han sido

complejas [...] Brasil, desde un punto de vista geográfico, está más estrechamente relacionado con África que con Europa» [p. 23].

Y más adelante:

> Podemos sentar de inmediato la premisa de que quienes han trabajado, en algunos casos patrióticamente, por configurar la vida social toda con arreglo a pautas de otros países altamente desarrollados cuya forma se debe a un proceso orgánico a lo largo de los siglos, han traicionado a la causa de la verdadera emancipación de la América Latina [pp. 27-28].

Aunque no esté escrita en la prosa magnífica de *Radiografía* o *Muerte y transfiguración*; aunque le falte la concentración de aquellas páginas, creo que esta obra —que tan poca atención ha merecido, injustamente— culmina y aclara la visión que Martínez Estrada comenzó a tener en el primero de aquellos libros: ese ahogo histórico que llevó, por ejemplo, a Mallea a las rapsodias al cabo vacías de su *Historia de una pasión argentina*, y a Martínez Estrada a un pesimismo violento, se hacía ahora transparente: nuestros países son otros, con otras estructuras, con otras historias. Martínez Estrada lo comprendió así, cuando escribió en su necesario «Prólogo inútil»: «nuestro parentesco consanguíneo con el sur de los Estados Unidos y con África se me reveló». Es una revelación que echa luz sobre lo que, con cierta opacidad, había sido ya barruntado en la *Radiografía*:

> Diré, apoyando también yo el pie en *Radiografía de la pampa*, como si fuese una obra clave o, mejor dicho, unigénita, que la revolución de Uriburu en 1930 me develó una imagen oculta, un rostro desconocido de la República Argentina, y que numerosas otras revelaciones confirmatorias obtuve de los hechos

que se produjeron posteriormente aquí y también en otros países de la misma categoría, para rematar finalmente con el descubrimiento de un nuevo mundo para mí ignorado, como es el mundo colonizado o poscolonizado de África y de Asia. Son los estudios hechos recientemente acerca de la historia o de la biografía, mejor dicho, de los países del África que van obteniendo cruenta y dificultosamente su emancipación, lo que me ha puesto de relieve otros aspectos de la vida nacional pertenecientes a un tipo de historia al que no le conviene los patrones que habíamos tomado antes de modelo, y sí de los países africanos donde la esclavitud y la servidumbre le presentan al observador perspicaz con similitudes universales y típicas, formas de vivir comunes a los pueblos que aparentemente ejercen su soberanía.

Y luego, la alusión a Cuba, incitación primera para el descubrimiento de ese mundo: «Aquí, en América, tenemos el caso de una nación de biografía semejante a la de Argelia, contra la que el señor de horca y cuchillo reclama la presa, azuzando los canes atraillados.» En *Diferencias y semejanzas…*, ya había aparecido este ejemplo:

> Cuba era para los Estados Unidos lo que Argelia para Francia […] Este pueblo heroico, después de liberarse de la dictadura encomendada de Batista, ha tenido que liberarse no menos heroicamente del Departamento de Estado norteamericano, cuya presión brutal no se vio hasta que se atacaron las bases de la servidumbre real, de la que aquel advenedizo era simple instrumento policíaco [p. 27].

Martínez Estrada comprende que él ha sido uno de los pensadores que en este continente han descifrado el secreto de las naciones coloniales, las cuales reclaman un tratamiento especial de sus problemas. Por eso comenta complacido, en sus últimos días, un libro de Fanon. Por eso se vuelve, entusiasmado, al gran americano que planteara estos problemas, con genial anticipación, a finales del siglo XIX, y precisamente en relación inmediata con el país donde ha estallado la nueva revolución del continente: José Martí. Si es de gran importancia y belleza, en este instante, su evocación (que tanto hubiera complacido a Pedro Henríquez Ureña o a Alfonso Reyes) del perpetuo sueño de la utopía en América: esa evocación en que el poeta Martínez Estrada logra algunas de sus páginas más deslumbrantes, al comparar aquella isla de Moro con la isla de Cuba, sin duda su obra fundamental de este momento es su estudio de José Martí. Él lo consideraba su obra capital. Me limitaré a citar párrafos de algunas de sus cartas en que se refiere a ese estudio:

> Una cosa debo decirle, y usted debe creerme: lo que he hecho sobre Martí es simplemente una obra monumental (la mejor de las 33 mías publicadas), y no tiene que ver con la papelería y engrudería que hasta ahora se ha publicado sobre Martí [1 de diciembre de 1963].

> Les dejaré a ustedes un Martí de tamaño natural, con toda su magnificencia y pureza. Más no he podido [21 de febrero de 1964].

> A mi juicio, es lo mejor (en calidad y en fervor) que yo he producido. Querido amigo Roberto, hijo mío: la segunda parte es «Doctrina y acción revolucionarias: el Apóstol y el Héroe». Yo estoy absolutamente seguro del pensamiento social y político de Martí; pero no creo que esa «vera efigie», como las otras, sea reconocida como auténtica. Si nos mostrasen fotografías de Moisés, Cristo y Mahoma, nos horrorizaríamos. Puedo mandar capítulos, anticipadamente, para discutir y ganar tiempo. Me horroriza pensar que puedo morir sin ver impresa esa obra [20 de marzo de 1964].

Desgraciadamente, así fue. Murió sin ver esa obra. No es solo su último libro, sino la cima de su labor. Alcanzó una altura desde la cual toda su creación adquirió sentido y coherencia. Que desde esa cima haya sabido defender con la mayor inteligencia, el mayor desinterés y el mayor coraje la Revolución Cubana, es algo realmente admirable. Como su gran compatriota Ernesto Che Guevara, es de los que vino a estar «en Cuba y al servicio de la Revolución Cubana», según quiso que se nombrara el libro que recogería algunos trabajos de combate. No solo en ese libro, por cierto, defendió a este país y a esta revolución. Lo hizo, literalmente, hasta su último aliento, desde que a los sesenta y cinco años fundiera su vida con esta causa nueva y antigua, coronando así magníficamente una de las existencias más fecundas que un intelectual haya conocido en estas tierras.

Pero si hablé de la coherencia de esa obra, debo decir también que a esa obra le es fundamental la contradicción, como contradictorio fue su carácter, hecho de lucidez y de cólera, de imprecaciones y de lágrimas: cruce de épocas, de generaciones, de mundos, de géneros, de saberes, de idearios, ¿no fue acaso su carácter la interiorización de esas mismas contradicciones? Martínez Estrada hablaba contra los intelectuales como Fanon, según hizo ver Simone de Beauvoir: para hablar contra sí, contra un costado de sí, pues era lo más alejado posible de un hombre de acción. A los artistas, a los escritores, les recordaba la endeblez de su obra ante la nuda realidad del hombre simple, de la verdad, de la justicia; a los «tecnólogos» que amenazan con un mundo «embrutecido planificada y científicamente», oponía su obra, que es *ante todo* «la producción de un artista y un pensador»; a los hombres de acción, les encarecía el espíritu; a los espirituales, la acción. Él mismo vivió desgarrado entre extremos, tironeado por Balzac y por Kafka, por Freud y por Simone Weil, siempre conflictivo, ardiendo en lo que

Henríquez Ureña pensaba que podía ser el genio en América. No le fue dado el reposo. Y podría haberse aplicado las palabras de su hermano Quiroga: «He de morir regando mis plantas, y plantando el mismo día de morir. No hago más que integrarme a la naturaleza, con sus leyes y armonías oscurísimas aún para nosotros, pero existentes.»

Desde el Martí de Ezequiel Martínez Estrada*

Cuando no podía pensar que la vida iba a regalarme la felicidad de conocer en persona a Ezequiel Martínez Estrada y de aprender en lo inmediato de él, realicé casi simultáneamente entre las lecturas de mi adolescencia dos de gran impacto. Una, la de su *Panorama de las literaturas* (1946), y en ese *Panorama* las líneas en que don Ezequiel no solo llama a Martí «la figura más grande de Iberoamérica como escritor», sino que añade refiriéndose a él: «Hoy no tenemos, en el desconcierto y el escándalo mental y moral de Iberoamérica, otro faro que mejor nos guíe.» Como leí lo anterior a finales de los años cuarenta, supongo que es difícil, casi medio siglo y tantas cosas después, imaginar lo que ello significó para un muchacho que vivía en un país humillado y ofendido, y se abrazaba a la poesía y en especial a la sombra iluminada de Martí como áncoras de salvación. Esas palabras, al igual que otras de Darío, Unamuno o Gabriela (yo ignoraba aún las de Sarmiento, Juan Ramón o Reyes), me confirmaron en que la esperanza y el orgullo que significaba para nosotros Martí no eran ilusorios. Llamo

---

* Una versión anterior de este texto fue leída en Bahía Blanca, Argentina, el 15 de septiembre de 1993, como conferencia inaugural del *Primer Congreso Internacional sobre Ezequiel Martínez Estrada*, organizado con motivo del sexagésimo aniversario de *Radiografía de la pampa*. La versión actual se presentó el primero de noviembre de 1995, en la Casa de las Américas, al conmemorarse el centenario del nacimiento de Martínez Estrada.

la atención, de paso, sobre cómo, contrariamente a lo que algunos apresurados han dicho, la última entrega de Martínez Estrada, su acercamiento ígneo a Martí y a su causa, estaban prefigurados ya entonces.

La otra lectura fue la de una polémica que tuvo amplia resonancia entre nosotros: la que en 1949 mantuvieron Jorge Mañach, quien había sido una de las cabezas de la *Revista de Avance*, y José Lezama Lima, codirector y alma de *Orígenes*. Quejoso el primero de la falta de reconocimiento a quienes habían impulsado su publicación vanguardista que manifestaban los entonces jóvenes de *Orígenes*, Lezama le replicó, con la aspereza frecuente en los roces generacionales, que ellos no veían figuras imantadoras entre aquellos: «No era», dijo Lezama, «como en México, con el caso ejemplar de Alfonso Reyes, o en la Argentina, con Martínez Estrada o Borges, donde la gente más bisoña se encontraba, cualquiera que fuese la valoración final de sus obras, con decisiones y ejemplos rendidos al fervor de una Obra.» Por el señorío que tenía ya en nuestra cultura Lezama, sobre todo entre quienes nos considerábamos poetas, no me parece extraño que Reyes, Martínez Estrada y Borges se me convirtieran en maestros cuyas lecciones iban a acompañarme el resto de mi vida.

Ciñéndome a Martínez Estrada, ¿qué conocía yo de su obra antes de encontrarlo personalmente, a principios de 1960? Sus versos, que llevaron a Borges a considerarlo el primer poeta contemporáneo argentino; varios de sus grandes libros ensayísticos, los cuales tanto significaron para mi *paideia*; algunos de sus cuentos y de sus piezas de francotirador; hasta había leído *Tres dramas* (1957) suyos que me pidió comentar la *Revista Hispánica Moderna*, donde yo solía colaborar: lo que al cabo no hice, quizá porque no me satisficieron del todo, quizá porque ya había sido ganado por la vorágine histórica. Tal vorágine sobrevino como un trueno al romper 1959, y no solo iba a alterar mi vida, sino también, y es lo que interesa ahora, la de Martínez Estrada, quien tenía entonces sesenta y tres años, al lado de mis veintiocho. Aquel 1959 se fundó en Cuba, entre tantas cosas, la *Nueva Revista Cubana*, cuya dirección pasó de las manos de mi fraterno Cintio Vitier, quien después sería nombrado en una institución universitaria del centro del país, a las mías. En calidad de director de esa revista escribí a Martínez Estrada, y recibí de él una respuesta fechada en Viena el 29 de julio de 1959, la cual iniciaría una cálida correspondencia solo interrumpida por su muerte, y una relación personal que me alimentó como pocas.

Voy a enumerar algunos de los hechos visibles de esa relación. Lo invité en 1959 a venir a Cuba, lo que al cabo hizo en 1960, cuando obtuvo el premio de la Casa de las Américas, inicialmente por unos días, y luego por dos años, para trabajar con la legendaria Haydée Santamaría en esta Casa que lo había premiado, y de la que yo mismo formaría parte plenamente después de la muerte de aquel, con lo mucho que me hubiera satisfecho colaborar con él, como ambos deseábamos y el azar no permitió. Saludé su llegada a Cuba con un artículo entusiasmado. Publiqué colaboraciones suyas no solo en la *Nueva Revista Cubana*, sino luego en *Unión*. Cuidé (es un decir) y presenté su libro *En Cuba y al servicio de la Revolución Cubana* (1963). Cuando, enfermo, decidió regresar a la Argentina en noviembre de 1962, lo despedí con un poema hecho a su manera. Me hizo su albacea en Cuba, en diciembre de 1963. A raíz de su muerte, a principios de noviembre de 1964, le dediqué textos en verso y prosa publicados en Cuba y México. En diciembre de ese año, la revista *Casa de las Américas*, que yo ni sospechaba que iba a empezar a dirigir tres meses después, anunció en una nota: «La Casa de las Américas editará próximamente *El mundo de Martínez Estrada*, un estudio de Roberto Fernández Retamar sobre el ámbito del escritor, como homenaje a quien defendió con tenacidad y valor la causa de Cuba.» Algo de tal estudio, cuyo título aludía claramente al de uno de los libros más bellos de don Ezequiel, *El mundo maravilloso de Guillermo Enrique Hudson* (1951), lo habría de incluir al año siguiente, con el nombre «Razón de homenaje», en el número 33 de *Casa de las Américas,* que consagré a su memoria en el primer aniversario de su tránsito.[1] A principios de ese año 1965 apareció mi ensayo «Martí en su (tercer) mundo», que escribí entre 1963 y 1964, en vida pues de don Ezequiel, y dediqué a él y a Manuel Pedro González. Cuando se lo di a conocer al Che, le dije que era un acercamiento influido por Martínez Estrada. Después de leerlo, el Che (quien me consta que admiraba mucho a su gran compatriota) me comentó que le parecía más influido por Fanon. Creo que ambos teníamos razón, porque en sus años cubanos, como se ponía de manifiesto en su conversa, don Ezequiel estaba más cerca en no pocos puntos de *Los condenados de la Tierra* que de su propia *Radiografía.* Mi siguiente texto sobre Martínez Estrada, el prólogo al primer tomo de su *Martí revolucionario,* por razones que explicaré luego lo escribí de prisa a finales de 1966.

* * *

Es sobradamente conocido que en demasiados lugares se ha tendido por unos a evaporar el último lustro de Ezequiel Martínez Estrada, y por otros (que a veces son los mismos) a considerar lo que él hizo en esos años como un mero capricho de viejo o un barniz destinado a cubrir posiciones anteriores real o supuestamente incompatibles con las nuevas. Ambas conductas, lamentables, demuestran, entre otras cosas, desconocimiento verdadero de su obra, o simple aplicación a ella de budineras de diverso signo pero de común oquedad. Por escasa que sea la información de un intelectual corriente, es facilísimo enumerar a autores que había leído Martínez Estrada al escribir *Radiografía de la pampa.* Eran los que se leían por entonces, como años después se leería a otros y luego a otros. ¿No se ha llegado hasta al imperdonable Fukuyama? Ello es o necesario o inevitable, como ver las películas, tararear las canciones o usar los giros idiomáticos propios de una época, pero no interesa demasiado. Lo que interesa es lo que se hace con (o contra) esas lecturas. ¿Habrá que repetir otra vez que Valéry decía que el león está hecho de cordero asimilado? A partir de lo leído por un autor, ¿quién podría garantizar la calidad, el sesgo y hasta la existencia misma de las obras de ese autor? Lo dicho, por supuesto, no implica negar valor a cualesquiera críticas, así fueran rudas, que hayan podido hacerse a obras de Martínez Estrada (pienso, para solo mencionar dos ejemplos atendibles, en páginas, tan distintas, de Fermín Chávez o Beatriz Sarlo). No poco de lo que él escribió, debido a su diversidad y a su compleja evolución, fue criticado por el propio autor, sobre quien es inaceptable toda forma de beatería. Debe recordarse, sin embargo, que no tomar en cuenta aquella compleja evolución y ni qué decir ignorar su capítulo final, y pretender no obstante encasillarlo para siempre en *una* de las varias posturas que asumió valerosamente (con mayor o menor razón), equivale, en negativo, a otra forma de beatería, aunque se valga de palabras altisonantes de alguna jerga, o de términos de moda, es decir, de los más volanderos que existen y que tanto atraen a los cambiacasacas. Se ha querido desmitificar a Martínez Estrada, cosa saludable y nada extraña. Incluso un estudioso tan serio de su obra como Peter G. Earle afirmó que el propio «Martínez Estrada se esforzó siempre por desmitificar la historia y la literatura argentinas», y obviamente él pertenece a esa historia, a esa literatura. A mí también me atrae desmitificar. Sin excluir hacerlo con respecto a superficiales e inútiles desmitificadores. Escuchemos a un hombre en cambio desmitificador y esencial hablándonos no ya del Martínez Estrada que tuve más cerca, sino del otro, el de sus primeros grandes ensayos; escuchemos a Julio Cortázar, quien en 1980 escribió en el número 121 de *Casa de las Américas*:

> Allá en el Buenos Aires de los años 40, los jóvenes de mi generación y de mis gustos descubrieron pronto a Ezequiel Martínez

> Estrada. La *Radiografía de la pampa*, seguido por *La cabeza de Goliat*, nos trajeron una visión de Argentina que era sobre todo una visión argentina capaz de prescindir en gran parte de las influencias filosóficas europeas que en esos años se hacían sentir de una manera casi siempre excesiva, se tratara de Ortega, de Keyserling, de Bergson o de Spengler.

Lo anterior apunta a la autenticidad que caracterizó siempre a Martínez Estrada: autenticidad que no fue estática. En 1992, en uno de los mejores libros que conozco sobre él (*Ezequiel Martínez Estrada y la interpretación del* Martín Fierro), Liliana Weinberg de Magis dijo:

> Martínez Estrada supera la posición elitista de sus orígenes y abre nuevas indagaciones sobre el problema de la cultura. ¿Cómo explicar, si no, el hondo contraste entre el ensayo más temprano suyo que se conoce hasta este momento, «Lo vulgar», de 1916, y su obra tardía, premiada en Cuba, *Análisis funcional de la cultura*, de 1960 [se dice por error 1964]? ¿Cómo explicar que al final de sus días Martínez Estrada asuma una posición latinoamericanista y se convierta en uno de los primeros intelectuales en apoyar ampliamente la Revolución Cubana? Esto nos lleva a proponer que se revise el concepto remanido sobre Martínez Estrada como un reaccionario disfrazado de progresista, concepto que desmiente un estudio comparativo de las ideas contenidas en sus obras.

Años antes de esas agudas líneas, otros dos buenos conocedores del maestro argentino, Pedro Orgambide y David Viñas, de una generación más joven que la de Cortázar, habían abordado el asunto. El primero, que le ha dedicado larga atención a Martínez Estrada, afirmó en el número de *Casa* que acabo de citar: «en su insobornable actitud frente a la oligarquía, que no pudo mediatizarlo

ni con la prebenda, ni con el elogio, ni con el silencio cómplice [...],
don Ezequiel, *maduro de inteligencia y sufrimiento*, abrazó la causa
y la defensa de la Revolución Cubana». Y en 1982, desde las páginas de *Cuadernos Americanos*, volvió sobre el tema Viñas, vocero
mayor de lo que él mismo llamó allí la «izquierda martinezestra-
dista», emergida hacia mediados de la década del cincuenta. Para
Viñas,

> si Martínez Estrada empieza como liberal, concluye optando
> categóricamente por la izquierda; [...] si sus trabajos iniciales
> se inscriben en medio del espectro de la cultura predominante,
> de manera paulatina pero con vehemencia se fue desplazando
> hacia márgenes cada vez más radicales e inconformistas hasta
> incurrir en la exclusión —autoexclusión al comienzo— respecto
> del *establishment*.

Ese don Ezequiel que ha *superado* (en sentido hegeliano, es decir,
creciendo, cambiando y conservando lo vivo) sus caracteres origi-
narios; el hacedor de una poesía que se transfiguró en ensayos y
cuentos intensos; el autor de panfletos, catilinarias, exhortaciones,
pedradas y mensajes, es quien, correspondiendo para mi alegría y
mi orgullo a invitación que le cursara, decide unir su vida a la causa tan antigua y tan nueva de la revolución en Cuba, a sus esperanzas, labores, dificultades, caídas y riesgos, frente a los cuales no fue
nunca ni neutral ni aquiescente.

En el propio 1959 inicia Martínez Estrada lo que Ángel Rama
iba a llamar «el ciclo cubano de su creación intelectual». Si no estoy equivocado, la primera manifestación de ese ciclo es el texto
que a solicitud mía me envía desde México, con carta del 13 de
noviembre de ese año, y que, titulado «El Deus ex machina», apareció en la *Nueva Revista Cubana*. Le seguirán numerosísimas páginas, la mayor parte de las cuales han sido publicadas, y cuyos
títulos se recogen en bibliografías como las que en 1968 dieran a

conocer Carlos Adam e Israel Echevarría. No voy pues a enumerar lo que cualquiera puede consultar en dichos índices y en otros. Me limitaré a aludir a unas pocas obras: la ya nombrada *En Cuba y al servicio de la Revolución Cubana*, los mordaces comentarios a caricaturas de Siné con prólogo de Lisandro Otero que se llamaron *El verdadero cuento del Tío Sam* (1963), *El Nuevo Mundo, la Isla de Utopía y la Isla de Cuba* (1963: sobretiro de *Cuadernos Americanos*), un estudio de la poesía de Nicolás Guillén (1966), y esencialmente la tarea de mayor envergadura que acometió entonces y quizá en toda su vida: su monumental estudio sobre *Martí revolucionario*, al que volveré. Dos libros se encuentran en el linde entre su etapa anterior y esta: *Análisis funcional de la cultura*, que aunque premiado en Cuba a principios de 1960 parece concebido antes de la experiencia revolucionaria de esta; y *Diferencias y semejanzas entre los pases de la América Latina*, publicado en México en 1962 y que, por el contrario, supone dicha experiencia: no en balde nació de un curso ofrecido en aquel país después de la victoria de 1959. (Su gran libro sobre Balzac, que vio la luz en 1964, es de factura sin duda anterior.)

No obstante su carácter circunstancial y lo irregular de sus páginas, que lo hacen un verdadero *collage*, no sería imposible que el título que mejor caracterice la última etapa de la producción intelectual de Martínez Estrada sea *En Cuba y al servicio de la Revolución Cubana*, que bien podría dar nombre a la etapa toda. Hay en ese manojo fermental, polémicas feroces, propias de quien está defendiendo con uñas y dientes una causa, aunque imperfecta, anhelada a sabiendas o no toda la vida, y amenazada por quienes no perdonan su osadía. Tal osadía consiste en haber añadido otro capítulo a la lucha anticolonial que empezó a ser exitosa en el llamado Nuevo Mundo cuando en 1775 las Trece Colonias iniciaron su guerra revolucionaria; y al ocurrir el nuevo capítulo casi dos siglos más tarde, contar desde luego con ideas más recientes: por ejemplo, las de los «nuevos abolicionistas», de que habló Martí, «los que quieren abolir la propiedad privada en los bienes de naturaleza pública». Por desgracia, de aquella hermosa guerra libertadora surgió una nación esclavista primero e imperialista después, de la que ya en 1829 (a seis años de haber sido descerrajada la Doctrina Monroe) dijo Bolívar: «Los Estados Unidos parecen destinados por la providencia para plagar la América de miserias a nombre de la libertad.» Hay también en aquel libro de don Ezequiel mensajes y cartas, entrevistas e imágenes de héroes (una de ellas inolvidable, escrita al calor de la presencia: «Che Guevara, capitán del pueblo»). Y hay dos textos sobre los que me detendré más tarde: «Martí revolucionario» y «Por una alta cultura popular y socialista cubana».

Ambrosio Fornet, a quien debemos denominaciones como «literatura de campaña» y «quinquenio gris», escribió en 1965:

> La mayoría de los libros sobre la Revolución, aun los escritos con honestidad [...] hacen sonreír al lector cubano que ha vivido la Revolución y se ha desarrollado con ella. Generalizan. Un hecho aislado se convierte de pronto en la clave de una tesis. Fracasan al interpretar la realidad porque la mistifican al sustituir, por desconocimiento o simplificación de hechos concretos, una parte de la realidad por ideas preconcebidas que encajarían en *cualquier* situación revolucionaria. // Don Ezequiel Martínez Estrada ha sido el único intelectual extranjero que ha escrito sobre la Revolución como lo podía haber hecho un cubano: fragmentariamente, a manotazos, comprometido con ella hasta la médula, con furia y esperanza, un poco perplejo ante su complejidad, estimulado y abrumado al mismo tiempo por la responsabilidad que significa erigirse en su ideólogo. [...] A pesar de los temas y su alcance, uno percibe en seguida que don Ezequiel escribió este libro con humildad. En lugar de tomar la Revolución como pretexto para ilustrar una tesis, empezó por poner a prueba sus ideas a la luz de la práctica revolucionaria.

Fue una experiencia violenta y auténtica. A los sesenta y cinco años, un intelectual decide renunciar a todo un repertorio de ideas enmohecidas, que la práctica denunciaba como ineficaces, y tiene la audacia de situarse ante la realidad como si todo empezara de nuevo y no hubiera más remedio que acertar.

A esos caracteres del Martínez Estrada de su última etapa quisiera añadir otros. Comenzaré por lo que, en expresión ya clásica, Fernand Braudel (quien, por cierto, tuvo palabras comprensivas para Martínez Estrada) llamó *la longue durée*. Como consecuencia entre otras cosas de su enorme información general y en particular sobre nuestra América, don Ezequiel, a la vez que afronta el hecho concreto con la especificidad y valor que requiere, lo sitúa en la única perspectiva que lo hace plenamente comprensible: la larga duración. Así, cuando a mediados de 1960 Cuba logra conjurar otra de las incontables maniobras diplomáticas estadunidenses contra ella, Martínez Estrada me escribe a París, en carta de 26 de agosto de ese año: «Estamos tranquilos, pues, hasta nuevas maquinaciones y celadas. Pues la otra vez, ¿no esperaron ochenta y ocho años para darle el zarpazo a Cuba y noventa y tres para la dentellada a Panamá?»

Alguna vez, la larga duración adquiere rasgos espectaculares. Como cuando en 1963, desarrollando una idea que le había comunicado Silva Herzog, y en la que se siente resonar la férvida imaginación de sus amigos Henríquez Ureña y Reyes, Martínez Estrada compara, hasta la incandescencia, la isla de Utopía soñada en buena hora por Moro, con la aciclonada isla caribeña que es la Cuba revolucionaria de clara orientación martiana. Por cierto que, en contraste con quienes se alebrestaron entonces, y qué decir ahora, cuando la revolución vuelta a encender el 26 de julio de 1953 asumió carácter socialista, incluso marxista-leninista (pido excusas a los posamigos por el término entre brusco y arcaizante), Martínez

Estrada se limitó a comentar el hecho en esas páginas suyas diciendo con sarcasmo que equivalía a que se hubiesen implantado el sistema decimal, el transporte aéreo y la penicilina.

En acuerdo con lo apuntado por Fornet, Martínez Estrada es el único de los grandes comentaristas de la revolución triunfante en 1959 no nacidos en Cuba que desde el primer momento asumió en serio y a fondo la filiación martiana de esta revolución, filiación proclamada por Fidel desde el 26 de julio de 1953 y nunca desmentida: ni siquiera en los tristes momentos miméticos, sobre todo los del quinquenio gris, en la primera mitad de los setenta. Tal asunción es la almendra misma del acercamiento de don Ezequiel a la revolución en Cuba, de cuanto él haría en este orden. ¿No comencé recordando su opinión impresionante sobre Martí expuesta en 1946? Ahora bien, los grandes comentaristas aludidos (y ni qué decir los pequeños e ínfimos), ¿qué sabían, qué saben de Martí? La pregunta no tiene una gota de retórica, pues las respuestas son imprescindibles, y, por desgracia, con harta frecuencia (salvo excepciones como la del noble estadunidense Waldo Frank, cuyo libro sobre Cuba influiría tanto en Cortázar) revelan un vergonzoso vacío o una grotesca caricatura. En cambio el ahondamiento creciente en la obra martiana acometido por Martínez Estrada, el cual no tuvo que esperar a 1959 para saber quién era el héroe de Dos Ríos, da un valor único a su testimonio sobre la revolución en Cuba. Diré más: es la corona de su obra tan dramática, en búsqueda angustiosa de un sentido de nuestra historia, nuestra presencia, nuestra trascendencia, que vendría a encontrar, como en nadie, en Martí.

En unas singulares líneas de los *Grundrisse*, escribió Marx que la anatomía del hombre contiene una clave para la anatomía del mono; que los indicios que anuncian una forma superior solo pueden comprenderse cuando la forma superior misma es ya conocida. No tengo debilidad por las comparaciones orgánicas en relación con la historia, y sé de sobra (también me leí, entre irritado y encandilado, mi Spengler) a qué criaturas teratológicas, así parezcan esplendorosas, pueden conducir tales comparaciones. Pero esa idea expuesta en los *Grundrisse*, tomada *cum grano salis*, es sin duda fértil. Aceptada como hipótesis de trabajo, lejos de llevarnos a encontrar sobrante o absurda la etapa última de Martínez Estrada, ayuda a ver que ella echa sobre su obra entera una luz reveladora. Por ejemplo, se esté o no de acuerdo con todo lo que don Ezequiel planteó en su ensayo de 1962 «Por una alta cultura popular y socialista cubana» (nacido de una interpretación enérgica y hasta algo terrorista a veces de ideas martianas), ese ensayo permite entender de modo decisivo lo que apuntara en *Análisis funcional de la cultura* (1960), en *Cuadrante del pampero* (1956) (pienso en sus cuatro primeros trabajos, relativos a la cultura popular, que significativamente concluyen así: «Martí [...] ocupa la cúspide en el periodismo hispanoamericano. Todo en él fue generosidad, campaña de luchador, y finalmente gloria, con su muerte gloriosa por la emancipación de Cuba»), e incluso en lo que parece ser la arrancada de esta línea suya de pensamiento, *Muerte y transfiguración de Martín Fierro*, línea sobre la cual ha escrito Liliana Weinberg:

> En 1948, muchos años antes [de] que las ideas de Mijail Bajtin se difundieran en el medio latinoamericano [y en casi todos los demás, añádase], Ezequiel Martínez Estrada intuye, por caminos diversos de la crítica académica, la necesidad de existencia de la cultura popular, de la cultura *otra* de los grupos marginados del poder central. Desafortunadamente, los prejuicios que impiden estudiar a Martínez Estrada como teórico de la cultura —más aún, que han llevado en buena medida a una verdadera incomprensión de su obra— se han combinado con un cierto descreimiento en el trabajo teórico de los latinoamericanos.

La posibilidad de escribir un libro sobre Martí la había considerado don Ezequiel antes de 1959, a juzgar por una entrevista previa a esa fecha que le hiciera Dardo Cúneo, a quien confesó: «¿No le parece que ha llegado el momento de que todo lo bueno que se ha escrito [sobre Martí] madure en un libro único, un libro de ciento cincuenta páginas, no más, para que él tenga en América su retrato perfecto?» Acaso pensara en un volumen breve y denso como su *Sarmiento* (1946). Pero lo que entonces no era más que un vago parecer habrá de convertírsele en urgencia creciente al brotar ante sus ojos una auténtica revolución que se proclamaba desde el surgimiento martiana, como tal actuaba, y por añadidura tenía lugar en la tierra donde había nacido y donde había muerto, peleando por nuestra América toda y por la dignidad plena del hombre, el propio Martí, considerado por don Ezequiel desde los años cuarenta el «faro que mejor nos guíe». Así, formando parte de las páginas arremolinadas en que Martínez Estrada defiende con furia y esperanza una revolución que tantos hombres y mujeres del mundo asumirán como propia; una revolución entre cuyas cabezas y cuyos corazones estaba el «capitán del pueblo» Che Guevara, aparecerá a principios de 1961 un ensayo llamado a convertirse, si es que no fue pensado desde el primer momento con ese fin, en el núcleo de aquel libro de que hablara a Cúneo, pero ahora a una nueva luz, la de un incendio: «Martí revolucionario». Tal sería el tema, tal el título de la gran obra a la que le consagraría lo esencial de cuanto le quedaba de vida. He comentado aspectos de esa obra en otras oportunidades. Me limitaré ahora a señalar varias cuestiones incluso algunas veces exteriores, pero de imprescindible conocimiento.

La primera de esas cuestiones es que tal obra ha quedado inconclusa en más de un sentido, como explicaré. Además, por circunstancias azarosas, los dos tomos publicados, de los tres finalmente previstos, no aparecieron en el orden cronológico que les correspondía. El primero, editado por la Casa de las Américas, debió haber salido antes de empezar yo a trabajar aquí en marzo de 1965. Estaba en pruebas de planas, y esperaba solo por el prólogo que había prometido Raúl Roa, chispeante y heterodoxo como el mismo don Ezequiel. Pero si su responsabilidad como ajetreado canciller de la República lo privaba del tiempo para hacerlo, su condición de admirador y amigo de Martínez Estrada le impedía resignarse a ello. Mientras tanto, don Ezequiel, tan irritable, tomaba a descuido la no aparición del tomo, e incluso llegó a enviarle a su fraterno Arnaldo Orfila, director de la Editorial Siglo XXI, en México, los materiales del tercer tomo. Desgraciadamente, murió sin que ninguno de los dos hubiera visto la luz. Pero al saber Haydée Santamaría, a través del propio Orfila, que estaba avanzada la impresión del último, me pidió encargarme con urgencia del prólogo, que visiblemente Roa no podría realizar. Lo hice a la diabla, y sin haber tenido tiempo sino para hojear a toda prisa el grueso libro (del que solo conocía algunas partes que se anticiparon), lo que no evitó que el tomo mexicano saliera antes. Los desaguisados editoriales, sin embargo, estaban lejos de terminar con el ya inevitable desorden cronológico. Para no insistir en las erratas y en la ausencia de bibliografía, el tomo cubano (enero de 1967) lleva en la portada el título de la obra toda (*Martí revolucionario*), y sólo en el interior el verdadero título de ese tomo: *Primera parte. La personalidad: el hombre*; mientras el tomo mexicano (septiembre de 1966) lleva en la portada el nombre que le corresponde (*Martí: el héroe y su acción revolucionaria*), pero solo en el «Prefacio» el lector viene a saber que se trata de «la tercera y última parte de la obra que lleva el título general de *Martí*, [sic] *revolucionario*».

Como si lo anterior fuera poco, el caso del segundo tomo casi pertenece al dominio de lo detectivesco. Martínez Estrada me aseguró en carta de 6 de enero de 1964 su existencia y aun su título: nada menos que *La doctrina social y política: el Apóstol*; y después de vacilar en cuanto al número de tomos, añadió por último, en carta de 25 de junio de 1964 a Vicentina Antuña de la que me envió copia: «Falta dactilografiar un capítulo de la Segunda Parte» (lo que desde luego implicaba que el resto, casi todo, ya estaba dactilografiado) «y la Tercera está totalmente mecanografiada. Ambas han resultado demasiado extensas para ir en un volumen. ¿Qué hacer? Tendrán que ser tres.» En el número 295 de la revista *Sur* (julio-agosto de 1965), aparecieron «Dos capítulos ineditos sobre Martí» de Martínez Estrada: «La libertad» y «El sindicalismo». ¿Corresponden a dicho segundo volumen? Así lo asegura, ya que no la revista, Carlos Adam en la página 60 de su *Bibliografía y documentos de Ezequiel Martínez Estrada*, en cuya página 131, al enumerar el «Material inédito» de éste, al que parece haber tenido acceso, menciona además taxativamente: «Martí. IIa. parte.» Pero sobre ese segundo volumen, con vistas a editarlo por la Casa de las Américas, le escribió Haydée Santamaría a Bernardo Canal Feijoo en 1965, y entre 1968 y 1973 lo hice yo, en repetidas ocasiones, a Enrique Espinoza, albacea de don Ezequiel, y a su viuda Agustina, siempre con resultados negativos, a pesar de las cordiales respuestas, que en el caso de Agustina fueron además cariñosas dada la índole de nuestras relaciones.

Sin embargo, ni siquiera con el hallazgo conjetural (y ya improbable) de ese segundo volumen terminarían las vicisitudes de la obra de la que en carta de 20 de marzo de 1964 me escribió don Ezequiel que era lo mejor «en calidad y en fervor» que él había producido, llamándome a continuación: «Querido amigo Roberto, hijo mío» (lo que hace pocos años ha recordado, situándome en la mejor compañía y conmoviéndome, León Sigal). Quizá por ello siempre me he sentido particularmente responsabilizado con la suerte de ese empeño último del maestro argentino, quien se había propuesto allí esa «forma superior» desde la cual se avizora la figura cabal de todo su trabajo. Al bracear, como Jacob con el ángel (la imagen es manida, pero insustituible), con el mayor revolucionario político, social y moral de nuestro continente, y al hacerlo mientras ocurrían en él y en otros continentes también expoliados acontecimientos como ven pocos los siglos, se abrieron ante su mirada nuevas verdades.

Martínez Estrada estaba avezado en bucear en criaturas de gran complejidad, al análisis de varias de las cuales consagró incluso libros enteros: con la señalada excepción de Sarmiento, había abordado casi siempre a contemplativos (al igual que él mismo), como Montaigne, Thoreau, Balzac, Nietzsche, Hudson, Quiroga, Kafka o Simone Weil. Se hallaba pues lejos de ser un neófito en aquel buceo. Pero debido en gran parte al tenso contrapunto entre la acción y la contemplación en Martí, este le ofrecía un desafío excepcional: excepcional aun tratándose de Sarmiento, con quien el segundo autor de «Marta Riquelme» comparó a aquel varias veces.

Quizá para atenuar la violencia de aquel contrapunto, en su ensayo «Martí revolucionario», de 1961, don Ezequiel se propuso distanciar a Martí —con vistas a subrayar su esencial misión transformadora— de su trabajo de escritor, cuya grandeza había proclamado en 1946, y ahora le parecía «un oficio penoso, aunque fuera una forma indirecta de acción», mera faena de pan ganar: «También Spinoza pulía lentes.» Concluyó así su razonamiento sobre este asunto:

> Martí fue sencillamente, por naturaleza, por temperamento, y por inteligencia, un revolucionario en la más cabal acepción del término. Me atrevo a decir: de los más conscientes y perseverantes que conoce la historia. Un revolucionario, «y todo el resto es literatura».

Algunas de las líneas de ese ensayo fueron a parar al tomo primero de su *Martí revolucionario*, cuando su lugar mejor estaría en el segundo, así como Enrique Espinoza, en carta fechada en Santiago de Chile el 12 de marzo de 1968, me comunicó que de este último, con el título «Ex libris», formaría parte el ya mencionado «Por una alta cultura popular y socialista cubana», tan emparentado con el anterior.

Pero sobre todo Martí no requería ser separado de su prodigiosa escritura para que se destacara su eminencia revolucionaria, la cual fue calibrada con plena justicia por Martínez Estrada, y contribuyó a darle sitio aparte en la galería de grandes espíritus que él amó y entendió hondamente. En el tercer volumen de su obra sobre él, don Ezequiel lo presentó así:

> Martí no piensa ni trabaja únicamente para Cuba y las Antillas en el momento actual y para cambiar el régimen de vida y de gobierno en ellas, sino que su revolución, siendo fenómeno circunscrito al Caribe, está en la línea y en el proceso de la revolución mundial que en unas u otras formas viene coordinando sus fuerzas para el progreso y elevación de la humanidad. Existe, según Martí, una revolución mundial y eviterna, que se va realizando a través de la historia de las naciones, y existen otras parciales que contribuyen a la otra, a ésta que él intenta.

Que esta suprema condición revolucionaria martiana no lo amuralló en lo estrechamente político (como su condición también indudable de «supremo varón literario» que le reconoció Alfonso Reyes no lo limitó a ser un *homme de lettres*), lo expresó Martínez Estrada en el «Prefacio» de aquel tercer/primer tomo (en realidad de toda la obra *Martí revolucionario*), donde confesó:

> Puedo decir que Martí se me reveló por sí mismo en su dimensión universal de mito, quiero decir de existencia paradigmática que condensa y depura las virtudes inherentes a la condición humana. [...] él representa al hombre en su plenitud y totalidad, al hombre en sus atributos esencialmente humanos. Como ya se dijo de él con acierto, es el Hombre por antonomasia.

Y a su vez lo anterior no fue óbice para que más adelante diera a conocer su duda (por decir mejor, su esperanza) de que

> pueda servir mi obra completa sobre Martí de punto de partida para una investigación de fondo de los problemas fundamentales que son comunes a los países colonizados y a los hombres que en ellos han tenido que desempeñar un papel histórico importante.

Apenas es necesario recordar que ese «Prefacio» (fechado «Cuba-Argentina, septiembre 1960-agosto 1964») es coetáneo y en cierta forma gemelo del fundamental «Prólogo [nada] inútil» a su *Antología* que en 1964 apareciera en México, y en que Martínez Estrada hace una valiosísima revisión testamentaria de su anterior obra de pensamiento, reconociéndose, a partir de lo que aprendiera en sus años últimos sobre todo en Cuba, vocero de esos pases colonizados, los pobres y condenados de la Tierra, cuya alma mayor es entre nosotros, y quizá en todas partes, José Martí.

Ahora bien, para la gigantesca tarea que se había impuesto Martínez Estrada, ya no le bastaban las fuerzas físicas, ni le eran suficientes los procedimientos artesanales con que el autodidacta trabajara (muchas veces lo vi en su taller más de zapatero anarquista que de Fausto del siglo XX), ni probablemente tampoco le bastaban las fuerzas síquicas. En una temprana carta suya fechada en Huexotzingo el 19 de septiembre de 1959, me había escrito: «Como ni mi cuerpo ni mi salud tienen nada que ver conmigo...» Al cabo, según era inevitable, tuvieron que ver, y el precio fue alto. Cualquier bachiller sabichoso puede señalar en los tomos aparecidos de su *Martí revolucionario* errores elementales que otro bachiller, informado y de buena voluntad, hubiera podido aliviar. Y ello, al lado de visiones e intuiciones de primer orden (y ciertamente de extrañas y hasta caprichosas opiniones que no siempre eran imputables a la edad o la mala salud, sino a su idiosincrasia rebelde: no por gusto Earle dijo que «la rebelión», nada inútil, fue «su mayor estímulo»). Al señalar algunos de aquellos errores en el primer tomo de su obra, y también algunas de sus centelleantes visiones e intuiciones, Vitier, en una nota que no excluyó la polémica cordial, añadió: «Da vergüenza, después de leer tales asaltos a lo indecible, detenerse a señalar fallas de información o lapsus mentales, productos del pésimo estado de salud en que fue escrito este libro dominado por el prodigio.» Aun inmerso en su cuasidelirio postrero, don Ezequiel tenía conciencia de tales manchas en su sol. En la mencionada carta de 20 de marzo de 1964 me escribió: «Habrá que corregir prolijamente, con mi original en la mano, y por alguien que conozca nombres, fechas, títulos, etc. Me horrorizan las erratas de ignorancia (más que las de incuria).» Esa petición, llena de sensatez y humildad particularmente agradecibles en él, no fue atendida, y las consecuencias lógicas de ello están a la vista.

Por último, el implacable *daimon* que no le daba tregua había hecho de su obra cupular una empresa tantálica a la que no es ajena la huella de Kafka. Leyendo sus últimas cartas agónicas, se tiene la impresión de que don Ezequiel estaba embarcado no tanto en hacer un libro como una de esas vastas construcciones, murallas o templos, que parecen interminables, pasan de una a otra generación y hasta de una a otra época, y al final son obra de nadie, porque lo son de todos, o quedan abandonadas sobre la tierra como signos ya indescifrables. Martínez Estrada, conocedor y sentidor desde dentro de las dificultades a veces abrumadoras y las respuestas a veces desesperadas, que habrían de multiplicarse, de un pequeño pueblo real (no mitológico, aunque también la mitología permite leer la realidad), acosado en su isla, como se diría en inglés, *between the devil and the deep blue sea*, se encontró en el centro de ese pueblo, como su raíz, su escudo y su flor, a un hombre que era, según proclamó, el Hombre por antonomasia. ¿Y cómo concluir un libro sobre este?

Naturalmente, no pudo hacerlo, pues a ningún hombre le es dado realizar el retrato del Hombre. Pero al bosque de papeles que nos dejó como cimientos, muros, rampas, bloques aún sin cortar y hasta andamios de esa suerte de zigurat desde cuya altura se vislumbran nuestro mundo tan adolorido y nuestra tan difícil esperanza, tenemos el deber de ordenarlo, cuidarlo y publicarlo siguiendo sus advertencias. Será tarea de muchos, como de muchos fue la acertada edición que de su fundadora *Radiografía de la pampa* hiciera la Colección Archivos. Será tarea de gente diversa, no de una secta ni de una capilla: gente venida de los cuatro puntos cardinales, convocada por una de esas hermosas tareas comunes de las que tan necesitado está nuestro pobre planeta.

* * *

Al cumplirse a finales de 1965 el primer aniversario de su muerte, dos revistas le dedicaron sendos números monográficos con el mismo título, *Homenaje a Ezequiel Martínez Estrada*: *Sur*, en Buenos Aires, y *Casa de las Américas*, en La Habana. ¿Qué decir hoy de tales entregas, hechas con admiración y cariño, y de ninguna de cuyas páginas hay que sonrojarse, aunque marcharan por sendas distintas? Fueron como el puerto de salida y el puerto de llegada de un ser humano maravilloso. También podría decirse que fue-ron como dos barcos que se cruzaran en la noche casi sin intercambiarse esas luces que tanto requieren los amorosos separados más por la tristeza que por el espacio. El «casi» se lo agradecemos a nuestra Rosa roja, María Rosa Oliver, tan querida en ambos navíos, y que, formando parte del Comité de Colaboración de *Sur*, publicó en el homenaje de *Casa de las Américas*, mientras en aquella se comentaba elogiosamente el primer volumen de su límpida autobiografía, donde habla de su infancia de niña rica que sufrió con coraje la enfermedad y ejerció la activa compasión; y a Enrique Anderson Imbert, quien envió *el mismo trabajo* a las dos revistas, las cuales lo acogieron gustosas. En «Cortina de alas», el editorial de aquel número de su inolvidable *Sur*, Victoria Ocampo (quien no interrumpió nunca su bella y honda relación con don Ezequiel) soñó con que se hiciera en el Palermo bonaerense un santuario de pájaros, en memoria de Hudson y de Martínez Estrada; en el editorial que, por mi parte, escribí para aquella entrega de *Casa*, vinculé «al nombre de un sabio, Ezequiel Martínez Estrada, el de un héroe, Ernesto Che Guevara [...] el pensamiento que se quería acción, la acción que arde en pensamiento».

En 1995, a un siglo de la muerte de Martí y del nacimiento de Martínez Estrada, su lúcido y alucinado exégeta, se cumplen treinta años de aquellos homenajes. Confío en que colaboraremos a que se produzca la fusión de lo mejor que ambas revistas celebraban; y se haga posible, como en algunos grandes mitos, restañar los pedazos de aquel ser capaz de conversar con pájaros y con tempestades: tempestades a que se arrojan (dicen) gaviotas embriagadas de un extraño júbilo, como si fueran la escritura que un lejano día venturoso la humanidad debe descifrar, y que quizá proclame lo que un poema llamado «Ezequiel Martínez Estrada», cuyo autor habló allí de respetar en todo «al Dios desconocido / bajo las tres hipóstasis de Bello, Bueno y Cierto».

Reyes desde otra revolución*

Los críticos dejan caer palabras pacificadoras sobre la obra de Alfonso Reyes: mesurada, armoniosa, delicada, atinada. Parece difícil negarlo. Pero vale la pena ponerlo en duda. Y, en todo caso, preguntarnos por la razón de esos adjetivos. De todas maneras, no podemos menos que hacerlo cuando hoy volvemos a sus páginas, leídas con tanta fruición, con tanta devoción, hace veinte, quince, diez años. Porque entre aquella lectura y esta de ahora, median acontecimientos que han marcado decisivamente la vida de nuestros pueblos, y nos han dado (querámoslo o no, e incluso sepámoslo o no) una nueva perspectiva. ¿Cómo se ve hoy, desde esa perspectiva, a ese mexicano universal, a ese escritor sabio de estas tierras todavía semianalfabetas?

De entrada, hay algo que hoy adquiere para nosotros importancia renovada: Reyes es una de las grandes figuras que, en el plano intelectual, aparecen ante el mundo como portavoces de la Revolución Mexicana, junto al José Vasconcelos de *Indología* y *La raza cósmica*, el Martín Luis Guzmán de *El águila y la serpiente* y *La sombra del caudillo*, el Diego Rivera de los caudalosos murales. En algunos de esos hombres, aquel trabajo expresivo va acompañado de una intensa gestión gubernativa, y aun militar, como en José Vasconcelos; otros, se encontraban fuera del país, y vuelven, apagados ya los tiros, para dejar testimonio de los hechos e incorporarse

---

* Prólogo al libro de Alfonso Reyes *Ensayos*, selección y prólogo de R.F.R., La Habana, Casa de las Américas, 1968.

al proceso político, como Diego Rivera. Entre ellos, Alfonso Reyes aparece como el más distanciado de las batallas del momento. Pero dejaríamos de comprender el sentido de su obra si no la remitiéramos a esas batallas, a ese momento. Y esto, no solo por el hecho de que durante más de una veintena de años Reyes haya representado diplomáticamente a la Revolución Mexicana, en sitios como París, Madrid, Buenos Aires y Río de Janeiro. Ese dato no es desdeñable. Pero ahora pienso en su obra personal de escritor.

Por otra parte, es el propio Reyes quien se ha encargado de remitir su obra a aquellas batallas. El ambiente intelectual que las precedió está admirablemente evocado en «Pasado inmediato»: lecturas, discusiones, empresas del espíritu a través de las cuales también empieza a manifestarse el deshielo de una aparente paz octaviana que acabará por estallar violentamente.

Alguno de aquellos contertulios no se conforma con arreglar el mundo en palabras:

> Vasconcelos estaba francamente comprometido con los conspiradores. Entre burlas y veras, pedí a Vasconcelos que, cuando partiera a la revolución, me dejara en prenda su magnífica *Encyclopaedia britanica* para, en su ausencia, disfrutarla. Una mañana, al abrir los ojos, me encontré con los volúmenes alineados sobre mi mesa: Vasconcelos había partido.

En general, sin embargo, el ambiente en que se forman Reyes y sus amigos no es de acción, sino de estudio; pero en él, ha escrito Pedro Henríquez Ureña, sentían «la opresión intelectual, junto con la opresión política y económica de que ya se daba cuenta gran parte del país». Aquellos hombres iban a integrar naturalmente la «inteligencia» mexicana que, una vez cerrado el período militar de la Revolución, colaboraría con los gobiernos revolucionarios, y que nos ha descrito Octavio Paz en *El laberinto de la soledad*:

El intelectual se convirtió en el consejero, secreto o público, del general analfabeto, del líder campesino o sindical, del caudillo en el poder. La tarea era inmensa y había que improvisarlo todo. Los poetas estudiaban economía, los juristas sociología, los novelistas derecho internacional, pedagogía o agronomía. Con la excepción de los pintores —a los que se protegió de la mejor manera posible: entregándoles los muros públicos— el resto de la «inteligencia» fue utilizada para fines concretos e inmediatos: proyectos de leyes, planes de gobierno, misiones confidenciales, tareas educativas, fundación de escuelas, bancos de reforma agraria, etc. La diplomacia, el comercio exterior, la administración pública abrieron sus puertas a una «inteligencia» que venía de la clase media.

Esto explica la participación de Reyes, como de su equipo en general, en la gestión pública mexicana; pero un punto de su biografía lo separa de los demás, al menos en la intensidad de la luz dolorosa que echa sobre su vida —y su obra—. Si se siente movido por el mismo viento que el de sus compañeros de generación, en cambio, del otro lado —y hay que saber bien lo que esto significa en instantes de graves definiciones históricas— está el hombre que más quiere y más admira: su propio padre. El general Bernardo Reyes, de gran prestigio en el México porfiriano, se había visto obligado a aceptar un destierro velado en Europa impuesto por el propio Porfirio Díaz, celoso de aquel prestigio. Sin embargo, cuando la Revolución se avecina, Díaz lo hace llamar de nuevo a su lado. El general Reyes está en camino de vuelta, en La Habana, cuando lo sorprende la noticia de la caída de don Porfirio. Entonces, es el propio Francisco I. Madero quien le pide que se reintegre al país. Pero el hombre que regresa tiene rota la brújula política. «Vino, sin quererlo ni desearlo,» escribirá su hijo Alfonso, «a convertirse en la última esperanza de los que ya no marchaban a compás con la vida.» Es un hombre valiente y magnánimo, pero está del otro lado. Alfonso Reyes no puede dejar de recordar hasta la última de sus virtudes:

> Poco antes [de su muerte], aquel intachable liberal me había permitido aceptar el cargo de Secretario de la Escuela de Altos Estudios, cargo para el cual me había nombrado [el Vicepresidente de la República] Pino Suárez… «Sigue tu camino —me había dicho mi padre—. El mío se apresura ya a su término y no tengo derecho a atravesarme en tu carrera.»

Encarcelado por sus actividades hostiles al gobierno, es sacado de la cárcel el 9 de febrero de 1913 por un grupo de sublevados, y a su cabeza marcha al Palacio Nacional, a derribar al presidente Madero. Unos momentos después, en un tiroteo, cae muerto. Ha comenzado lo que los mexicanos llaman la «Decena trágica», la cual, con la complicidad del embajador estadunidense Henry Lane Wilson, acabará costando la vida al propio presidente Madero y al vicepresidente Pino Suárez.[1]

Este hecho va a marcar a Reyes para el resto de su vida. Implícita o explícitamente, lo ha dicho a lo largo de toda su obra, en verso o prosa, hasta alcanzar una intensidad mayor en *Oración del 9 de febrero*, que, escrita en 1930 (y terminada el mismo día en que el padre hubiera cumplido ochenta años), solo vería la luz póstumamente: «Aquí morí yo y volví a nacer, y el que quiera saber quién soy que lo pregunte a los hados de febrero. Todo lo que salga de mí, en bien o en mal, será imputable a ese amargo día.» En aquella *Oración* declara:

> supe y quise elegir el camino de mi libertad, descuajando de mi corazón cualquier impulso de rencor o venganza, por legítimo que pareciera, antes de consentir en esclavizarme a la baja vendetta. Lo ignoré todo, huí de los que se decían testigos

presenciales, e impuse silencio a los que querían pronunciar delante de mí el nombre del que hizo fuego. De paso, sé que me he cercenado voluntariamente una parte de mí mismo; sé que he perdido para siempre los resortes de la agresión y de la ambición. Pero hice como el que, picado de víbora, se corta el dedo de un machetazo. Los que sepan de estos dolores, me entenderán muy bien.

La serenidad de Reyes, pues, lleva, atravesándola, esa vena dolorosa, como el alarido que Nietzsche descubrió en el mármol griego. No es justo abultar detalles biográficos para intentar dar razón de aspectos de la obra de un autor. Pero tampoco es aceptable privarnos de señalar hechos que, como en este caso, distan mucho de ser detalles accidentales, y, además, desbordan largamente la mera circunstancia individual, fundiendo de un golpe terrible la tragedia personal y la histórica.

Formado en lo que solían llamar el comercio con las letras, Reyes es, de repente, contemporáneo de violentos desmesurados, que a veces son también héroes; puesto del lado de los hombres que encarnan el porvenir, ve al padre admirado alzarse contra ellos, y perecer: desgarrado entre esos extremos, Alfonso Reyes se habrá «cercenado voluntariamente», aún más de lo que suele hacerlo el contemplativo, esos «resortes de la agresión» propios del violento. Se equivocaría, sin embargo, quien creyera que decidió también sustraerse al proceso histórico de su país —entonces, vanguardia de nuestra América—, y negarle su concurso. Es cierto que no vamos a encontrar en él esas páginas testimoniales, que aún nos conmueven, de un Guzmán o un Vasconcelos, y que suponen una participación mayor o menor en las luchas a menudo sangrientas que sacudían a México. Pero Reyes se propuso —y logró— salvar para su país en revolución valores que también requería ese país, valores que pueden ser dañados, y hasta temporalmente sepultados, por los sacudimientos casi geológicos que acompañan a una revolución. No se volvió, desarraigado, hacia otros mundos: comunicó constantemente a México con esos otros mundos, con el mundo. Quiso, en medio de un aislamiento que iba a sernos familiar, preservar la continuidad de una tradición cultural (lo que, como han visto Eliot y Malraux, supone una conquista y no una mansa recepción), no para disfrute de unos pocos, sino para engrandecimiento de los muchos: «Quiero el latín para las izquierdas, porque no veo la ventaja de dejar caer conquistas ya alcanzadas.»

Comprendió que el escritor es responsable del lenguaje, y, como Andrés Bello en el siglo XIX, movido por preocupaciones civiles, cuidó, estudió, volvió una y otra vez sobre los caracteres y posibilidades de nuestra lengua, y sobre las estructuras del hecho literario, que es flor de la lengua. Y logró dar con una palabra límpida y eficaz, para que su país pudiera dialogar sin sonrojo con los otros países y con el porvenir. Solo por esto habría que recordarlo, como en el epitafio que para otro poeta escribió Ernesto Cardenal,

> *porque él purificó en sus poemas el lenguaje de su pueblo*
> *en el que un día se escribirán los tratados de comercio,*
> *la Constitución, las cartas de amor y los decretos.*

Demostró, en fin, encarnándola, la utilidad de un hombre de letras, incluso de un hombre de letras negado para toda acción violenta, en medio de una de las más violentas revoluciones del siglo XX.

Esa comunicación con el mundo, ese constante trabajo con el idioma, Reyes los realiza siempre con la conciencia de que son un servicio, una función que el escritor doblado en maestro tanto como en diplomático está prestando a su pueblo. Lejos de irse alejando de él a medida que se adentra en nuevos territorios, se siente cada vez más vinculado al destino de su país, comprende lo imprescindible que es para un intelectual de nuestras tierras conocer su situación, y tener siempre ante los ojos el exigente repertorio de sus deberes:

> todos los elogios literarios, fruiciosa y largamente bebidos, no podrán compensarme de que me quieran arrebatar la única virtud que aquí defiendo, y es la de ser un mexicano. Cuiden de otra cosa los hijos de las naciones que ya están de vuelta en la historia. Para nosotros, la nación es todavía un hecho patético, y por eso nos debemos todos a ella. En el vasto deber humano, nos ha incumbido una porción que todavía va a darnos mucho quehacer. Yo diría, trocando la frase de Martí, que Hidalgo todavía no se quita las botas de campaña.

Tampoco es la suya, en el orden específicamente político, abstracta posición neutra, sino confesada filiación. En 1939, perdida la guerra de España e iniciada ya la Segunda Guerra Mundial, escribe:

> Cuando la violencia, la impudicia, la barbarie y la sangre se atreven a embanderarse como filosofías políticas, la duda no es posible un instante. Nuestro brazo para las izquierdas: cualesquiera sean sus errores en defecto o exceso sobre el lecho de Procusto de la verdad pura, ellas pugnan todavía por salvar el patrimonio de la dignidad humana, hoy tan desmedrado, hoy tan amenazado.

No forcemos, sin embargo, la mano: Reyes no fue un militante político. Pero vio claro que la acumulación de saberes solo tiene verdadero sentido cuando se remite a un centro, que para él fue el México de las izquierdas, y en área mayor, la América nuestra en su conjunto, a la cual llamó la «última Tule», la posibilidad viva de la utopía. Sus saberes, por otra parte, fueron portentosos: ningún latinoamericano ha conocido lo que él de Grecia; pero además, se estuvo como en su casa en las literaturas clásicas y modernas de

Europa, y desde luego de América; la historia, la sociología, la filosofía, la economía, la mitología y una que otra ciencia de las otras lo tenían como frecuentador habitual; inauguró aquí los estudios rigurosos de teoría literaria y llegó en ellos más lejos que nadie entre nosotros; tradujo, prologó, editó, incitó. El siglo XX no ha conocido en América un animador cultural como este mexicano que iba de Toynbee a la novela policial, de rectificar a Spengler a fijar un verso de Góngora; que puso en español a Cole y a Burckhardt, a Homero y Mallarmé y Chesterton. Y, sin embargo, sus saberes no fueron sino una parte de su saber. Reyes era también (¿o debemos decir, como en la anécdota unamuniana, que también era lo anterior?) un escritor admirable: poeta —en el arranque mismo de sus visiones no menos que en los versos—, narrador, dramaturgo, sobre todo ensayista; también un pensador. Le complacía que lo llamaran humanista. Precisamente esa amplitud de sus tareas e intereses, tan propia de nuestra América y de los países como los nuestros en general, es un carácter que sigue dando actualidad al pensamiento que animaba a su obra. En una reciente selección de páginas de Reyes, José Emilio Pacheco comenta la advertencia del inglés C.P. Snow sobre el riesgo que implica la creciente separación, en la sociedad contemporánea, entre «las dos culturas»: la llamada humanística y la propia de las ciencias.

> Casi treinta años antes de C.P. Snow [escribe Pacheco], Alfonso Reyes manifestó propósitos en gran medida coincidentes al intentar una filosofía de la cultura, orientada hacia el caso concreto de Hispanoamérica, que defiende la universalidad y la tradición como condiciones de nuestro porvenir intelectual. // En Reyes, la palabra «humanista» define antes que al estudioso de la antigüedad clásica al hombre consciente de sus responsabilidades sociales, dueño de una cultura no asediada por las limitaciones de la especialización excesiva, aficionado a otras disciplinas que le permitan conocer mejor la propia, ávido en

fin de mantenerse al tanto del progreso científico para tratar de que su empleo se encauce en beneficio del mundo.

Al presentar esta primera edición cubana de textos de Alfonso Reyes, he decidido que fuera de ensayos, por considerar que es en este género donde se encuentran las páginas más perdurables del gran mexicano —aunque los ojos se me vayan también tras su altiva y doliente *Ifigenia cruel*—. Al cabo, a pesar de saludables discusiones, esta es opinión bastante compartida, que resume así Enrique Anderson Imbert: «En lo que sí acertó, siempre, fue en el ensayo. Alfonso Reyes es, sin ninguna duda, el más agudo, brillante, versátil, culto y profundo de los ensayistas de hoy, en toda nuestra lengua.» Por otra parte, el ensayo, que el propio Reyes llamó «centauro de los géneros», es en sí mismo lo bastante dúctil como para devorarse la mayor parte de su obra, cambiando tranquilamente de rostros. Los clasificadores («¡vieja manía!», decía Henríquez Ureña) se han encargado de separar esos rostros. José Luis Martínez, Manuel Olguín y James Willis Robb ofrecen sus ordenamientos. El primero, en atención a sus formas literarias antes que por sus temas; el segundo, por razones cronológicas; el tercero, según el punto de vista del motivo y la estructuración estética. Todos son, desde luego, criterios válidos. Por mi parte, dada la índole de este tomo, he escogido ejemplos de tres grandes líneas temáticas en Reyes: la primera, relativa a la definición, a la comprensión del país —comprensión hecha posible por el vuelco revolucionario, que echó afuera las raíces de la nación—; esta primera parte lleva un título que alguna vez sugirió el propio Reyes: «En busca del alma nacional». La segunda parte toma el título de uno de los ensayos de la misma, «Homilía por la cultura»: ese título es de alguna manera aplicable a la intención general del conjunto, en la medida en que supone una exposición y defensa del papel de la cultura en nuestra sociedad. La tercera parte, «De lengua y literatura», es menos antológica que las anteriores, porque se propone sobre todo ofrecer a los lectores universitarios y parauniversitarios del país una serie de textos teóricos útiles en sus estudios. Por supuesto, ellos deben complementarse con los grandes libros orgánicos de Reyes sobre la materia: *La crítica en la Edad Ateniense* —feliz paráfrasis de J.E. Sandys—, *La antigua retórica, El deslinde* (especialmente con los añadidos de la última edición, la de las *Obras completas*). Se incluye el ensayito sobre la novela policial para mostrar una vez más la agilidad y el amplio radio de preocupación de Reyes (quien, dicho sea al pasar, casi inauguró, junto con Martín Luis Guzmán, la crítica cinematográfica en español, firmando ambos con el seudónimo de *Fósforo* en el Madrid de 1915).

No puede esperarse que ninguna selección dé idea suficiente de la enorme obra ensayística de Alfonso Reyes; pero he querido centrarme en puntos que, según confío, siguen teniendo vigencia en aquella obra: la búsqueda del ser de su patria, la necesidad de conservar y vivificar un legado cultural, la meditación sobre la naturaleza del hecho literario. Durante su vida, Reyes logró una de sus aspiraciones: comunicar a su país con el mundo. Casi diez años después de su muerte, y desde la perspectiva de otro acontecimiento histórico comparable con el que él vivió en la juventud, ¿ha logrado comunicar también con el porvenir, que vamos siendo? Creo decididamente que sí, y por ello me complacería ver discutir aquí estas páginas de quien, en medio de la violencia, del dolor personal, sintió hundirse sus raíces en su pueblo y encontró un idioma universal para decirlo.

Releyendo el undécimo tomo*

Mientras acopiaba materiales relativos a *La Edad de Oro*, de José Martí, con vistas a una edición que publicará el Fondo de Cultura Económica, y en los ratos digamos libres daba cuenta como podía del libro de Stephen W. Hawking, de título tan afín a Borges, *A Brief History of Time*,[1] recibí la honrosa invitación que me ha traído aquí para participar en este homenaje a Alfonso Reyes en su centenario.

Mi devoción por el gran maestro mexicano, como saben algunos de ustedes, se remonta casi a mis primeros escarceos literarios: a lo largo de cuatro décadas lo he frecuentado con insistencia, provecho y deleite. Algo he escrito además sobre su poesía[2] y sus estudios literarios,[3] y a raíz de su muerte le consagré una fervorosa página.[4] Incluso me aventuré a presentar en conjunto su labor al frente de la primera edición cubana de textos suyos, que fueron ensayos, aparecida en 1968;[5] y no hace mucho he evocado a grandes rasgos mi relación con él;[6] para no extenderme en la mención de numerosos trabajos míos surgidos en diálogo con otros suyos que han sido y son para mí un estímulo, una incitación permanentes.[7] Ahora he vuelto a leer los materiales del undécimo tomo de

---

*   Intervención en mesa redonda sobre Alfonso Reyes con motivo de su centenario, la cual, organizada por El Colegio de México, tuvo lugar allí el 22 de mayo de 1989. El tomo a que hago referencia es el XI de las *Obras completas* (México, 1960). Cuando cito de dicho tomo, me limito a poner entre paréntesis o corchetes los números de las páginas en cuestión. Se publicó originalmente en *Nueva Revista de Filología Hispánica*, tomo XXXVII, no. 2, 1989, número dedicado al *Centenario de Alfonso Reyes 1889–1989*.

sus *Obras completas*, con el propósito de señalar algo de lo mucho que sigue vivo en dichos materiales. La vara de apreciar me ha sido, inevitablemente, la actual situación latinoamericana y caribeña, y en general del planeta. Quiero pensar que a tal vara la acompañaron con fortuna las otras dos lecturas que ya estaba haciendo cuando regresé a Reyes. *La Edad de Oro* me recordaba que nuestros problemas de hoy tienen al menos un siglo (tal es la edad de *La Edad de Oro*), y que la firme posición anticolonialista que en todos los órdenes revela allí Martí, y su apertura voraz a la cultura mundial, son solo dos de las muchas lecciones que nos da aquella obra que el héroe a quien Reyes consideró «supremo varón literario»,[8] «la más pasmosa organización literaria»[9] consagró en primer lugar a la gente menuda, pero que también enseña y atrae a los mayores. Por su parte, *A Brief History of Time* me invitaba a asumir no ya el punto de vista de Sirio, como hubiera dicho el propio Reyes, sino los del *big bang* y los *black holes*.

Aunque fue azaroso, me ha parecido casi simbólico que haya regresado a Reyes, de alguna forma, a la luz de esas dos lecturas paralelas que inevitablemente establecían un contrapunto entre lo inmediato y lo remotísimo, lo urgente y lo especulativo. Pues si es cierto que somos criaturas del llamado Tercer Mundo (expresión que creo que Reyes no llegó a emplear, aunque empezó a ser usada en la década del cincuenta), no es menos cierto que estamos situados en el Universo todo, y que tenemos perfecto derecho, para valernos de viejos términos de Max Scheler, a preguntarnos sobre el puesto del hombre en el cosmos. Ahora bien, Reyes advirtió:

> Por descontado, el punto de vista de Sirio no podría servir de consejo inmediato a la política, y menos en época como la que ahora vivimos, cuando este despego de los impulsos defensivos podría fácilmente allanar el camino a las conquistas y a las infamias [p. 271].

El undécimo tomo de las *Obras completas* de Reyes fue el primero que él no llegó a ver publicado, pues falleció medio año antes de su aparición. Dicho tomo contiene tres libros: *Última Tule* (que había sido editado en México en 1942), *Tentativas y orientaciones* (editado allí dos años después) y *No hay tal lugar...*, que solo vio la luz en este tomo, aunque fragmentariamente había ido asomándose en varias publicaciones periódicas.[10] *Última Tule* y *Tentativas y orientaciones* los leí por primera vez a mediados de los cincuenta, y me causaron un fuerte impacto, de tal manera que cuando a principios de 1959 publiqué mi primera colaboración periodística después del triunfo revolucionario en Cuba, ella incluía líneas que eran una glosa de ideas de Reyes sustentadas en esos libros.[11]

Buena parte de *Última Tule* trata de lo que Reyes llama «el presagio de América», los sueños que conducen y acompañan a la llegada de los europeos al continente en que vivimos, mientras *No hay tal lugar...* está enteramente dedicado a la utopía, término en relación con el cual Reyes asume aquí la traducción española propuesta por Quevedo para el título del libro de Tomás Moro. Entre esas dos pinzas utópicas se recogen muchos de los más importantes trabajos de Reyes relativos al perfil fundamental de nuestra América, o a cuestiones ecuménicas abordadas desde la perspectiva de aquella.

La utopía en Reyes, lejos de ser una palabra (una idea) peyorativa, es vista siempre como un desafío, como un proyecto que llama y aun obliga a su encarnación. Llega a decirnos que «las utopías, desde sus orígenes, se inclinan al socialismo» (p. 380). A propósito de esto, y aunque no me interesa en absoluto encasillar a Reyes, no puedo dejar de recordar la declaración con que termina su texto «Esta hora del mundo», escrito hace ahora medio siglo, en 1939, perdida ya la guerra de España e iniciada la Segunda Guerra Mundial. Dijo entonces Reyes:

> Cuando la violencia, la impudicia, la barbarie y la sangre se atreven a embanderarse como filosofías políticas, la duda no

es posible un instante. Nuestro brazo para las izquierdas: cualesquiera sean sus errores en defecto o exceso sobre el lecho de Procusto de la verdad pura, ellas pugnan todavía por salvar el patrimonio de la dignidad humana, hoy tan desmedrado, hoy tan amenazado [p. 253].

Y en su «Discurso por Virgilio», de siete años antes, ya había postulado: «Quiero el latín para las izquierdas, porque no veo la ventaja de dejar caer conquistas ya alcanzadas» (p. 160).

Por otra parte, es evidente que en lo que toca a las utopías a Reyes le interesan sobre todo aquellas vinculadas de una u otra forma a América. Las páginas que les dedica son hermanas de las que en 1922 escribiera su fraterno Pedro Henríquez Ureña sobre «La utopía de América», donde el dominicano impugna «la era del capital disfrazado de liberalismo», pues «dentro de nuestra utopía, el hombre deberá llegar a ser plenamente humano» cuan-do deje «atrás los estorbos de la absurda organización económica en que estamos prisioneros»; en Europa, añade, «sólo una luz unifica a muchos espíritus: la luz de una utopía, reducida, es verdad, a simples soluciones económicas por el momento, pero utopía al fin, donde se vislumbra la única esperanza de paz entre el infierno social que atravesamos todos».[12]

He encontrado en el undécimo tomo más de veinte veces la expresión «nuestra América», que acuñó en el siglo XIX, para hablar de nuestros países, José Martí, cuya obra Reyes conocía muy bien, así que tal uso no deja lugar a la duda. A veces, las expresiones «América» o «las Américas» remiten en Reyes a la totalidad de nuestro continente, de un polo al otro. Pero incluso en algunos de estos casos se refieren solo a la América Latina y el Caribe. De uno de los autores que han llamado la atención sobre este hecho, Jorge Mañach, nada sospechoso de radicalismo, quiero citar unas líneas que en 1950 publicó en *The New York Times Book Review* al comentar una traducción al inglés de trabajos de Reyes:

The peoples below the Rio Grande, and specially their intellec-
tuals, have always resented the exclusiveness with which their
Northern neighbors usurp the word «America». Reyes calmly
retaliates — his «America» is chiefly the Hispanic one, and these
essays aim at praising its traditions and defining its vocation.[13]

Reyes señala y defiende con energía e inteligencia los rasgos dis-
tintivos, propios, de nuestra América, que tanto debe sin duda al
mundo europeo, lo que él no se cansará de proclamar, pero que no
se limita a repetir. Por eso, cita con simpatía a Montaigne, cuando
este se pregunta si no era «peor que comerse a sus semejantes el es-
clavizar y consumir, como lo hace el europeo, a las nueve décimas
partes de la humanidad» (p. 59), y dice que «falta todavía saber si
el ritmo europeo [...] es el único "tempo" histórico posible» (p. 83);
y aún más, esta vez glosando a Toynbee, que la civilización occidental «para la vasta historia, no pasa de ser un capítulo y en modo
alguno es una meta» (p. 237). Lo que complementa así:

> Ni siquiera sabemos si la fórmula occidental será la que domi-
> ne mañana. Creer otra cosa es aceptar como definitivo un error
> egocéntrico de corto alcance; es seguir perpetuando aquellas
> absurdas concepciones imperiales a cuyos ojos cuanto desbor-
> da de nuestro cuadro no es humanidad propiamente dicha,
> sino una vegetación o una fauna de «nativos» destinados al
> sacrificio [p. 282].

La mayoría de los textos de que vengo hablando fueron escritos
en vísperas o en medio de la Segunda Guerra Mundial, época dramática que encontró en Reyes un comentarista tenso y lúcido, una
de cuyas preocupaciones mayores era la tocante a cómo aquella
volcaba sobre nuestras tierras una enorme responsabilidad cultural. Es del todo innecesario que insista en esto precisamente en El
Colegio de México, que fue antes la Casa de España en México y

que nació para contribuir de modo luminoso a cumplir esa misión que Reyes estimaba que tempranamente, como suele ocurrir, había caído sobre hombros americanos. Que tal misión no implicaba en forma alguna el mero eco mimético lo dijo él en páginas inolvidables. Pienso, por ejemplo, en «Notas sobre la inteligencia americana» (1936), «Valor de la literatura hispanoamericana» (1941), «Para inaugurar los *Cuadernos Americanos*» (1941), «Posición de América» (1942) o «El hombre y su morada» (1943). En una nota añadida al primero de dichos trabajos recuerda Reyes que cuando en la reunión donde el texto fue leído él afirmó, al igual que el filósofo argentino Francisco Romero, que la nuestra era una cultura de síntesis,

> ni él ni yo fuimos bien interpretados por nuestros colegas de Europa, quienes creyeron que nos referíamos al resumen o compendio elemental de las conquistas europeas. Según esta interpretación ligera, la síntesis sería un punto terminal. Y no: la síntesis es aquí un nuevo punto de partida, una estructura — es trascendente y contiene en sí novedades. H_2O no es sólo una junta de hidrógeno y oxígeno, sino que —además— es agua. La cantidad 3 no sólo es una suma de 1 + 2 sino que además es lo que no son ni 1 ni 2. Esta capacidad de asomarse a la vez al incoherente panorama del mundo y establecer estructuras objetivas, que significan un paso más, encuentra, en la mente americana, un terreno fértil y abonado. Ante el americano medio, el europeo medio aparece siempre encerrado dentro de una muralla china, e irremediablemente, como un provinciano del espíritu. Mientras no se percaten de ello y mientras no lo acepten modestamente, los europeos no habrán entendido a los americanos. No se trata de vulgares calificaciones entre lo que puede ser superior o inferior en sí mismo, sino de puntos de vista diferentes sobre la realidad [p. 88, nota].

En «Posición de América» insiste en que en aquella ocasión «no nos referíamos sólo a la tradición europea, sino a toda la herencia humana» (p. 265).

La fascinante prosa de Reyes y su verso mucho más complejo que lo que una lectura superficial puede hacer creer (recuerdo cómo entusiasmaba a Lezama Lima); su constante atención a raíces culturales irrenunciables, de las que son ejemplos hermosísimos sus cuantiosos trabajos dedicados a Grecia y a España; o su riguroso laboreo en el terreno de la teoría literaria, y desde luego su proverbial cortesía, han llevado a algunos a olvidar que Reyes supo enfrentar, con gran altura, cuestiones inmediatas. Así, impugnó a Spengler (pp. 198 ss.), rechazó toda forma de fascismo (p. 242) y de racismo (p. 242 ss.), y tampoco se quedó callado cuando se trataba de hablar del imperialismo, al que contempló a lo largo de la historia en «Atenea política» (1932) (pp. 189-191), y más cercanamente en «Un mundo organizado» (1943), donde afirmó:

> El latinoamericano medio [...] cuando oye hablar de una organización cooperativa del mundo, tiende a imaginarse un Estado monstruo, regido por dos o tres Grandes Potencias omnímodas y resueltas a imponer sus decisiones en detrimento de los pueblos débiles. Y especialmente, ve aparecer el fantasma del imperialismo que alarga las manos por nuestras Américas (p. 327).

A esa luz adquieren pleno sentido las palabras suyas en que al enumerar los motivos de la guerra nos dice que «la desesperación de los pueblos oprimidos [...], la defensa de las sociedades débiles, colonias o semicolonias, [...] es el único motivo de guerra justa» (p. 225); y aquellas otras en que explica: «Contra el nacionalismo de los actuales agresores, no hay más defensa que robustecer el propio nacionalismo —llamémoslo antinacionalismo en buena hora— aun para aquellos cuya filosofía ha superado ya ese término» (p. 273).

El undécimo tomo, y no es el único que lo hace, nos muestra a un Reyes humanista en el más hondo y noble sentido de la palabra, un apasionado defensor de la libertad, un vocero de nuestra América, un intelectual que se sabe y se proclama al servicio de su pueblo, del pueblo; un hombre que mereció plenamente las palabras que a su muerte le dedicara Ezequiel Martínez Estrada, quien escribió entonces:

> se le reprochó que consagrase más interés a los asuntos universales que a los conminatorios de su época y su país. Este y otros reproches que se desembozarán paulatinamente son inconsistentes, y hasta cierto punto de incomprensiva trivialidad. Toda la obra de Alfonso Reyes está sellada con caracteres representativos de su linaje.[14]

Salvador Allende,
muerto en campaña*

A menudo es curioso el destino de los grandes hombres. Que el Che Guevara, el legendario médico argentino que después de atravesar el Continente se llenó de gloria en la lucha armada de Cuba, teorizó sobre la guerra de guerrillas y remprendió luego su combate a escala continental, fuera asesinado en Bolivia a raíz de un combate, posee, a pesar de lo dolorosísimo del hecho, una absoluta congruencia. Martí y Maceo, Zapata y Sandino, Guiteras y Aponte, Luis de la Puente y Argimiro Gabaldón, *Inti* Peredo y Francisco Caamaño —para solo mencionar unos pocos de nuestra enorme pléyade de combatientes revolucionarios muertos en campaña— lo habían antecedido o seguido. Pero de este otro médico también volcado generosamente en la acción revolucionaria, del chileno Salvador Allende, cuya muerte heroica conmueve en estos momentos al mundo entero, ese mundo estaba acostumbrado a tener otra imagen: la del hombre sonriente aunque enérgico, cordial aunque firme, que se había propuesto demostrarle a la historia que era posible ahorrarle a la humanidad la sangrienta peripecia que el alumbramiento de un mundo nuevo, un mundo sin explotadores ni explotados, ha implicado hasta ahora.

---

*   Artículo solicitado y distribuido por la Agencia Prensa Latina, a raíz de la muerte de Allende. Se publicó en la revista *Casa de las Américas*, no. 83, marzo-abril de 1974, que estuvo íntegramente dedicado a Chile, con el nombre *Chile vencerá*.

Salvador Allende solía mostrar con orgullo un ejemplar del libro *La guerra de guerrillas* donde su magnífico colega nacido del otro lado de la frontera, convertido ya para entonces en figura capital de la revolución latinoamericana, había estampado una fraternal dedicatoria. En ella aludía el Che a la identificación de metas entre él y Allende, aunque fueran otras las vías que este último se propusiera tomar.

Era natural que Allende mostrara con orgullo esa dedicatoria, pues, en efecto, fue absoluta su identificación con Fidel, con el Che, con la Revolución Cubana, y así lo demostró en todas las ocasiones, desde 1959 hasta el final ejemplar de su vida. La última vez que visitó Cuba, en diciembre del pasado año, Fidel lo recordó, en su discurso en la concentración popular de solidaridad con el pueblo de Chile y con el presidente Allende:

> Al revés de otras «personalidades» [dijo entonces Fidel] que se consideraban a sí mismas «democráticas», «revolucionarias» —entre comillas— e incluso, «progresistas», y que antes de la Revolución decían tener algunos vínculos afectivos con Cuba, pero que por ser esta revolución demasiado profunda para estar al alcance de los timoratos, y por ser menos todavía una revolución tolerable por el imperialismo, renegaron de su amistad con la Revolución Cubana, el compañero Salvador Allende le otorgó a nuestro proceso una confianza ilimitada y su amistad más firme.

Fue en ese acto, el 13 de diciembre de 1972, cuando Allende, al agradecer con ternura viril las palabras de Fidel, lo llamó, en frase que no olvidaremos los cubanos, «comandante de la esperanza latinoamericana».

El fundador del aguerrido Partido Socialista chileno, el ministro de Aguirre Cerda, el defensor de la Revolución Cubana y de los guerrilleros que habían estado en Bolivia junto al Che, el presidente que apenas instalado en su cargo desafiaba gallardamente al imperialismo yanqui y restablecía en plenitud las relaciones entre Chile y Cuba, el gobernante que capearía a lo largo de tres años las más rudas tormentas sin perder la serenidad ni la energía (como pude comprobarlo personalmente durante el paro contrarrevolucionario de octubre de 1972, ensayo general del actual golpe de Estado), no era un timorato, sino un peleador. Si se obstinaba en no recurrir a esa partera de la historia que es la violencia, esa obstinación no nacía del temor, sino de la hermosa y tenaz ilusión de poder evitarle a su pueblo dolores que ningún hombre de bien desea. Sin embargo, no son los revolucionarios quienes escogen esa dramática vía. Hablando en el acto de despedida que le brindó el pueblo de Chile en el Estadio Nacional el 2 de diciembre de 1971, y en un discurso donde describió claramente el fascismo chileno y alertó sobre el golpe que se realizaría diecinueve meses después, dijo Fidel Castro:

A nuestro juicio, el problema de la violencia en estos procesos — incluido el de Cuba —, una vez que se ha instaurado el régimen revolucionario, no depende de los revolucionarios. Sería absurdo, sería incomprensible, sería ilógico que los revolucionarios cuando tienen la posibilidad de avanzar, de crear, de trabajar, de marchar adelante, vayan a promover la violencia. Pero no son los revolucionarios los que en esa circunstancia crean la violencia. Y si ustedes no lo saben, seguramente que la propia vida se encargará de demostrárselo.

La propia vida se encargó de demostrarlo terriblemente en Chile. Las grandes empresas norteamericanas cuyos intereses serían afectados por las medidas reivindicadoras del gobierno de la Unidad Popular, y la reacción chilena, aliada menor y ladradora de esos intereses, orquestaron desde antes de instaurarse el gobierno de Allende una incesante campaña para hacer imposible el ejercicio de ese gobierno. El golpe de Estado orientado por la CIA que desbarató finalmente ese gobierno el 11 de septiembre de este año, al precio de millares de víctimas, no hizo sino culminar un plan que comenzó a hacerse realidad con el asesinato del general René Schneider y siguió después con nuevos asesinatos, atentados de todo tipo, zancadillas parlamentarias, paros patronales, manifestaciones de *momias* con calderas relucientes, infames calumnias por la prensa. Fue el desencadenamiento de la violencia contrarrevolucionaria implacable, feroz, a la que intentaba hacer frente aquel hombre magnífico con energía sobrehumana. El 11 de septiembre, el fascismo más atroz mostró definitivamente su rostro, apenas oculto en los meses, en los años anteriores. Salvador Allende hizo entonces de su palacio de gobierno, símbolo de la constitucionalidad salvajemente pisoteada, una trinchera, y puesto su pecho en primera línea ante las balas, llamó a los trabajadores de su pueblo a resistir y a vencer.

Su lealtad, su firmeza, su heroísmo hacen que la imagen que la historia guardará de este revolucionario que luchó sin cansarse por evitar que la sangre de su pueblo se derramara, sea sobre todo la de ese hombre de sesenta y cinco años que, con un casco de metal en la cabeza y un fusil ametralladora en las manos, defiende hasta la muerte, en un edificio bombardeado, el poder que el pueblo chileno le entregara. Y ese pueblo, que no pudo asistir a su entierro porque en ese momento, siguiendo el ejemplo inmortal de su líder, se batía en las ensangrentadas y humeantes calles de Chile rechazando la bestial acometida fascista, irá un día no lejano, liberado el país, a su tumba, y rendirá al gran latinoamericano, al compañero leal de Fidel y el Che, al doctor Salvador Allende, honores de comandante muerto en campaña.

Un siglo para el Amauta*

Cumplo a nombre de la Casa de las Américas la grata encomienda de agradecer a todas y todos ustedes (y en primer lugar al Doctor Javier Mariátegui Chiappe, hijo esclarecido del gran peruano) su asistencia a este *Coloquio Internacional Mariátegui en el pensamiento actual de nuestra América.* Era imprescindible que la Casa lo organizara. Inmersa desde hace treinta y cinco años en los acuciantes problemas del momento y en la vorágine creadora de los pueblos latinoamericanos y caribeños, la Casa ha encontrado siempre ocasión para detenerse a meditar, junto a numerosos compañeras y compañeros, sobre quienes en gran medida han contribuido a hacernos lo que somos, y sobre quienes nos han acompañado en la ya larga jornada. Así, convocamos a reuniones como esta a propósito de los respectivos siglos de Rubén Darío, César Vallejo o Camila Henríquez Ureña; mientras hemos rendido otros homenajes a figuras de nuestra América como José Martí (desde luego), Julián del Casal, Fernando Ortiz, Alfonso Reyes, Gabriela Mistral, Ezequiel Martínez Estrada, Nicolás Guillén, Dulce María Loynaz, Alejo Carpentier, Jorge Zalamea, José Lezama Lima, José María Arguedas, Julio Cortázar, Onelio Jorge Cardoso, Eliseo Diego,

* Palabras inaugurales del *Coloquio Internacional Mariátegui en el pensamiento actual de nuestra América*, Casa de las Américas, 18 al 21 de julio de 1994. El texto se publicó originalmente, con el título «Mariátegui en el pensamiento actual de nuestra América» en *Anuario Mariateguiano*, vol. VI, no. 6, 1994, dedicado a *Mariátegui: 1894–1994. Centenario*.

Alicia Alonso, Haydée Santamaría, Ángel Rama, Paco Urondo, Roque Dalton y muchos y muchas más.

En el pórtico mismo de este Coloquio reiteramos nuestro pesar por la desaparición del Doctor Alberto Tauro, de cuyos estudios sobre el Amauta y ediciones de sus obras aprendimos todos, que codirigía (junto a nuestro fraterno Antonio Melis) el admirable *Anuario Mariateguiano*, y a quien le sobrevino la muerte mientras preparaba con su conocida eficacia la conmemoración de este Centenario. Al evocar su nombre, no es posible dejar de mencionar también los de otros amigos que tampoco están ya con nosotros, y echaron igualmente luz sobre la tarea magna que vamos a considerar. La lista podría ser interminable, por lo que me limitaré a unos pocos, vinculados a esta Casa de las Américas.

Entre quienes después de mantener relaciones con el Amauta durante su vida, tuvimos el privilegio de que también las mantuvieran con nosotros, mencionaré a un cubano y a un estadunidense. El cubano fue Juan Marinello, compañero de Rubén Martínez Villena y Julio Antonio Mella, quien se carteó con Mariátegui, y en uno de los últimos números de la *Revista de Avance* (no. 47, 15 de junio de 1930), consagrado a él a raíz de su muerte, le dedicó un texto intenso. Ese año 1930 Marinello conocería por primera vez la cárcel y, habiendo abrazado los ideales de justicia social del gran peruano, les entregó su vida batalladora y fértil, que por suerte fue lo bastante larga para permitirle llegar a ver el glorioso y amenazado triunfo de esos ideales en su Isla. Contamos entre nuestras grandes satisfacciones el que hasta sus últimos días colaborara con nosotros. Ni el Doctor Javier Mariátegui ni yo olvidaremos que en anterior viaje suyo a Cuba quiso reunirse con el amigo de su padre que fue Marinello, y este, enfermo ya de muerte, nos acompañó una tarde en la que acaso fue la última salida que hiciera antes de ser recluido en el hospital del que saldría sin vida.

El estadunidense fue desde luego Waldo Frank. Mucho se admiraron y quisieron Mariátegui y Frank, quien escribió sobre él páginas vibrantes. En el mismo número citado de *Revista de Avance* hay varias de ellas. También le alcanzó la existencia al autor de *Nacimiento de un mundo* y *América Hispana* (que dedicó a Mariátegui) para ver el triunfo de aspiraciones de ambos en un pedazo de América, y a defenderlo dedicó su cálido y valiente libro *Cuba, isla profética* (1961), que tanto contribuiría a que se identificara con nosotros Julio Cortázar. Antes de que tal libro apareciera, Frank me había enviado un noble trabajo en saludo al primer año de la Revolución Cubana. Todo ello le costó en su país (como a C. Wright Mills y a tantos de sus compatriotas) incomprensión y hostilidad. Cuando, al empezar a dirigir la revista *Casa de las Américas*, le solicité colaboración, me respondió desde Nueva York, el 24 de abril de 1965: «Sospecho que buena parte de mi correspondencia de o para Cuba nunca llega.» Y más adelante:

> Escríbame una carta y cuénteme cómo están las cosas en Cuba. Sé que nuestro gobierno hace todo lo que puede para ponerles las cosas difíciles. —Comparto la vergüenza por ello como lo hacen todos los [norte]americanos concientes. Pero ustedes vencerán. De eso estoy seguro. El gran problema, la gran necesidad, es que el pueblo [norte]americano debe *saber*. Por ejemplo: mi pequeño libro sobre Cuba: todo ha sido hecho aquí, por la prensa y por las *librerías* [en español en el original], para impedir que el libro se leyera.

Me dicen que no solo ese libro, sino Waldo Frank mismo (quien tanto hiciera para entender a nuestros pueblos y para mostrarles el rostro mejor de los Estados Unidos) está hoy olvidado en su patria. No me extraña demasiado, habida cuenta de la mediocridad de esta época en que han podido prosperar ideas de tan dudosa gracia como que hay que aprender de Las Vegas, que la historia llegó a su fin con el triunfo de los opresores, y que el único mito vivo es que da lo mismo chicha que limonada.

Igualmente es menester rendir aquí homenaje a algunos coetáneos ya desaparecidos, amigos de la Casa, cuyos acercamientos a Mariátegui también nos enriquecieron. Nombraré al menos al alemán Adalbert Dessau y al chileno Yerco Moretic, penetrantes estudiosos de su obra literaria; al colombiano Francisco Posadas, que braceó con su pensamiento, y al peruano Tito Flores Galindo, quien, en libro que obtuviera el Premio Casa de las Américas en 1986 (*Buscando un Inca: identidad y utopía en los Andes*), después de evocar los imprescindibles años europeos de Mariátegui, durante los cuales lo nutrió «el mismo ambiente intelectual de esos jóvenes que como Gramsci, Korsch, Lukacs, Bloch, optan por un marxismo crítico» (p. 292), explica cómo regresa a su patria totalmente imbuido de fe en la causa de los pobres de la Tierra y de *su* tierra, estos últimos indios en su mayoría, elaborando un pensamiento al mismo tiempo de gran riqueza mundial y «tributario de la utopía andina» (p. 297). No en balde escribió Mariátegui: «El ejército innumerable de los humildes, de los pobres, de los miserables, se ha puesto resueltamente en marcha hacia la Utopía que la Inteligencia, en sus horas generosas, fecundas y videntes ha concebido» (cit. en p. 298).

Por último, en lo que toca a este ya dilatado pórtico, creo que todos convendremos en que nadie asumió y enriqueció los pensamientos y los sueños de Mariátegui como la criatura cuyo nombre honra a esta sala: Ernesto Che Guevara. Al Che, quien por curioso azar también nació un 14 de junio como el peruano, no dudo de que este lo hubiera considerado, orgulloso, otro hijo suyo: un hijo que, ante el atroz sufrimiento de nuestros pueblos, pidió un sitio en «el ejército innumerable de los humildes», creyó en un futuro mejor para ellos, y a su consecución entregó su inteligencia, su hermosa vida joven, su alma para siempre matinal.

Al morir en 1988 Raymond Williams, Robin Blackburn escribió, en líneas que introdujeron el volumen póstumo del gran inglés *Resources of Hope* [...] (1989), que

> Raymond Williams [...] era el pensador socialista de mayor autoridad, más consistente y original en el mundo de lengua inglesa. [...] la cultura establecida había perdido a su crítico más agudo. Williams abordó la literatura, los estudios culturales, las comunicaciones y la educación para adultos en formas tan radicalmente nuevas que radicalizó su estudio y su práctica. [...] Parte del valor de la obra de Williams para la Izquierda está en que ella no pertenece sólo a la Izquierda [p. IX].

Es notable cómo esas palabras hubieran podido escribirse también, tocante al mundo de lengua española, sobre Mariátegui, a raíz de su muerte en 1930: incluida, por cierto, esa alusión a los «estudios culturales» que Mariátegui, al igual que ya había hecho José Martí, practicara décadas antes de que fueran bautizados con ese nombre, precisamente en la estela de Williams.

Quiero insistir en el final de la cita, lo que se refiere a que «parte del valor de la obra de Williams» (léase la de Mariátegui) «para la Izquierda está en que ella no pertenece sólo a la Izquierda.» En efecto: el valor de una obra realmente grande lo prueba también su capacidad de desbordar las más arraigadas creencias e ideas de quien la hiciera. La faena de Mariátegui es muestra irrefutable de esto, lo que contribuye a explicar el vasto consenso de que disfruta incluso entre quienes no tienen la misma filiación ni la misma fe del Amauta. Bien conocemos en la Casa de las Américas esta virtud, manifiesta en obras muy diversas. Tal virtud es la que no solo nos autoriza sino nos obliga a practicar un pluralismo sin el cual nuestras labores no tendrían sentido. Somos pluralistas porque la realidad es plural. Pero las pluralidades o son un batiburrillo deshuesado e irrelevante o están hechas de singularidades. Y en la Casa de las Américas podemos ser creadoramente pluralistas porque somos clara, inequívocamente singulares, lecciones ambas que aprendimos de seres como Mariátegui. Sin embargo, tras la temprana muerte de este se cometieron tantos disparates, supuestamente a nombre de las que fueron sus ideas, en un proceso cuyo comienzo quizá él vislumbró en su lucha agónica estudiada con lucidez y honestidad por Tito Flores Galindo (cf. *La agonía de Mariátegui. La polémica con la Komintern*, 1980), que hoy sorprende en su obra, hormigueante de curiosidad, una riqueza de intereses que fue el aire mejor de su tiempo. Ese tiempo se clausuró o deformó después de su desaparición, y no vino a encontrar nuevo aire sino a partir de sucesos que ocurrieron ante los ojos de muchos de nosotros: señaladamente, la victoria de la Revolución Cubana en 1959, y el gran aliento renovador de los sesenta.

Entonces volvió a chispear la singularidad de Mariátegui, en la que necesito detenerme un momento después de haber reconocido lo suyo a la pluralidad. La cita de Blackburn que considero aplicable a aquel afirma que parte del valor de su obra para la Izquierda está en que no pertenece solo a ella. Sí: pero se trata de un valor *para la Izquierda*. Porque sería absurdo, sobre todo hablándose de Mariátegui o Williams, postular que no pertenecer a la Izquierda sea un valor en sí. Ello equivaldría a confundir la oquedad con la plenitud. Y Mariátegui, lleno de mundo (para usar palabras de Vallejo), estaba por eso mismo lleno de sí, y en su centro se hallaban su filiación y su fe: su apasionada adhesión al socialismo, su abierta defensa del marxismo, para realizar la cual todas las armas le parecían pocas. Algunos se han sorprendido de la variedad de sus armas, a veces nada marxistas, olvidados de que casi sin remisión a autores marxistas está escrito un libro llamado *El capital*.

Fueron esa filiación y esa fe de Mariátegui (nuestra filiación, nuestra fe) las que nos llevaron a republicar entre los primeros libros hechos por la Casa de las Américas sus *Siete ensayos...* (1963),

más tarde una amplia selección de sus *Obras* (1982), y constantemente trabajos suyos, sobre él o con referencias a él, en la revista
que es nuestro órgano. No podía ser de otra manera, siendo la de
Cuba una revolución de horizonte socialista, nacida no de imposición foránea alguna, sino de lo más entrañable de la historia de
nuestra América. Muchas veces hemos repetido las palabras del
Amauta según las cuales nuestro socialismo es creación heroica,
no calco ni copia. Hay que añadir que hemos acertado en la medida en que hemos sido fieles a esa divisa; y en cambio, hemos
tropezado en el camino cuando, relegándola, hemos incurrido en
calco y copia: sin que nos falten tropezones por así decir de nuestra
cosecha. Pero sin duda la originalidad, la inventiva y el heroísmo
han primado entre nosotros, lo que debe garantizar que en estos
arduos momentos saquemos fuerzas de flaqueza y salgamos adelante como dignos herederos de Mariátegui. Y entre nosotros no
puede llamarse así quien acepte hoy renunciar a nuestro complicado horizonte socialista, o avergonzarse de los hallazgos de Marx,
para ponerse a tono con la grisura del instante. Hace solo algo más
de un mes, al ofrecer en la Universidad Nacional Autónoma de
México un balance personal de su apreciación de la Filosofía de
la praxis y de los *Manuscritos económico-filosóficos de 1844* (los cuales cumplen ahora ciento cincuenta años), dijo el maestro Adolfo
Sánchez Vázquez:

> El simple hecho de ocuparnos de Marx cuando proliferan sus
> «enterradores» o los que —dogmáticos de ayer— de su nombre
> no quisieran ni acordarse, no deja de ser significativo y alenta-
> dor en tiempos de indigencia no sólo para el marxismo y el so-
> cialismo, sino para todo proyecto que remonte su vuelo sobre el
> cinismo, el conformismo y la pasividad.

A tales «tiempos de indigencia [...] para todo proyecto que remonte
su vuelo sobre el cinismo, el conformismo y la pasividad» se aviene

el título de un ensayo de Norbert Lechner: «Un desencanto llamado posmodernidad» (*Punto de Vista*, no. 33, 1988). No es esa, afortunadamente, la única acepción posible del concepto, el cual, con más de una gota de agua regia, también ha servido para disolver costras retóricas y seudototalidades vanas. Pero por desdicha aquella acepción, que es la más frecuente, sobre todo ha contribuido a lastrar alas para vuelos sin los cuales la existencia no vale la pena.

Ese «desencanto» encontró su apogeo con el fracaso último de lo que se dio en llamar sarcásticamente «socialismo real», pero venía de atrás, e implicaba la obnubilación o el abandono de ideales defendidos por peleadores como Mariátegui. No es extraño que, después de que esos ideales encontraran nueva fuerza en los años sesenta, trayendo a primer plano a aquellos peleadores, estos padecieran luego nuevos oscurecimientos o, lo que también es negativo, ciertas tergiversaciones. Todo ello, a la sombra de aquel desencanto nada en flor.

Ahora bien: como ha escrito no hace mucho Néstor García Canclini, «[q]uizás sea hora de emanciparnos del desencanto» («Una modernización que atrasa. La cultura bajo la regresión neoconservadora», *Casa de las Américas*, no. 193, octubre-diciembre de 1993, p. 12). Es más: prescindiría del adverbio dubitativo. Se ha tocado fondo, y es hora de emanciparnos del desencanto. Ha muerto lo que ya no daba más de sí y debía morir, y sobre la tierra abonada han de brotar y crecer nuevos frutos. José Carlos Mariátegui vio en sus tiempos también difíciles coexistir un alma desencantada y un alma encantada, lo que a nuestro Raúl Roa le gustaba citar. Y pocos tan dignos de albergar y propagar aquella alma encantada como Mariátegui. Volver a sus páginas nerviosas, inconformes, indagadoras, frescas; releer su paradigmática revista *Amauta*, son un baño de luz. No nos interesa él como pieza de arqueología, sino como testimonio de la necesidad y la viabilidad del futuro. Ni lo amilanaron los desafíos ni lo echaron atrás los obstáculos. Ni aceptó fórmulas huecas ni practicó un cómodo nihilismo emasculado. Ni se mimetizó con respecto a lo metropolitano (así se pretendiera renovador) ni se enmuralló en lo local. Como Martí, como el Che, es un heraldo de lo que está por realizarse; como ellos, puso el saber del mundo al servicio de su mundo, y fue universal porque no rehusó cumplir, al más alto nivel, los deberes inmediatos. Conjugó la lealtad a los humildes con la altivez real del pensamiento y la suma nobleza de los sentimientos. Conoció de las mezquindades que se esconden tras ciertas poses magisteriales, y de la capacidad renaciente de lo que en apariencia está sumergido.

Antes de terminar estas palabras, los invito a aventurarnos en las riesgosas conjeturas propias de imaginar a Mariátegui ante cuestiones actuales: muchas de ellas, después de todo, no muy alejadas de las que debió afrontar en vida. Podría excusar las conjeturas que siguen recordando que quien escribe estas líneas, siendo poeta, tiene licencia platónica para el desvarío. Pero alguien tan sabio y sensato como el hermano Antonio Cornejo Polar ya escribió hace años:

> Consideramos que el análisis del pensamiento mariateguiano debe examinar no sólo lo explícitamente referido en él, sino, sobre todo, las perspectivas que se abren a partir de sus afirmaciones. Mariátegui no está al final de una etapa: está —y de aquí su vigencia— en la instancia fundadora de un proceso que no ha terminado. Solidificar su pensamiento, reiterado mediante un juego de citas que no se distancia demasiado de la argumentación escolástica basada en los «criterios de autoridad», es la manera más segura de traicionar la vitalidad creadora del magisterio de Mariátegui. [A.C.P.: «Apuntes sobre la literatura nacional en el pensamiento crítico de Mariátegui», Varios: *Mariátegui y la literatura*, Lima, 1980, p. (49)].

Aun autorizado por esos razonamientos, me atendré a la primera persona del singular al evocar a un Mariátegui de 1994 (¡diez años después del 1984 orwelliano!). Creo que, al igual que hizo en su momento con su *Defensa del marxismo*, Mariátegui hubiera echado a un lado con desdén a los viejinuevos «enterradores» de Marx. Algunos de ellos deben andar ahora con las manos en la cabeza al leer en el libro del influyente Jacques Derrida *Spectres de Marx* [...] (1993) cosas como estas:

> hace falta gritarlo, en el momento en que algunos osan neoevangelizar a nombre del ideal de una democracia liberal convertida al cabo en el ideal de la historia humana: jamás la violencia, la desigualdad, la exclusión, el hambre y por tanto la opresión económica han afectado a tantos seres humanos en la historia de la Tierra y de la humanidad. En vez de cantar el advenimiento del ideal de la democracia liberal y del mercado capitalista en la euforia del fin de la historia, en lugar de celebrar el «fin de las ideologías», y el fin de los grandes discursos emancipadores, no hagamos caso omiso de esta evidencia macroscópica, hecha de innumerables sufrimientos individuales: ningún progreso permite ignorar que jamás, en términos absolutos, jamás tantos hombres, mujeres y niños han sido esclavizados, hambreados o exterminados en la Tierra [p. 141].

Palabras que no sorprende que sean seguidas por estas otras: «Quiéranlo o no, sépanlo o no, todos los hombres en la Tierra entera son hoy en cierta medida herederos de Marx y del marxismo» (p. 149). Es decir, que incluso para este pensador que proclama no ser marxista (p. 145), de nuevo Marx ha sido chapuceramente mal matado por los oportunistas y cobardes de turno.

Creo que el Mariátegui que dijo del dirigente indio Ezequiel Urbiola que «representaba la primera chispa de un incendio por venir» (cit. en A. Flores Galindo: *Buscando un Inca...*, p. 294), hubiera escuchado con plena identificación a Rigoberta Menchú, y considerado naturales las insurgencias indias de Chiapas a Ecuador.

Creo que se habría sentado a hablar con las compañeras y los compañeros de la Teología de la Liberación sobre cosas que consideraba hermanadas, como la fe religiosa y la fe revolucionaria, lo que en cierta forma ya sugirió Michael Löwy (por ejemplo en su ensayo «Los intelectuales latinoamericanos y la crítica social de la Modernidad», *Casa de las Américas*, no. 191, abril-junio de 1993). Creo que estaría vivamente interesado en los proyectos de la educación popular. Creo que, avanzando en un camino que transitó, habría visto con entusiasmo los mejores planteos del nuevo feminismo. Creo que nos hubiera elogiado la película *Fresa y chocolate*, y preguntado por la poesía, la narrativa, el teatro o la plástica actuales. Estoy seguro de que lo habría hecho feliz la extinción del *apartheid*. Sé que, sin dejar de ser crítico, nos habría querido por cuanto hemos hecho en la Isla y desde ella a partir de 1959, y hoy no nos aconsejaría mansedumbre ni resignación, sino firmeza, audacia, más imaginación aún. Y quizá nos habría contado de nuevo el papel prodigioso que tuvo en él el amor. Ya una vez, a propósito de sus nupcias con la muchacha toscana que sería su magnífica compañera, dijo: «Me desposé con ella y con la felicidad [...] Nunca me sentí más fuerte ni más dueño de mi destino. El marxismo había sido para mí hasta esos días una teoría un poco confusa, pesada y fría; en esos días vi su luz clara y tuve su revelación.»

Aquel ser era también una llama al viento. Pero, querido Porfirio Barba Jacob, en su caso el viento no la apagó, el aciago 16 de abril de 1930. Como en los versos de Antonio Machado, sus encabritadas cenizas esperan otra vida en otros fuegos. Ellos habrán de ser su mejor homenaje. Y por el momento, mientras se preparan o asoman ya esos fuegos, discutamos sobre sus ideas y sus pasiones sin temor a hacer chocar limpiamente los aceros, pues él mismo nos previno contra unanimidades infecundas. A discutir, pues, en torno a nuestro grande y ya secular Amauta, en esta Casa de ustedes.

Sobre Darcy, cuya lanza
no se quebró jamás*

Se atribuye a un talentoso pero ríspido escritor español haber dicho, al escuchar cálidas alabanzas sobre un colega: «Esos elogios, ¿contra quién son?» Recordé la anécdota, pero con signo inverso, tras perder mi tiempo leyendo el publicitado artículo de Samuel P. Huntington «The Clash of Civilizations?» (*Foreign Affairs*, verano de 1993). Parece que esa aguada y trasnochada versión de ideas expuestas por pensadores como Spengler y Toynbee vino a ocupar, para algunos superficiales, la atención que hace pocos años le habían dedicado a otro texto banal: el historicida de Francis Fukuyama. El desagrado que me produjo la ligereza de las palabras de Huntington hizo que le preguntara a mi compañera (quien ya había leído el texto del estadunidense): «Adelaida, estas tonteras ¿no te hacen admirar todavía más a nuestro Darcy Ribeiro?»

Así que ahora, cuando se me ha pedido participar en el merecidísimo homenaje que *Cuadernos Americanos* rendirá al gran brasileño que es orgullo y felicidad de nuestra América, no se me ocurre nada mejor que comenzar estas líneas (que por falta de tiempo sé que serán pocas, pero que por amor a la verdad sé que serán entrañables) evocando aquella conversación.

Hace años que aprendo de Darcy, y hace casi otro tanto que lo quiero mucho. Empecé a admirarlo (y a citarlo) cuando a finales

---

* Publicado originalmente en *Cuadernos Americanos*, Nueva Época, vol. 3, no. 57, mayo-junio de 1996.

de los sesenta o principios de los setenta leí *Las Américas y la civilización*, libro capital que apareció en español antes que en su versión original en portugués, pues al ser publicado, Darcy estaba en el exilio. Y este hombre que hace de la necesidad virtud explicaría que el alejamiento de su país, por doloroso que fuera («muerte con otro nombre» llamó Dante al destierro), le enseñó a ser latinoamericano, es decir, lo enriqueció con una perspectiva más vasta que la que tenía cuando a mediados de los sesenta se vio obligado a dejar Brasil. Desde tal perspectiva (y aún más: con horizonte universal) está escrita esa obra, como iban a estarlo otras que le seguirían. Tuve el honor de presentar, con Darcy a mi lado, la edición cubana de ese libro, que publicó, con gran satisfacción de nuestros lectores, la Casa de las Américas. Y en la revista homónima, que dirijo hace tres décadas, aparecen a cada rato comentarios sobre él o páginas suyas. No en balde es una de nuestras figuras tutelares, como lo prueba que en 1989 recibiera, junto con otros de nuestros más valiosos colaboradores, la Medalla Haydée Santamaría. Entre esas páginas recuerdo una entrevista que tuvo amplia repercusión. Darcy es un hontanar de ideas, un incansable transgresor, como de un tiempo a esta parte se acostumbra decir.

A raíz de conocer aquel título suyo, cuyos criterios centrales hice míos, fui devorando sus otras obras: antropológicas, pedagógicas, escatológicas. De *El proceso civilizatorio* (que el profesor Huntington haría bien en leer) hay también edición cubana. Alguno de los *Ensayos insólitos* salió en *Casa*, y espero que cuando volvamos a tener papel como Dios manda pueda ver la luz aquí el libro entero. Así como (al menos) *Utopía salvaje*. Varios de estos y otros libros suyos me los dio o envió con dedicatorias inolvidables. Al frente de los *Ensayos* escribió: «Para mi hermano Roberto F.R., que no merece ser tan largo, pero merece ser brasileño.» Y al frente de *Utopía salvaje*: «Para mi hermano cubano, que me sirvió de modelo para crear Pitum.» De viva voz me añadió que yo debería haber escrito ese libro, lo que me hubiera llenado de alegría. Como se sabe, un personaje esencial de esa obra se llama Caliban. De ahí que no haya sido extraño que al ser publicado en Brasil mi libro *Caliban y otros ensayos*, el prólogo, generosísimo, fuera de Darcy.

Cuando Alejo Carpentier, a quien también admiro y quise mucho, comenzó a padecer una grave dolencia, quizá como forma de desafiar a La Pelona inició un nuevo ciclo en su obra, caracterizado en gran medida por un espumeante buen humor, visible en novelas como *Concierto barroco* y *El arpa y la sombra*. De modo similar, cuando a Darcy se le dijo hace años que le quedaba poco de vida (lo que afortunadamente no fue cierto), después de regresar espectacularmente a su país, hizo su aparición allí un raro novelista llamado igual que el hombre de ciencia, pedagogo y político que había salido al exilio. Ya mencioné una de las obras suyas de esta cuerda, *Utopía salvaje*, cuyo protagonista «vive una de las más fabulosas historias de la ficción brasileña desde *Macunaíma*», como dice Moacir Werneck de Castro, quien también con razón llama al libro «divertido y profundo, serio y travieso, polémico y deleitable, visionario y racional». Estos adjetivos ¿no podrían aplicársele con frecuencia al propio Darcy? Indudablemente. En cambio, no serían válidos para *Maíra*, una novela de intensa, dolorosa seriedad, donde se asiste al espanto que nuestra civilización suboccidental sigue implicando para los únicos auténticos descubridores de este continente, los mal llamados indios. De la compasión, el valor y la sabiduría con que Darcy se había acercado a sus comunidades, ya teníamos testimonios en las obras suyas que se consideran antropológicas. A estas otras, ¿cómo llamarlas haciéndoles justicia completa? Si en la *Utopía* hay risa y sátira, en *Maíra* hay tragedia. Quisiera opinar también sobre otras obras de Darcy, como *Migo*. Pero, contrariando un hábito frecuente, no voy a hacerlo, ya que aún no las he leído.

Desde el microcosmos de tribus destinadas por la avaricia a ser aniquiladas, hasta los complejos problemas de su extraordinario país; desde las Américas hasta la humanidad en su conjunto; desde la ciencia hasta la política; desde la educación hasta la ficción, la tarea cumplida por Darcy no parece la de un solo ser humano, sino la de un equipo multidisciplinario, erudito, chispeante, enamoradizo y enamorador, heterodoxo, ambicioso, talentosísimo y raigalmente bueno. Pocas semanas antes de caer en combate, hace un siglo, escribió José Martí: «Escasos, como los montes, son los hombres que saben mirar desde ellos, y sienten con entrañas de nación, o de humanidad.» Uno de esos escasos, preciosos hombres que he conocido es Darcy Ribeiro. También creo que se le puede aplicar lo que de Bernard Shaw dijera Chesterton: «esto es lo que se escribirá de nuestro tiempo: que cuando el espíritu que niega sitiaba la última ciudadela, blasfemando contra la propia vida, hubo algunos, uno especialmente, cuya voz fue oída y cuya lanza no se quebró jamás».

Benedetti: el ejercicio de la conciencia*

En carta fechada en Saignon el 6 de octubre de 1975, Julio Cortázar, a propósito del monstruoso crimen que arrancó la vida a Roque Dalton, me escribió: «Inútil decirte que la imagen de Roque significa para mí Cuba, la Casa de las Américas donde lo conocí, la mesa redonda de nuestras charlas y discusiones en torno a la revista. Por eso, en el texto que te envío como respuesta a tu pedido, verás asomar todo eso y muchas otras cosas.» Y antes de terminar sus líneas, añadió Julio en nota manuscrita: «[...] dame noticias de Mario Benedetti. He estado muy inquieto desde que supe de su partida del Perú, y mis informaciones no son acaso las buenas. Me dicen que está con ustedes, cosa que deseo de todo corazón. Mario es uno de los hombres más valiosos de nuestro continente y por tanto siempre en peligro».

La expulsión en 1975 de Mario del Perú (antes había tenido que abandonar, perseguido, su país primero y Argentina después) está ampliamente documentada en el capítulo «Exilios y mudanzas», de *El aguafiestas*, la excelente biografía de Benedetti hecha por su

---

*   Leído el 12 de diciembre de 1997, en el Aula Magna de la Universidad de La Habana, al entregarse a Benedetti el Doctorado Honoris Causa que le concediera dicha Universidad. Una versión anterior, similar, la había leído en la Clausura del *Congreso Internacional Mario Benedetti* realizado en Alicante en mayo de ese año. Publicado originalmente en *Universidad de La Habana*, no. 248, 1998.

tocayo Paoletti. «*La decisión*», explicó allí Benedetti, «*fue irme a Cuba. Le mandé un telegrama a Haydee Santamaría y al día siguiente me enviaron la autorización para viajar.*» Paoletti añade:

> Mario se irá, pues, a Cuba, que sigue siendo su patria política y el lugar donde ocurre la Revolución a la que se siente ligado por un doble compromiso de admiración y lealtad. Pero no se va feliz, como había ocurrido en los sesenta, sino con el ánimo por el suelo porque ahora Mario es un hombre marcado por la dictadura de su país, y una simple llamada telefónica desde La Habana a Luz o a su madre (ni hablar de los amigos) sería excusa suficiente para un encarcelamiento.

Más allá de la amarga anécdota, quiero destacar que el vínculo establecido en la carta mencionada al principio entre dos grandes compañeros, Roque Dalton y Mario Benedetti, por un tercero de su estirpe, Julio Cortázar, está lejos de ser azaroso. Revela la ardua lucha y la inmensa tensión de una época en que nuestra América intentó (renovando los tiempos de L'Ouverture, Bolívar, San Martín, Hidalgo, O'Higgins y Artigas; de Betances, Gómez, Maceo y Martí; de Zapata, Villa, Sandino y Farabundo; de la Guatemala asesinada en 1954) conquistar la plena independencia, la democracia y la justicia verdaderas: y volvió a pagar un altísimo precio por su intento, de nuevo mayoritariamente infructuoso. «La falsía, la derrota, la humillación», como en los versos del paradójico Borges, fueron otra vez «el antiguo alimento de los héroes». Y no solo de los entregados esencialmente a la acción, como el Che Guevara y Salvador Allende, para mencionar dos figuras políticas señeras, sino de numerosos escritores y artistas que también pagaron con sus vidas el querer hacer realidad algunos de sus más nobles proyectos. A la labor de varios de ellos (que conjugaban la militancia y la producción literaria), Mario Benedetti la antologó con el título *Poesía trunca*.

No fue solo aquella poesía lo que entonces quedó trunco: hubo numerosos muñones en numerosos órdenes. Pero ellos volverán a florecer un día, aunque a tantos de nosotros no nos corresponda ver la nueva floración. La primavera llegará sin que nadie haya sabido a ciencia cierta cómo fue, según escribió Antonio Machado. Y lo habrá hecho porque nunca, ni en la estación más fría y hosca, los que la requerían, la ansiaban, la merecían de veras, dejaron de creer en su regreso. Hablo de lo que aún no ha ocurrido, pero cuyo aire, al igual que en un verso de Nicolás Guillén, ya huele a madrugada. Hay custodios o nuncios de la primavera, así sea con una esquina rota; hay hombres y mujeres lastimados por dentro y por fuera (con las sombras de algunos de los cuales nos encontramos hace poco en *Andamios*), cuya alma conserva tanta verdad, tanto recuerdo, tanta limpieza (y tanta esperanza: «memoria del futuro, olorcito de lo por venir, palote de Dios» la llamó el primer o segundo Borges), que les impide olvidar que tuvieron altos sueños, irrealizables acaso en su totalidad, y someterse al barro que se les ofrece como único consuelo, cuando no como alimento único. Tal es la herencia mejor que pueden y deben dejar a quienes vienen después y, si se estiman en algo, no van a resignarse a la mediocridad que los amos han diseñado para ellos. Entre esos custodios o nuncios que siempre vieron lo épico imbricado con lo ético y lo estético, y que en más de una ocasión dieron a sus palabras, exigentes, oficios manuales y cantables, insólitos para otros (oficios de amor que no se cansan de exaltar sucesivas oleadas de auténticos jóvenes: ellos sabrán), ocupa un lugar eminente Mario Benedetti.

Lo dicho niega en forma categórica que se trate de un hombre de ayer, de esos sesenta que ahora no pocos quieren ver estigmatizados o, en otro sentido también erróneo, mitificados. Nada hay en él de estatua de ceniza o de sal, ni lo corroe la saudade, esa hermosa pero triste palabra galaicoportuguesa que supongo emparentada con la castellana soledad. Mario, tan lleno de memorias, es sin embargo un hombre de hoy, y cálidamente acompañado. En todo caso, como corresponde al que es actual y fermental, es también un hombre de mañana: un mañana al que no se puede renunciar sin renunciar a lo mejor de sí.

En muchas ocasiones he hablado o escrito sobre Mario: sobre su gestión de cultura, su narrativa, su poesía, su crítica, su periodismo, su persona lindamente chaplinesca. Y en todas las oportunidades destaqué su condición de pensador. Precisaré más: de moralista, quitándole a esta palabra, por supuesto, cualquier connotación de moralina. Creo que algunos miembros de su familia en este orden serían Swift, Voltaire, Twain, Shaw, Unamuno, Machado, Martínez Estrada, Brecht, Sartre. Ya nombré a Chaplin. Quizá deba sumar a Quino y a Woody Allen. Ciertamente a Viglietti y a Serrat. El propio Mario destacó la impronta que en su labor en verso tuvo Fernández Moreno; y en su narrativa, Italo Svevo: fue por iniciativa suya que leí *La conciencia de Zeno*. Muchos autores más podrían añadirse. Se trata de escritores y artistas que abordaron formas variadas de creación, y alcanzaron en esas formas cotas admirables. Pero la columna vertebral de su trabajo es la preocupación por la conducta, por el amenazado destino de la frágil y conmovedora criatura humana.

Más de una vez ha citado Mario la definición que un integrante mayor de tal familia (y de otras), Martí, diera de la crítica: el ejercicio del criterio. Benedetti incluso nombró de esa manera un libro suyo de voraz lector y luminoso enjuiciador, uno de esos libros crecientes a los que nos tiene acostumbrados: así ocurre, pongamos por caso, con su *Inventario*, que comenzó por ser un tomo discreto y no sabemos de cuántos volúmenes de versos llegará a contar. Glosando aquel título suyo de raíz martiana, llamé a estas páginas, que también quisiera de raíz martiana: «Benedetti: el ejercicio de la conciencia». Así lo veo en lo fundamental.

Y aquí vale insistir en el presentismo e incluso el futurismo (escuelas y modas aparte) de lo que hace Benedetti. Bergson acertó al escribir: «Conciencia significa acción posible.» Llena de ilusión el anhelante público masivo, juvenil y trabajador que asedia en todas partes a Benedetti, y es más que un fenómeno sociológico, sin que ello sea poco. No son fuegos de artificio lo que atrae a ese público (quizá sería mejor llamarlo lisa y llanamente ese pueblo). Es la indoblegable conciencia de su autor. A quienes lo leen y lo escuchan copiosamente, les repugnan la inconciencia, la inmoralidad, la hipocresía, la corrupción, los hábitos egoístas e insolidarios puestos de moda por los triunfadores pasajeros y sus publicitados amanuenses.

A lo largo de muchos años que recuerdo con felicidad, aunque en ellos haya momentos difíciles, he visto hacerse la obra, y casi me aventuro a decir que la vida, de Mario Benedetti. Esto de la obra y la vida no es, referido a él, concesión a un lugar común. Mario ha sabido fundirlas ambas, dándole a la primera la genuinidad de un organismo de carne y sangre; y a la segunda, la armonía de una creación del espíritu. Cuando hace más de tres décadas vino por primera vez a Cuba, invitado por la Casa de las Américas para integrar el jurado de su Premio Literario, ya era el autor de obras de primer orden, como *Poemas de la oficina, Montevideanos, La tregua, El país de la cola de paja, Gracias por el fuego*: obras que además del talento del autor revelaban la notable densidad intelectual del Uruguay donde se formó, y se engendraron publicaciones periódicas como la inolvidable *Marcha*. Pero no menos que esos libros de Mario nos conquistó su privilegiado corazón. Él ha contado, con su habitual generosidad, cuánto le significó aquella primera experiencia cubana. No fue el país lo que lo impresionó, un país como cualquier otro: fue el esfuerzo de un pueblo hermano por edificar, en condiciones adversas y frente a un terco enemigo con apetencias de devorar a nuestra América, una vida más digna, sueño de numerosas generaciones de latinoamericanos y caribeños. No se le escaparon ya entonces, naturalmente, nuestras imperfecciones, inevitables o no, como tampoco se les escaparon a Roque, a Cortázar, a tantos amigos y amigas que contra viento y marea siguieron siéndolo (siguen siéndolo), en situaciones que iban a hacerse cada vez más duras.

Mario estuvo después en Cuba como trabajador asombrosamente infatigable e imaginativo de la Casa de las Américas, a la que iba a impulsar de manera extraordinaria. Entre mil aportes, hizo nacer el Centro de Investigaciones Literarias (CIL), cuya creación había sido propuesta en la celebración que hicimos del centenario de Rubén Darío, donde Mario fue figura centelleante; fundó la serie Valoración Múltiple, el Archivo de la Palabra y la colección Palabra de esta América; compiló antologías, organizó ciclos de conferencias, ofreció lecturas, participó en jurados y paneles, colaboró en revistas (¡cuánto le debe *Casa de las Américas*!), se hizo presencia indispensable en el país. Es comprensible que lo sigamos sintiendo miembro de la institución (al igual que a su aguda, silenciosa y eficacísima Luz): aunque sepamos que a estas alturas pertenece ya a la totalidad de nuestros países, incluida la entrañable España, donde su huella es tan fértil y su amor tan correspondido.

Cuando regresó a Uruguay (como a finales de 1962 había vuelto a Argentina don Ezequiel Martínez Estrada, otro extraordinario hacedor de nuestro hogar), Mario y yo nos cruzamos las cartas de las que voy a transcribir fragmentos, para que se aprecie la naturaleza de su relación con la Casa. Están escritas, hecho infrecuente, en verso: pero no se olvide que Mario había producido hacía poco una novela en verso, *El cumpleaños de Juan Ángel*, hecho más infrecuente aún. (Por cierto, de un personaje de esa novela, según lo confesó en carta pública a Eduardo Galeano, tomaría su nombre de guerra o de paz el hoy subcomandante Marcos.) El 5 de marzo de 1971 hice llegar a Benedetti la siguiente epístola:

Ah, mi querido Mario, ah Luz querida:
No olvido la amenaza, en la partida,

De aquel ensayo en verso sobre el tema
Que algo nos sobresalta, algo nos quema,

De la cultura y la revolución,
Donde Mario pondría alma y razón.

Pero recuerden, nobles orientales,
Que si el verso se presta para tales

Hazañas (y hasta para Cumpleaños*),*
Se prestó mucho más, durante años,

Para otras cosas: cantos en tercetos,
Y odas y madrigales y sonetos;

Y hasta cartas como esta que aquí ven
(¡Pensar en Garcilaso o en Rubén!).

Así pues, me imagino con derecho
A arrancarme esta epístola del pecho

(Imagen puro siglo XIX*)*
Y enviarla rimada, en tiempo breve,

A las lejanas tierras de Uruguay,
En donde al menos dos nostalgias hay.

¿Saben que aún su avión no había partido,
Que todavía se le oía el ruido,

Y ya en el grupo que los saludaba
Había más de uno que lloraba?

Y después en silencio regresamos
Porque pobres, muy pobres nos quedamos [...]

Sin Luz empieza ahora cada día
En la Casa, que está medio vacía

Porque Mario no llega a reuniones
Donde ya no dan gusto discusiones

(Discusiones de Beba y de Mariano
y de nosotros dos: ¡recuerda, hermano!). [...]

Los yanquis siguen dándonos dolores
De cabeza: ahí están los pescadores. [...]

En fin: que se hace breve el universo
Cuando lo que se escribe es carta en verso.

¡Yo les dijera, hermanos, cada cosa
Si me hubiera transado por la prosa!

Pero sea como sea, la verdad
Es que los extrañamos cantidad,

Y que esperamos ese vuelo LAN
En que los Benedetti volverán

A reunir, en un abrazo de almas,
Los sueños, los ombúes y las palmas.

Desde Montevideo, con fecha 17 de abril, recibí esta respuesta de
Mario:

Ah Roberto fraterno, cuando leo
tu epístola, triunfante del bloqueo,

vencedora de ausencias, viva brasa
del fuego de amistad que arde en la Casa,

no puedo menos que decirme: «¡Ay,
por qué no estará Cuba en Uruguay,

a fin de hallar un taxi inesperado
para ir de mi Malvín a tu Vedado,

y si la suerte no nos fuera adversa
cumplir también la ruta viceversa.»

La realidad empero es más aciaga
y hay que pasar por Gander, Shannon, Praga,

París, Madrid, Las Palmas, y hasta Río,
para venir de tu país al mío.

Mas no importa. Por buenas o por malas,
la nostalgia ya viaja sin escalas,

y gracias a esa gesta migratoria,
ustedes están siempre en mi memoria. [...]

Para empezar te llevo a mi redil:
¿cómo andan los ánimos del CIL?

También aquí valorimultiplico:
se proyecta empezar, en abanico,

sendas valoraciones de Quiroga
y Borges (Marx aprieta mas no ahoga) [...]

Sobre el ensayo en verso que reclamas
¡cómo quisiera irme por las ramas

y decirte que espero que me brote
en diez sonetos (dos, con estrambote)

mas la verdad escueta y vergonzosa
es que esta vez he de escribirlo en prosa!

(aunque tal distinción muy poco añada
si reconozco que no he escrito nada) [...]

Ah, esta misiva es, en buena ley,
más que una carta. Casi es un long-play.

No preciso llegar a los extremos
para decirles cuánto los queremos.

Eso lo saben. Aquí va un abrazo
apretado y sincero, sin reemplazo.

Han de caber en él tántos y cuánto
de tu casa y la Casa. Mientras tanto,

bienvenida de LAN la nueva era
por la que consigamos dondequiera

reunir, cuando el destino lo disponga,
los sueños, la guaracha y la milonga.

El buen humor de estas líneas (que Mario no pierde casi nunca, salvo cuando la justa indignación lo estremece) no debe hacer olvidar que mientras ellas se escribieron nuestra atmósfera intelectual, y la otra, se estaban enrareciendo. Si en la década anterior, a fechorías como la invasión de Playa Girón, en 1961 (semejante a la que en 1954 le fue propinada a Guatemala, solo que esta nueva vez fue vencida), las habían acompañado las engañifas, cuentas y abalorios del momento (como la Alianza para el Progreso), la imposición a la OEA de rupturas de relaciones diplomáticas con Cuba (a lo que no se prestó el gobierno de México) y argucias letradas como la de la revista *Mundo Nuevo*, ocasiones todas en las que la posición de Mario fue inequívoca, la década del setenta nos depararía nuevas pruebas: y la misma inequívoca posición de Mario. Mientras iban y venían nuestras cartas en verso, había tenido lugar el segundo episodio del triste «caso Padilla», con sus conocidas secuelas. Aunque las raíces de una derecha renacida que iba a campear por sus respetos se encuentran en acontecimientos ocurridos a finales de los sesenta (el primero de los cuales fue el asesinato del Che hace treinta años), sin duda tal «caso» desempeñó un importante papel catalizador. Algunos aprovecharon la coyuntura, se pasaron con armas y bagajes al enemigo, y hacen más ruido que el cuento del idiota shakespereano lleno de sonido y furia que nada significa (según Tito Monterroso, la expresión inglesa original, *sound and fury*, debe traducirse «bla bla bla»). Otros, la aprovecharon de cortina de humo tras la cual escudar sus flaquezas o exonerar al implacable adversario. Y no faltaron aquellos para quienes fue motivo de sincero y comprensible desasosiego. A ninguno de estos grupos perteneció Mario. Incluso en una situación tan embarazosa, fue de los muchos que se jugaron enteros en favor de la revolución. No la de Cuba: la de nuestra América. Hay que oír hablar a Mario con devoción de Artigas, quien promulgó su radical reforma agraria a principios del siglo XIX, cuando aún no había Marx, para entender que no es Cuba lo que él defiende, sino la justicia de la cual Cuba quiere ser abanderada. Hay que oírlo hablar del gran Rodó, a quien tanto debemos, como hombre del siglo XIX, no del XX, para que no se piense que es un patriotero. Y hay que oírlo atacar sin contemplaciones al imperialismo estadunidense, «el gran enemigo del género humano» según el Che, para que se le vea vibrar de fe en sus pueblos y de cólera sagrada ante quienes los explotan, desdeñan, agreden y calumnian. Su amado Martí, que vivió en el monstruo y le conoció las entrañas, se refirió con toda claridad al Norte revuelto y brutal que nos desprecia. No contradice Benedetti al Apóstol. Y, fiel a sus lecciones (no se trata de citarlo o ensalzarlo, sino de asumirlo y continuarlo), persiste en nombrar a las cosas por sus nombres, hoy que tantos se entregan a martingalas semánticas para que en el papel mil cosas no parezcan lo que son en realidad. No pudieron ni podrán contar con Benedetti quienes con voz engolada o supuestamente ingeniosa llaman al pan pan y al vino Coca Cola.

Nunca como en esa década del setenta fueron puestos tan a prueba el temple y la dignidad de Mario Benedetti. Ante la feroz arremetida imperialista, con frecuencia sus letras, como las de otros de los pariguales de Mario, se volvieron emergentes, o él mismo se volcó en la abierta faena política, que no es el campo natural de este renovador de ideas, como no lo fue de Martínez Estrada, Cortázar ni muchísimos más. En todo caso, la suya fue, como no podía menos de ser, la política del desprendimiento y el sacrificio, no la trepadora.

Porque creo que Mario hubiera podido suscribir algunos de sus términos, y porque trasmite a cabalidad la temperatura de la época, voy a citar fragmentos de una carta que desde Buenos Aires, el 27 de abril de 1972, me envió Rodolfo Walsh:

> En este clima, comprenderás que las únicas cosas sobre las que uno podría o desearía escribir, son aquellas que precisamente no puede escribir, ni mencionar; los únicos héroes posibles, los revolucionarios, necesitan del silencio; las únicas cosas ingeniosas, son las que el enemigo todavía desconoce; los posibles hallazgos, necesitan un pozo en que esconderse; toda verdad transcurre por abajo, igual que toda esperanza; el que sabe algo, no lo dice; el que dice algo, no lo sabe; el resultado de los mejores esfuerzos intelectuales se quema diariamente, y al día siguiente se reconstruye y se vuelve a quemar. // Este cambio doloroso es sin embargo extraordinario. Para algunos la vida está ahora llena de sentido, aunque la literatura no pueda existir. El silencio de los intelectuales, el desplome del boom literario, el fin de los salones, es el más formidable testimonio de que aun aquellos que no se animan a participar de la revolución popular en marcha —lenta marcha—, no pueden ya ser cómplices de la cultura opresora, ni aceptar sin culpa el privilegio, ni desentenderse del sufrimiento y las luchas del pueblo, que como siempre está revelando ser el protagonista de toda historia [...]

Conocemos de sobra los capítulos pavorosos que siguieron. Desde el Chile del generoso gobierno popular de Allende, que había llegado al poder en elecciones convencionales, hasta Argentina y Uruguay, bárbaras dictaduras militares sembraron el terror más sanguinario, a fin de implantar singulares transiciones. En muchos otros países, se yuguló o paralizó a regímenes positivos. Detrás de esto estaban instituciones como la Escuela de las Américas, la tenebrosa academia creada por los Estados Unidos para enseñar a oficiales de nuestra América la manera más eficaz de convertirlos en torturadores y verdugos de sus propios pueblos. Como de un tiempo a esta parte a los gobernantes de aquel país les ha dado, sarcásticamente, por pretenderse defensores y hasta árbitros de los derechos humanos, que han conculcado con perseverancia, hasta ellos hablan hoy de esos crímenes, harto conocidos ya por el resto del planeta (véase el filme de Costa Gavras *Estado de sitio*, cuyo ominoso protagonista es un instructor yanqui de torturadores ajusticiado en Uruguay), y ni qué decir por sus víctimas, en caso de no haber sucumbido.

Esta fue la atmósfera que tuvieron que padecer hombres y mujeres como Benedetti, y se está en el deber de no olvidarla. De riesgos así pudo salvarse, a menudo casi de milagro, el autor de textos magníficos en que defendió a los oprimidos y desenmascaró a los opresores, sin tibiezas ni consignas. Por eso Cortázar, escritor exquisito si los he conocido, y honrado a carta cabal, pudo decir que «Mario es uno de los hombres más valiosos de nuestro continente y por tanto siempre en peligro». Concluida la matanza que hizo desaparecer a millares de hombres y mujeres, sobre todo jóvenes y hasta niños, las hordas recibieron instrucciones de volver a sus guaridas hasta nuevo aviso. La impunidad les sería garantizada, como así fue. Al entusiasmo revolucionario, por su parte, iba a seguirle, tras la sangrienta derrota, el explicable desaliento momentáneo. Pero puede matarse a los seres humanos, no a sus ideales. Mario no sobrevivió para sahumar a los asesinos o compartir el cinismo de los que cambiaron de posición como de chaqueta, aduciendo que las ideas que sostuvieron eran incorrectas y fueron vencidas, lo que es sencillamente una infamia: un crimen nada tiene que ver con una victoria intelectual. Mario sobrevivió como aquel elefante del poema de Rafael Courtoisie que decidió no perder la memoria. Para tener derecho al porvenir, hay que no olvidar lo inolvidable.

Por otra parte, así como, no siendo Benedetti un ciego doctrinario, cuando se vino abajo el castillo de naipes a que fue reducido, con el mote «socialismo real», el gran experimento nacido en Rusia en 1917 aquel entierro no era suyo, como Galeano dijo de sí, tampoco tendrá que arrepentirse de las cobardías y vilezas que contemplamos después de la caída, cuando no faltaron tontos que creyeron llegado el fin de la historia con el supuesto triunfo definitivo de lo que años atrás Benedetti había llamado «el capitalismo real». Habida cuenta de lo ocurrido luego, en un Sur que existe cada vez más esquilmado y que ahora incluye buena parte del que se llamó Este, no faltan los que ya están arrepintiéndose de sus arrepentimientos.

A lo largo de una vida que no temo llamar ejemplar, Mario ha ido diciendo sus verdades sin contemplaciones. De seguro no ha acertado siempre. Por supuesto, tampoco nosotros. Si lo he de saber yo, que tanto he discutido con él: a algunas de esas discusiones alude mi epístola en verso. Solo que discutir con un hombre íntegro como él es un privilegio que nunca sabré cómo agradecer bastante.

Mencioné algunos posibles miembros de la familia espiritual a la que creo que pertenece Benedetti, aunque no todos los criterios de aquellos me parecen compatibles. Por ejemplo, lamento que Unamuno no haya entendido desde el primer instante la felonía de los que se alzaron contra la República Española en 1936; o que Sartre haya prestado su nombre a los que en determinada situación calumniaron a la Revolución Cubana. Esas debilidades, sin embargo, no pueden hacerme olvidar la grandeza básica de sus existencias. Benedetti no ha incurrido en cosas semejantes. Pero tampoco quiero presentarlo como un santón de utilería. Lo que sé es que cuando el mundo se encrespa (como antes hacía, por ejemplo, con Bertrand Russell, y hasta hace poco con Darcy Ribeiro), busco ahora la opinión de algunos colegas que estoy seguro de que me ayudarán a orientarme. Entre ellos, uno es muy famoso en el mundo, aunque no colabore en el *New York Times,* que dice publicar «all the news that's fit to print». Lo he considerado un Bartolomé de Las Casas de su propio Imperio, representa a los Estados Unidos que amo, y se llama Noam Chomsky. Otro es quizá menos famoso pero no menos digno de serlo: y, como Blas de Otero, de seguro no quiere ser famoso, sino popular. La Universidad de La Habana se honra al otorgarle hoy el Doctorado Honoris Causa. Se llama Mario Benedetti, y es una conciencia alerta y valiente que nos ilumina, enseña y enorgullece.

Leopoldo Zea, incitador de América*

No es esta la primera ocasión en que mi Alma Mater me honra so-
licitándome hablar de Leopoldo Zea. Hace unos años, también a la
carrera, ya me pidió hacerlo. Inevitablemente, voy a repetir algunas de las cosas que entonces dije, así como de las que en distintas
ocasiones escribí sobre él, aunque trataré de que sean las menos.
Por suerte para ustedes, las pronunciadas en esta Universidad las
improvisé: solo quedaron en mi memoria, y aun así de modo muy
parcial. Una, sin embargo, la recuerdo bien. Dije que, al igual que
Unamuno había sido llamado (por Ernst Robert Curtius) «Excitator
Hispaniae», Zea merecía ser tenido como «Incitador de América»:
de nuestra América. Ese es, sin duda, el signo esencial de su enorme y fecunda tarea intelectual.

El abundante número de sus libros y ensayos sueltos, y el área
que ellos cubren, no impiden señalar ese signo como centro unifica-
dor de su tarea, pues la existencia de tal centro está lejos de contra-
decir el hecho evidente de que un verdadero pensamiento necesita
ir enriqueciéndose: pero se enriquece creciendo cada vez más hacia
la plenitud de sí mismo. Creo que a esto apuntaban las palabras
que nuestro José Antonio Portuondo envió a Zea, al arribar él, hace

* Leído el 17 de diciembre de 1997, en el Aula Magna de la Universidad de La
  Habana, al entregarse a Zea el Doctorado Honoris Causa que le concediera
  dicha Universidad. Publicado en *Cuadernos Americanos*, Nueva Época, vol.
  2, no. 68, marzo-abril de 1998.

un lustro, a lo que el cubano llamó con su habitual humor el «club de los ochentones». Le escribió entonces Portuondo:

> Tus obras revelan un desarrollo ascendente desde los días iniciales en que el Maestro José Gaos veía ya en ti el más agudo [...] de sus discípulos y tú comenzabas tu estupenda cruzada por el rescate de la conciencia nacional, primero, y luego por nuestro maltratado continente hispanoamericano, aglutinando [...] una generación de pensadores de [...] los países de nuestro hemisferio. Todos hemos visto en ti un certero orientador y un hermano sagaz y constante. Y nada más alentador que tu persistencia en la defensa de nuestra identidad cultural que [...] pelea contra la «guerra sucia» que tú mismo has desenmascarado.

En sus líneas, tan escasas como incisivas, Portuondo sintetiza varios aspectos básicos de la labor de Zea: en primer lugar, su filiación con respecto al Maestro José Gaos; en segundo lugar, la labor escrita de Zea, que va del «rescate de la conciencia nacional», al de la de «nuestro maltratado continente»: «la defensa de nuestra identidad cultural»; y en tercer lugar, su empeño en aglutinar a una generación (en realidad, a varias) de pensadores de nuestro Hemisferio. Aunque a menudo es harto difícil deslindar estos aspectos, por razones de claridad voy a considerarlos de modo separado.

La presencia de Gaos en México remite a la tragedia de la llamada guerra civil que descuajó de España a una parte considerable de su pueblo, incluyendo a muchísimos de sus mejores intelectuales. Entre ellos, para no hacer interminable la lista, quiero destacar los casos de Gaos y María Zambrano, quienes trajeron a América versiones de izquierda del magisterio de Ortega y Gasset. Mientras este último, en parte porque no le fue dable sobrellevar su exilio argentino y en parte porque su pensamiento no estaba exento de rasgos de derecha, volvió en 1942 a la España franquista, donde moriría trece años después, nada similar experimentaron Gaos y Zambrano, quienes, a pesar de diferencias políticas con el autor de *La rebelión de las masas*, nunca negaron la deuda contraída con el eminente pensador. Además, sin dejar de añorar a la España que entre 1898 y 1939 había vivido una intensa eclosión cultural y una apertura histórica, no desamaron los países a que el destino los arrojara. Gaos se proclamó un transterrado en México, y se vinculó a la vida de la nación, donde dejaría huella perdurable. María Zambrano, más peregrina, declaró sin embargo haber hallado en Cuba su patria prenatal, y estampó su impronta en la mayoría de los integrantes del grupo Orígenes. Es difícil que sin aquellas identificaciones hubieran logrado calar tan hondo en las que fueron sus tierras de adopción.

El México al que llegó Gaos había tenido el honor, gracias al gobierno de Lázaro Cárdenas, de haber apoyado fervorosamente a la República Española durante la infausta guerra que la sofocó. Antes de asistir a los cursos de Gaos, pues, el joven Zea estuvo formándose en un ambiente donde la Revolución Mexicana había vuelto a centellear, en hechos como aquel apoyo, el aliento a la cultura propia o la nacionalización del petróleo. Y no le era desconocida la rica herencia de pensamiento de que su país puede ufanarse. Véase cómo Zea ha vuelto sobre conceptos como el bovarismo denunciado por Antonio Caso: «la facultad de concebirse diferente de como se es»; o, en su versión más generosa, la raza cósmica con que soñara José Vasconcelos. También Samuel Ramos, en cuyas clases Zea se había familiarizado con Ortega, le trasmitió inquietudes. Lo que quiero destacar es que cuando se encontró con Gaos, Zea tenía ya un bagaje de experiencias históricas e intelectuales que viabilizaron su rápida y fecunda asimilación de cuanto habría de enseñarle el maestro español.

Entre las lecciones que Gaos llevó a México estaban el rigor y la autenticidad que caracterizaron a aquella memorable Facultad de Filosofía y Letras de la Universidad Central de Madrid donde maduró junto a una pléyade de figuras sobresalientes, a las cuales, en cuanto a la filosofía, el propio Gaos llamó «la Escuela de Madrid». José Luis Abellán, en el tomo 8 de su *Historia crítica del pensamiento español* (1979–1992), nos ha hablado con acierto de los integrantes de esa Escuela. Llevó también Gaos la invitación a estudiar lo que se había meditado en el país, a partir de su realidad. Además, la observación de que la filosofía es una de las encarnaciones de un pensamiento más amplio, el cual no siempre «tiene por fondo los objetos trascendentes y sistemáticos de la filosofía, sino objetos inmanentes, humanos, […] problemas de circunstancias» (en que se percibe el eco orteguiano), un pensamiento cuyas manifestaciones más originales no suelen asumir la forma académica del tratado, sino otras, incluso literarias: lo cual, refiriéndose a España, ya había señalado Unamuno en *Del sentimiento trágico de la vida* […] (1913). Estas lecciones las iba a asimilar y desarrollar notablemente Zea, primero pensador de la circunstancia mexicana, luego hispanoamericana, y por último del mundo que ahora llaman el Sur y él prefiere seguir nombrando de modo desafiante barbarie; y cuyo instrumento por excelencia ha sido el ensayo.

No quiero despedirme de la relación entre Gaos y Zea sin dejar de transcribir una decisiva conversación entre ambos que el último ha evocado:

«¿Sobre qué piensa hacer su tesis?» —[me] preguntó Gaos. «Me interesaría mucho —le dije— hacerla sobre los sofistas griegos.» «Querido Zea [le respondió Gaos], estoy seguro que haría un buen trabajo, pero no aportaría mucho en ese campo. […] Se trata de hacer una tesis, y una tesis implica un aporte al tema tratado. ¿Por qué no toma un tema mexicano, alguna corriente filosófica y su influencia, por ejemplo, el liberalismo o el positivismo?»

En atención a tan sabio consejo, Zea realizó una obra clásica: su estudio sobre el positivismo en México. Allí no abordó el positivismo en general (lo que a menudo quería decir tan solo o primordialmente el europeo), sino el que se manifestó en México, elaborado por pensadores locales como ideología de una clase concreta en un instante dado.

México seguiría siendo hasta hoy una constante en el pensamiento, en la vida de Zea. Pero muy pronto había aparecido en él la preocupación por un horizonte más dilatado: el de su América. Ya en 1942 publicó su ensayo «En torno a una filosofía americana». El sesgo de este ensayo, sin embargo, no sería aún el que iba a caracterizar a sus meditaciones sobre el tema. En 1942 estaba en su apogeo el segundo capítulo de la atroz guerra mundial iniciada en 1914, que probaba de modo flagrante la crisis de la civilización occidental. No fueron pocos los que en esa ocasión creyeron llegada la hora de que América asumiera la defensa de los valores que la ensangrentada Europa estaba de nuevo haciendo trizas, e incluso ocupara el lugar de esta. De algún modo, el Zea de treinta años comparte esa esperanza al decir en ese ensayo que el hombre americano «[a]hora tiene que plantar su propio árbol cultural, hacer sus propias ideas». Lo de «hacer sus propias ideas», tendría continuación en la obra de Zea. Pero tras el final de la llamada Segunda Guerra Mundial, y la reconstitución del capitalismo metropolitano, no fue ya sostenible el papel hegemónico imaginado para América. Zea se hizo cargo de las nuevas realidades en una serie de obras, entre las que destacaré en primer lugar *América como conciencia* (1953), *América en la conciencia de Europa* (1955) y *América en la historia* (1957). Vale la pena llamar la atención sobre el hecho de que, a semejanza de su compatriota Alfonso Reyes, al hablar de América, por lo general Zea no se refiere a la totalidad del Hemisferio en que vivimos, sino a lo que Martí llamó nuestra América. El propio Martí consideraba a los Estados Unidos, al menos desde 1884, «la América europea», y en 1889, en su discurso conocido como «Madre América», estableció un contrapunto no superado entre los Estados Unidos y nosotros. Zea, a quien interesó pronto el tema de las dos Américas, escribió en el segundo de los libros citados: «llamo Mundo Occidental u Occidente al conjunto de los pueblos que en Europa y en América, concretamente los Estados Unidos de Norteamérica, han realizado los ideales culturales y materiales de la Modernidad que se hicieron patentes a partir del siglo XVI». En *América en la historia* añadirá: «Lo cierto es que el capitalismo, esto es, el mundo occidental, basó su prosperidad en la miseria de los otros pueblos.» De esa Modernidad que es el capitalismo desarrollado nuestra América ha sido excluida, y se encuentra entre los pueblos sobre cuya miseria se levantó la prosperidad del mundo occidental. Zea estudia el hecho con penetración sobre todo en *América en la historia*. Reparemos en su fecha de aparición: 1957. No muchas obras la habían precedido en el enfoque: pienso por ejemplo en *Capitalism and Slavery* (1944), de Eric Williams, y en el violento panfleto *Discours sur le colonialisme* (1950), de Aimé Césaire. En español, el de Zea es libro pionero, lo que me llevó a utilizar su título para nombrar la lección que consagré al tema, en curso que el pasado año ofrecí sobre el pensamiento de nuestra América.

Pero muchos trepidamientos históricos ocurrirían después de la aparición de aquel libro básico, y Zea iba a hacerse cargo de ellos en nuevos trabajos. Es innecesario subrayar que en 1959 llegó al poder la Revolución Cubana, un acontecimiento que a Zea, como a tantos espíritus perspicaces, no podía dejar de recordarle la Revolución Mexicana de 1910, y aun nuestras gestas independentistas del siglo XIX. Las previsibles agresiones del imperialismo estadunidense, las calumnias arrojadas por este y sus amanuenses contra el nuevo capítulo de la larga lucha de liberación de nuestra América, en vez de obnubilarlo lo estimularon a nuevas claridades: su pensamiento, siempre vocado a ello, asumió a plenitud su carácter de pensamiento de liberación. Baste mencionar algunas de las obras en que ello se puso de manifiesto: *Dependencia y liberación en la cultura latinoamericana* (1974), *Dialéctica de la conciencia americana* (1976), *Latinoamérica Tercer Mundo* (1977). En el primero de estos libros, Zea postula: «el problema es saber a qué tipo de universalismo se arriba, a qué tipo de apertura. ¿Al universalismo y apertura propios del neocolonialismo, o al universalismo y apertura a que aspiran pueblos como los nuestros?» Y más adelante:

> Se habló de libertad de los mares y libertad de comercio como ahora de libertad de inversión, para afirmar el derecho de unos pueblos sobre otros. Esto es la libertad como instrumento de dominación, la libertad como justificación de quienes en su nombre afirmaron y afirman sus intereses, justificando en nombre de la libertad crímenes en Asia, en África y en nuestra América. El liberalismo, paradójicamente, como filosofía de la dominación.

No es solo el destino de su amenazada América lo que lo conmueve: es el de todos los pueblos marginados y explotados. Si en un ensayo de 1961 ya había abordado «La revolución de los pueblos africanos», en 1983 tuve la feliz ocasión de publicarle en la revista *Casa de las Américas*, de la que ha sido un frecuente colaborador, «Filosofía desde la marginación y la barbarie», que ese año leyera en el simposio organizado en Cuba con motivo del bicentenario de Simón Bolívar. Un lustro después, esas páginas habían dado de sí su libro *Discurso desde la marginación y la barbarie* (1988). Bien puede decirse que, como resultado de un crecimiento orgánico, y dando prueba de una lozanía singular dada la edad del autor, se trata de una de las contribuciones más recientes a lo que el investigador chicano José David Saldívar llamó «la escuela de Caliban», cuyos orígenes señaló en George Lamming, Césaire y el autor de estas líneas.

He querido dar una idea aunque sea somera de la labor personal de Zea. Refiriéndose a ella, Adolfo Sánchez Vázquez afirmó hace algún tiempo:

> el reconocimiento de la obra de Zea en países europeos como Francia, España o la URSS revela hasta qué punto se le ve lejos de un provincianismo latinoamericano. A su vez, la amplia y profunda influencia de su obra, desde Argentina a Cuba, demuestra hasta qué grado su filosofía responde a la necesidad de que el filosofar en la América Latina deje de buscar inútilmente lo universal y eterno y se enraíce en lo concreto. Pero al enraizarse en lo concreto, y lo concreto es [...] dependencia y opresión, la filosofía contribuye a la liberación.

Esa labor de Zea es inseparable de la que ha realizado estimulando y difundiendo generosamente trabajos ajenos siempre vinculados a la línea central de nuestra América, de lo que me complace dar agradecido testimonio. Son incontables a propósito de esto las reuniones que ha organizado y las ediciones que ha hecho posibles. Entre estas últimas, no puedo dejar de mencionar, al menos, *Latinoamérica. Cuadernos de Cultura Latinoamericana*, los cien fascículos que simbólicamente se iniciaron con un texto de Bolívar y concluyeron con otro de Martí sobre él, y fueron después reunidos en dos amplios tomos de *Ideas en torno de Latinoamérica* (1986); y el volumen colectivo *América Latina en sus ideas* (1986), que compilara para la serie de la UNESCO *América Latina en su cultura*. Y si bien, además, Zea ha colaborado en cuantiosas publicaciones periódicas, tampoco puedo dejar de nombrar aquella a cuyo frente se halla desde hace una década: *Cuadernos Americanos*.

Fundada, durante los años de formación de Zea, con participación de grandes intelectuales mexicanos y de la España leal, y admirablemente dirigida hasta su muerte por Jesús Silva Herzog, la Universidad Nacional Autónoma de México y la Junta de Gobierno de *Cuadernos Americanos* decidieron en 1987 encomendarle a Zea la dirección de la nueva época de esa revista, que por otra parte había sido uno de sus principales foros desde el inicio mismo de la publicación. Con él a su frente, la revista ha seguido siendo una de las principales de nuestra área, y ha venido abordando temas de actualidad con amplitud y voracidad constantes, con la vibración que Zea pone en todo lo que hace. No en balde lo llamó «hermano», al cumplir ochenta años el mexicano y setenta el brasileño, el extraordinario Darcy Ribeiro, cuya reciente desaparición nos ha privado de una de las criaturas privilegiadas con que contaba nuestro asendereado planeta.

Que la Universidad de La Habana conceda el Doctorado Honoris Causa a Leopoldo Zea, universitario ejemplar, en momentos en que en un Coloquio Internacional se rinde homenaje al intachable sacerdote Félix Varela, el irreductible independentista de quien se ha dicho que nos enseñó a los cubanos a pensar, implica una lección. Es de tal magnitud lo que debemos al Maestro Zea, quien tantos honores ha recibido en el mundo entero, que nunca podremos pagarle del todo. Sepa al menos que con este Doctorado se pretende corresponder a la envergadura de su faena acercándolo a la memoria de quien sembró para nuestra patria chica, en permanente lucha por la emancipación y la justicia, frutos que siguen alimentándonos y esperanzándonos.

Notas

I.
Prólogo a *África en América*

1. Sección de la revista *Casa de las Américas*.

Entrada en las Antillas de lengua inglesa

1. Las citas entre comillas, si no se dice otra cosa, son de José Martí.
2. Cf. «Del Primer Festival Panafricano de Cultura», *Casa de las Américas*, no. 58, enero–febrero de 1970.
3. Cf. «Antillanos y africanos», *Casa de las Américas*, no. 36–37, mayo–agosto de 1966, número dedicado a *África en América*.

Nuestra América y Occidente

1. Arturo Ardao ha realizado aportes valiosos a la historia de ese concepto: cf. «La idea de Latinoamérica», *Marcha*, noviembre de 1965; «La idea de la Magna Colombia, de Miranda a Hostos», *Araisa. Anuario del Centro de Estudios Latinoamericanos «Rómulo Gallegos»*, Caracas, 1975; y en especial *Génesis de la idea y el nombre de América Latina*, Caracas, 1980.
2. José Luis Romero: *La cultura occidental*, Buenos Aires, 1953, p. 7.
3. Jorge Guillermo Federico Hegel: *Lecciones sobre la filosofía de la historia universal*, dos tomos, trad. del alemán por José Gaos, Madrid, 1953.
4. «El libro de Chamberlain [*Las bases del siglo* XIX. *1899–1904*] viene a ser en cierta medida un anticipo del de Spengler [...] puede decirse que murió a manos de un sucesor y rival afortunado: *La decadencia de Occidente*»: Francisco Romero: *Filosofía de la persona y otros ensayos de filosofía*, 2a. ed. ampliada, Buenos Aires, 1951, p. 144. Es interesante recordar la opinión que los países de nuestra América le merecían al furioso teórico del racismo que fue Chamberlain: «Los llamados salvajes del centro de Australia llevan una existencia más armoniosa, más digna de hombres y aun podría decirse más "santa" que los habitantes de estos países.» (Ibíd.)

5. El propio Arnold Toynbee, al exponer la idea central de su *Estudio*, es decir, que lo que él llama una «sociedad» es el «campo inteligible de estudio histórico», añade: «Esta concepción de las sociedades ya era familiar, hace tres cuartos de siglo, a Gobineau» (A.T.: *Estudio de la historia*, trad. de Jaime Perraux, tomo I, 2a. ed., Buenos Aires, 1956, pp. 67 y 68, n.). Cf. otra cita en p. 77. El *Éssai sur l'inégalité des races humaines* [1853-1855], por otra parte, prefigura el treno por la «decadencia de Occidente» que tantas voces entonarían. Compárense estas palabras de Gobineau: «Somos nosotros los modernos, nosotros los primeros que sabemos que toda aglomeración de hombres, y el modo de cultura intelectual que de ello resulta, deben perecer», con estas famosas de Paul Valéry, a raíz de la Primera Guerra Mundial: «Nosotras, las civilizaciones, sabemos ahora que somos mortales.» Ahora bien, no desconozco las diferencias entre Spengler y Toynbee; a ese respecto, cf. de Nikolái I. Konrad: «Carta de respuesta a Arnold Toynbee», *Cultura, ideología y sociedad. Antología de estudios marxistas sobre la cultura*, selección, presentación y traducción de Desiderio Navarro, La Habana, 1975.

6. Leopoldo Zea: *América en la conciencia de Europa*, México, 1955, p. 8.

7. Karl Marx: *El capital. Crítica de la Economía Política. Libro primero. El proceso de producción del capital*, t. I, vol. 3, trad., advertencia y nota de Pedro Scaron, 3a. ed. en español, México, Siglo XXI, 1975, pp. 894-895, n.

8. José Carlos Mariátegui: *Siete ensayos de interpretación de la realidad peruana* [1928], La Habana, 1963, p. 5. Leopoldo Zea: *América en la historia*, México, 1957, p. 80.

9. Solo *un* país no poblado por europeos logró un verdadero desarrollo capitalista: Japón. Sobre su carácter *excepcional* y las contradicciones entre las potencias occidentales que hicieron posible ese desarrollo, cf. Paul A. Baran: *La economía política del desarrollo*, trad. de N. Warman, 2a. ed., México, 1961, pp. 170 y ss.

10. Enrique Semo: *Historia del capitalismo en México. Los orígenes, 1521-1763*, México, 1973, p. 112.

11. José Martí: «Nuestra América» [1891], *Obras completas*, VI, 18.

12. Cf. a este respecto, de N.I. Konrad: «The Substance of History», *West-East. Inseparable Twain*, Moscú, 1967, esp. pp. 220-222.

13. Celso Furtado: *La economía latinoamericana desde la conquista ibérica hasta la revolución cubana*, México, 1969, p. 6; y Laurette Séjourné: *América Latina, I. Antiguas culturas precolombinas*, trad. de Josefina Oliva de Coll, Madrid, 1971, p. 63.

14. Alejandro Lipschütz: *Perfil de Indoamérica de nuestro tiempo. Antología 1937-1962* [1968], La Habana, 1972, p. 91. La «presencia negra en el Nuevo Mundo», como diría José Luciano Franco, es capital para el desarrollo ulterior no solo de nuestra América, sino también de Europa y África. De hecho, a raíz de 1492 se abre lo que Fernando Ortiz ha llamado «ese

gran remolino social, de blancos, bermejos y negros, con que se inicia la occidentalización de tres continentes, con el océano Atlántico, de polo a polo, como su articulación vertebral». F.O.: «La "leyenda negra" contra Fray Bartolomé», *Cuadernos Americanos*, septiembre-octubre de 1952, pp. 158-159.

15. Cf. José Juan Arrom: «Criollo: definición y matices de un concepto», *Certidumbre de América*, 2a. ed. aumentada, Madrid, 1971.

16. Alejandro de Humboldt: *Ensayo político sobre el reino de la Nueva España*, 6a. ed. castellana, tomo II, México, 1941, p. 118.

17. Karl Marx: *El capital*, cit. en la nota 7, p. 8.

18. Arnold Toynbee: *El mundo y el Occidente*, trad. de L. Rodríguez Aranda, Madrid, 1967, p. 9.

19. Intentos meritorios por restituir a la Revolución Haitiana su importancia para toda nuestra América se hallan en obras como *The Black Jaccobins. Toussaint L'Ouverture and The San Domingo Revolution* (2a. ed. revisada, Nueva York, 1963), de C.L.R. James (cf. el epílogo a esta edición: «From Toussaint L'Ouverture to Fidel Castro»); *De Cristóbal Colón a Fidel Castro. El Caribe, frontera imperial*, Madrid, 1970, de Juan Bosch; y *From Columbus to Castro: The History of the Caribbean 1492-1969*, Londres, 1970, de Eric Williams.

20. Cf. Jean Price-Mars: *Así habló el tío* [1928], La Habana, 1968.

21. Cf. *El pensamiento vivo de Bolívar*, presentado por Rufino Blanco Fombona, 3a. ed., Buenos Aires, 1958, p. 39.

22. Cf. a ese respecto algunos ejemplos en el libro de Gastón García Cantú: *El pensamiento de la reacción mexicana. Historia documental 1810-1962*, México, 1965.

23. Andrés Bello: «Investigaciones sobre la influencia de la conquista y del sistema colonial de los españoles en Chile» [1844], *Antología del pensamiento de lengua española en la Edad Contemporánea*, introducción y selección de José Gaos, México, 1945, p. 195.

24. J.G.F. Hegel: ob. cit. en nota 3, I, 210.

25. Comenté esta obra, y otras de Sarmiento (y similares), en trabajos como «Caliban» y «Algunos usos de civilización y barbarie». Este último se recoge en este libro.

26. A este término dedicó Lucien Febvre su trabajo «Civilisation: évolution d'un mot et d'un groupe d'idées» [1929], *Pour une histoire à part entière*, París, 1962, que ha sido complementado en «Civilisation. Contribution á l'histoire du mot» [1954], *Problèmes de linguistique générale*, París, 1966, por Émile Benveniste, quien llama allí con acierto a «civilización» «una de esas palabras que inculcan una visión nueva del mundo». El término apareció a mediados del siglo XVIII, primero en Francia y poco después en Inglaterra.

27. «El prejuicio racial, tal como existe en el mundo actualmente, es casi exclusivamente una actitud de los blancos, y tuvo sus orígenes en la necesidad de los conquistadores europeos del siglo XVI en adelante de racionalizar y justificar el robo, la esclavitud y la continua explotación de sus víctimas de color en todo el mundo». Paul Baran y Paul M. Sweezy: *Capital monopolístico. Un ensayo sobre la estructura socioeconómica norteamericana*, México, 1968, pp. 199-200. Se trata pues, de uno de los más significativos aportes de Occidente al mundo.

28. Noël Salomon: «José Martí et la prise de conscience latinoaméricaine», *Cuba Sí*, no. 35-36, 4to. trimestre de 1970-1er. trimestre de 1971, p. 3.

29. Manuel González Prada: «Nuestros indios» [1904], *Ensayos escogidos*, selección y prólogo de Augusto Salazar Bondy, 3a. ed. revisada y aumentada, Lima, 1970, p. 62.

30. J.M.: *Obras completas*, XXII, 116.

31. José Carlos Mariátegui: «El problema del indio» [1928], ob. cit. en nota 8, pp. 23 y 28. Un considerable desarrollo de este enfoque ofrece Ricardo Pozas en *Los indios en las clases sociales de México*, La Habana, 1971.

32. Cf. Alejandro Lipschütz: *Marx y Lenin en la América Latina y los problemas indigenistas*, La Habana, 1974, *passim*.

33. Frantz Fanon: «Antillais et africains», *Pour la Révolution Africaine (Écrits politiques)*, París, 1964, pp. 28 y 36.

34. José Carlos Mariátegui: «Aniversario y balance» [1928], *Ideología y política*, Lima, 1969, p. 248.

35. J[ulio] A[ntonio] Mella: «¿Qué es el ARPA?» [1928], *Documentos y artículos*, La Habana, 1975, p. 378.

36. José Carlos Mariátegui: ob. cit. en nota 34, p. 249.

37. Editorial del *Diario de la Marina*, 10 de mayo de 1960.

38. Inca Garcilaso de la Vega: *Comentarios reales de los Incas*, ed. al cuidado de Ángel Rosemblat, prólogo de Ricardo Rojas, tomo I, Buenos Aires, 1943, pp. 11-12.

Contra la Leyenda Negra

1. Ramón Menéndez Pidal: «La unidad del idioma» [1944], *Castilla, la tradición, el idioma*, 3a. ed., Madrid, 1955, p. 206.

2. Ibídem, p. 192. Sobre esta cuestión del idioma, que tantas insensateces ha hecho verter en ambas márgenes del Atlántico, cf., además de las justas palabras de Menéndez Pidal, Amado Alonso: *El problema de la lengua en América*, Madrid, 1935; y *Castellano, español, idioma nacional. Historia espiritual de tres nombres*, Buenos Aires, 1943; y Ángel Rosenblat: *El castellano de España y el castellano de América. Unidad y diferenciación*, Caracas, 1962. Este último,

en su regocijante ensayo, dice: «Frente a la diversidad inevitable del habla popular y familiar, el habla culta de Hispanoamérica presenta una asombrosa unidad con la de España, una unidad que me parece mayor que la del inglés de los Estados Unidos o el portugués del Brasil con respecto a la antigua metrópoli» (p. 46).

3. Pierre Vilar: *Historia de España*, traducción de Manuel Tuñón de Lara, París, 1960, pp. 48 y 49.

4. Fernando Ortiz: «La "leyenda negra" contra fray Bartolomé», *Cuadernos Americanos*, septiembre–octubre de 1952, p. 46.

5. Alejandro Lipschütz: *El problema racial en la conquista de América y el mestizaje*, Santiago de Chile, 1963, p. 229.

6. Alejandro Lipschütz: *Marx y Lenin en la América Latina y los problemas indigenistas*, La Habana, 1974, pp. 170–171.

7. Laurette Séjourné: *América Latina. I. Antiguas culturas precolombinas*, traducción de Josefina Oliva de Coll, Madrid, 1971, pp. 8 y 9.

8. Julio Le Riverend: «Problemas históricos de la conquista de América. Las Casas y su tiempo», *Casa de las Américas*, no. 83, julio–agosto de 1974, p. 4.

9. Carlos Marx: «Futuros resultados de la dominación británica en la India», C.M. y Federico Engels: *Acerca del colonialismo*, Moscú, s.f., p. 86. (Énfasis mío. R.F.R.)

10. Karl Marx: *El capital. Crítica de la economía política. Libro primero. El proceso de producción del capital*, tomo III, edición a cargo de Pedro Scaron, México, D.F., Siglo XXI, 3a. ed. en español, 1975, p. 950.

11. Quevedo, quien había nacido en 1580, ocho años antes de la derrota de la Armada Invencible, presenció el inicio de este proceso, y lo reflejó en su obra enorme, amarga y genial. En uno de sus sonetos más conocidos, escribió: «Y es más fácil, ¡oh España!, en muchos modos, / que lo que a todos les quitaste sola / te puedan a ti sola quitar todos.»

12. «En general, la esclavitud disfrazada de los asalariados en Europa exigía, a modo de pedestal, la esclavitud *sans phrase* [desembozada] en el Nuevo Mundo.» Karl Marx: *El capital*, cit. en nota 10, p. 949.

13. Cf. como botones de muestra *La leyenda negra. Estudios acerca del concepto de España en el extranjero* [1914], 13a. ed., Madrid, 1954, de Julián Juderías; e *Historia de la leyenda negra hispanoamericana*, Madrid, 1944, de Rómulo D. Carbia, autor argentino este último. No es azaroso que la extrema derecha española —y una parte de la extranjera— se entregue a esta «defensa» de «España» con la que se suelen defender, con frecuencia, depredaciones más cercanas.

14. «En *cada* cultura nacional existen, aunque no estén desarrollados, *elementos* de cultura democrática y socialista, pues en *cada* nación hay una masa trabajadora y explotada, cuyas condiciones de vida engendran

inevitablemente una ideología democrática y socialista. Pero en *cada* nación existe asimismo una cultura burguesa (y, además, en la mayoría de los casos ultrarreaccionaria y clerical), y no solamente en forma de "elementos", sino como cultura *dominante*. Por eso la "cultura nacional" en general es la cultura de los terratenientes, de los curas y de la burguesía». V.I. Lenin: «Notas críticas sobre la cuestión nacional» [1913], *La literatura y el arte*, Moscú, s.f., p. 80.

15. En los primeros años de la Revolución de Octubre, frente a ciertos intentos de desconocer o rechazar las creaciones culturales anteriores a la Revolución y crear la cultura proletaria, Lenin reiteró que «sólo se puede crear esta cultura proletaria conociendo con precisión la cultura que ha creado la humanidad en todo su desarrollo y transformándola [...] La cultura proletaria tiene que ser el desarrollo lógico del acervo de conocimientos conquistados por la humanidad bajo el yugo de la sociedad capitalista, de la sociedad terrateniente, de la sociedad burocrática. Todos esos caminos y senderos han conducido y continúan conduciendo hacia la cultura proletaria [...]». V.I. Lenin: «Tareas de las Juventudes Comunistas» [1920], ob. cit. en nota 14, p. 137. Estas ideas se reiteran y amplían, por ejemplo, en «La cultura proletaria» [1920], y sobre todo rigieron la tarea leninista de fundación del primer Estado socialista en el orden cultural.

16. Fidelino de Figueredo dedicó a ese tema, el «de las dos Españas, la de las derechas o la de las izquierdas» (p. 29), visto con óptica liberal, su libro *Las dos Españas* [1932], trad. de varios, México, 1944.

17. Cf. Walter Rodney: *How Europe underdeveloped Africa*, Dar es Salaam, 1972.

18. Américo Castro: *España en su historia. Cristianos, moros y judíos*, Buenos Aires, 1948.

19. Ramón Menéndez Pidal: *Los españoles en la historia* [1947], Madrid, 1959, p. 169.

20. Miguel Asín Palacios: *Dante y el Islam*, Madrid, 1927, p. 16.

21. Ramón Menéndez Pidal: *España, eslabón entre la Cristiandad y el Islam*, Madrid, 1956, *passim*.

22. José Luciano Franco: «Transculturación afrohispánica», *Santiago*, no. 17, marzo de 1975, pp. 50 y 56. Cf. también sobre este punto el libro de Fernando Henriques, *Children of Caliban*, Londres, 1974, esp. el cap. 2, «The European Image of the non European».

23. Bolívar era conciente de este hecho: «España misma deja de ser europea, por su sangre africana, por sus instituciones y por su carácter», dijo ante el Congreso de Angostura en 1819. Pero ello estaba lejos de ofenderlo: al contrario, tal hecho contribuyó a la originalidad americana, que cuatro años antes lo había llevado a proclamar con evidente orgullo: «Nosotros somos un pequeño género humano». Se sabe, por otra parte, cuánto atrajo a Martí *lo árabe* en la cultura española. A los grandes creadores de nuestra América les ha interesado siempre en España su *otredad*, su heterodoxia.

24. Cf. ahora, de Martin Bernal: *Black Athena. The Afroasiatic Roots of Classical Civilization,* volumen I [1987], 6a. ed. en rústica, New Brunswick, New Jersey, 1991; volumen II, New Brunswick, New Jersey, 1992. [Nota de 1992.]

25. «La historia del cristianismo primitivo», escribió Engels, «tiene notables puntos de semejanza con el movimiento moderno de la clase obrera.» Es más, a la pregunta de Anton Menger de por qué «el socialismo no siguió a la caída del Imperio Romano de Occidente», Engels respondió que «ese socialismo existió en la realidad, hasta donde ello era posible en esa época, e incluso alcanzó una posición dominante... en el cristianismo. Sólo que este cristianismo, como tenía que suceder dadas las condiciones históricas, no quiso cumplir las transformaciones sociales en este mundo, sino más allá de él, en la vida eterna después de la muerte, en el inminente "milenio"». Federico Engels: «Sobre la historia del cristianismo primitivo», Carlos Marx y F.E.: *Sobre la religión,* Buenos Aires, 1959, pp. 272–273. Cf. también la introducción de Engels a la obra de Marx *Las luchas sociales en Francia de 1848–1850,* La Habana, 1973, pp. 34–36.

26. Pierre Vilar: ob. cit. en nota 3, p. 60.

27. Jacques Arnault: *Historia del colonialismo,* trad. de Raúl Sciarreta, Buenos Aires, 1960, p. 10.

28. «Entrevista con Jean Paul Sartre», *Libre,* no. 4, 1972, p. 10. No deja de ser curioso que esta publicación, cuyo subtítulo era *Revista Crítica Trimestral del Mundo de Habla Española,* haya dejado pasar sin la menor crítica, o al menos sin el menor comentario, este exabrupto.

29. Jean Jacques Fol: «Notes de Lecture», *Europe,* enero–febrero de 1974, p. 286. Se trata de un comentario a mi libro *Caliban cannibale,* trad. de J.F. Bonaldi, París, 1973.

30. Manuel Galich: «El indio y el negro, ahora y antes», *Casa de las Américas,* no. 36–37, mayo–agosto de 1966, número dedicado a *África en América.*

31. Fernando Ortiz: «Prólogo» a José Antonio Saco: *Historia de la esclavitud de la raza africana en el Nuevo Mundo y en especial en los países américo-hispanos,* t. I, La Habana, 1938, p. LIX.

32. Silvio Zavala: «¿Las Casas esclavista?», *Cuadernos Americanos,* marzo–abril de 1944.

33. Juan Comas: «Fray Bartolomé, la esclavitud y el racismo», *Cuadernos Americanos,* marzo–abril de 1976.

34. Cit. en nota 4.

35. Por desgracia, a esta leyenda negra contra fray Bartolomé ha contribuido también, reiteradamente, Menéndez Pidal, quien se ha ocupado del tema, que yo sepa, en los siguientes trabajos: «"¿Codicia insaciable?" "¿Ilustres hazañas?"» [1940], *La lengua de Cristóbal Colón. El estilo de Santa Teresa y otros*

estudios del siglo XVI, Buenos Aires, 1942; «Vitoria y Las Casas» [1956], y «Una norma anormal del padre Las Casas», *El padre Las Casas y Vitoria con otros temas de los siglos XVI y XVII*, Madrid, 1958; *El padre Las Casas y la leyenda negra*, Madrid, 1958, y *El padre Las Casas: su doble personalidad*, Madrid, 1963. Menéndez Pidal compara a Las Casas (negativamente para él) con Bernal Díaz y Vitoria, y lo acusa desaforadamente de calumniador, de haber sido «el que intensificó, el que fijó, el que perpetuó la leyenda negra española» (*El padre Las Casas y la leyenda negra*, p. 11), de esclavista antinegro, y por último de... paranoico (a lo que respondería cumplidamente Lipschütz en «La paranoia y el histerismo de los profetas», *Marx y Lenin en la América Latina...*, cit. en nota 6). En este y en algunos otros puntos históricos, el eminente filólogo, a quien se tenía por espíritu más sereno y objetivo, demuestra ser, al cabo, heredero de otro gran energúmeno español: el polígrafo Marcelino Menéndez y Pelayo, cuyos criterios tristemente reaccionarios tampoco invalidan, sin embargo, lo esencial de una obra enorme que a pesar de la ideología de su autor sería absurdo dejar en manos de la reacción española, pues su consulta sigue siendo imprescindible, como arsenal que es de los más variados saberes. Un intento por deslindar lo vivo y lo muerto en esa gran obra (intento por desgracia muy insuficiente, dada la habitual superficialidad de quien lo acometiera) fue realizado por Guillermo de Torre en *Menéndez y Pelayo y las dos Españas*, Buenos Aires, 1943. Después de leer este librito, uno queda convencido de lo necesario que es escribirlo de veras.

36. Cf., por ejemplo, el t. III de la *Historia de España y América*, dirigida por J. Vicens Vives, Barcelona, 1961, esp. pp. 250–386; y Julio Le Riverend: ob. cit., en nota 8.

37. Pierre Vilar: ob. cit. en nota 3, pp. 38, 53, 65.

38. En su juventud, fogosamente libresca, Menéndez y Pelayo trató de negar este hecho: cf. *La ciencia española* (1876). Pero ya en 1894 reconocía el estado de decadencia de la ciencia española de su tiempo: cf. «Esplendor y decadencia de la cultura española», *Antología del pensamiento de lengua española en la Edad Contemporánea*, selección, introducción y notas de José Gaos, México, 1945. Por su parte, Santiago Ramón y Cajal, con la autoridad que le daba su gran obra científica de nivel internacional, afirmaba que, «apreciado globalmente», el rendimiento de la ciencia española «ha sido pobre y discontinuo, mostrando, con relación al resto de Europa, un atraso, y sobre todo una mezquindad teórica deplorables». S.R. y C.: «Nuestro atraso cultural y sus causas pretendidas», *Concepto contemporáneo de España. Antología de ensayos (1895–1931)*, por Ángel del Río y M.J. Bernardette, Buenos Aires, 1946, p. 46.

39. Manuel Tuñón de Lara: *La España del siglo* XIX. 4a. ed., Barcelona, 1973, p. 10.

40. Roberto Mesa: *El colonialismo en la crisis del* XIX *español*, Madrid, 1967, pp. 12 y 13.

41. En la *Antología* de Gaos mencionada en la nota 38 se ofrece un panorama del «pensamiento *de la decadencia*» (no decadente él mismo) en España, junto al pensamiento de la independencia en Hispanoamérica.

42. C. Marx y F. Engels: *La Revolución Española. Artículos y crónicas 1854-1873*, Moscú, s.f., pp. 12-13.

43. Roberto Mesa: «Prólogo» a la edición española de *El anticolonialismo europeo desde Las Casas a Marx*, selección de Marcel Merle y Roberto Mesa, Madrid, 1972, p. 8. Como altos representantes de este «momento» hay que citar también a algunos «cronistas de las culturas precolombinas» como Sahagún: cf. *Cronistas de las culturas precolombinas*, antología, prólogo y notas de Luis Nicolau d'Olwer, México, 1963.

44. Cf. la notable obra de Marcel Bataillon: *Erasmo en España. Estudios sobre la historia española del siglo XVI*, traducción de Antonio Alatorre, México, 1950. Cf. el apéndice «Erasmo y el Nuevo Mundo», t. II, pp. 435-454.

45. Cf. Juan López Morillas: *El krausismo español. Perfil de una aventura intelectual*, México, 1956. Arturo Andrés Roig ha dado, con su libro *Los krausistas argentinos* (Puebla, México, 1969), un ejemplo a los estudiosos de otros países hispanoamericanos.

46. Carlos Blanco Aguinaga ha estudiado en un libro útil (*Juventud del 98*, Madrid, 1970) cómo los escritores agrupados bajo este rótulo, en su juventud, entre 1890 y 1905, abordaron «"el problema de España" desde perspectivas sociopolíticas radicales que van desde el federalismo intransigente hasta el marxismo» (p. XII), y cómo en su calidad de «intelectuales pequeñoburgueses acabaron volviendo, cada uno a su modo, a recogerse en el seno de la sociedad establecida» (p. 326).

47. No menciono aquí el caso de Portugal, a pesar de sus conocidos aportes al arte y la literatura mundiales, porque también ese país ha sufrido el ramalazo de la Leyenda Negra antiespañola: leyenda en cierta forma antibérica. Pero no hay que olvidar que «Portugal no es un problema español, y es tan extraño y tan afín a la España grande como Polonia a Rusia, Bélgica a Francia […] No forma parte de ninguna de las dos Españas». Fidelino de Figueredo: *Las dos Españas*, cit. en nota 16, pp. 271 y 276. La Leyenda Negra afectó aún más fuertemente a los otros pueblos de la Península —el vasco, el catalán, el gallego, etc.—, aherrojados por la España castellana reaccionaria contra la que no se cansaron de pelear en busca de una justa solución federal.

48. Juan Marinello: «Sobre Martí escritor. La españolidad literaria de José Martí», Varios: *Vida y pensamiento de Martí. Homenaje de la ciudad de La Habana en el cincuentenario de la fundación del Partido Revolucionario Cubano 1892-1942*, vol. I, La Habana, 1942. Guillermo Díaz Plaja pudo afirmar de Martí: «ese gigantesco fenómeno de la lengua hispánica, raíz segura de la prosa de Rubén y, desde luego, el primer "creador" de prosa que ha tenido el mundo hispánico». G.D.P.: *Modernismo frente a noventa y ocho. Una introducción a la literatura española del siglo XX*, Madrid, 1951, p. 305.

49. Mirta Aguirre: *La obra narrativa de Cervantes*, La Habana, 1971.

50. Federico de Onís: «La eternidad de España en América», *España en América*, San Juan (de Puerto Rico), 2a. ed., 1968, p. 19.

Algunos usos de civilización y barbarie

1. Pedro Scaron: «Advertencia del traductor», en Karl Marx: *El capital. Crítica de la Economía Política. Libro Primero. El proceso de producción del capital*, t. I, vol. I, trad., advertencia y notas de Pedro Scaron, México, Siglo XXI, 4a. ed. en español, 1976, p. XVII.

2. Louis Althusser: *Elements d'autocritique*, París, 1974. Allí Althusser admite lo que llama su «error teoricista» (p. 41).

3. Claude Lévi-Strauss: *Race et histoire* [1952], París, 1968, p. 21.

4. Ibídem, p. 20.

5. Fernando Ortiz: *El engaño de las razas* [2a. ed.], La Habana, 1975, p. 39.

6. Jacob Burckhardt: *Historia de la cultura griega*, trad. de E. Imaz, Barcelona, 1953, t. I, p. 30. En las líneas que siguen de inmediato, las páginas mencionadas remiten a este libro.

7. Robert O. Schlaifer: «Greek Theories of Slavery from Homer to Aristotle», *Harvard Studies in Classical Philology*, Harvard, Mass., pp. 167-169, 201-202.

8. «Los griegos no quieren llamarse a sí mismos esclavos, sino a los bárbaros, y cuando dicen esto no pretenden hablar de otra cosa que del esclavo por naturaleza.» Aristóteles: *Política*, en *Metafísica*, trad. de F. de P. Samaranch, [y] *Política*, trad. de J. Marías y M. Araujo, La Habana, 1968, p. 377.

9. Cf. Lewis Hanke: *El prejuicio racial en el Nuevo Mundo. Aristóteles y los indios de Hispanoamérica*, trad. de Marina Orellana, 2a. ed., México, 1974.

10. Cit. por Arnold Toynbee en *La civilización puesta a prueba*, trad. de M.C., 3a. impresión, Buenos Aires, 1954, p. 207.

11. F[ederico] Engels: *El origen de la familia, la propiedad privada y el Estado en relación con las investigaciones de L.H. Morgan (1884-1891)*, Moscú, s.f., p. 157.

12. Cf. Carlos Marx: *El dieciocho Brumario de Luis Bonaparte*, C. Marx y F. Engels: *Obras escogidas en tres tomos*, Moscú, 1971, t. I, p. 408.

13. Maurice Collis: *Marco Polo*, trad. de F. González A., México, 1955.

14. Sobre el término «civilización» y su aparición en francés y luego en otras lenguas europeas, a mediados del siglo XVIII, cf. Lucien Febvre: «Civilisation: évolution d'un mot et d'un groupe d'idées» [1929], *Pour une histoire à part entière*, París, 1962; Emile Benveniste: «Civilisation. Contribution à l'histoire du mot» [1954], *Problèmes de linguistiqe générale*, París, 1966; José Antonio Maravall: «La palabra "civilización" y su sentido en el siglo XVIII», leído en el V Congreso de la Asociación Internacional de Hispanistas, septiembre de 1974, Burdeos.

15. R.E. Latham, en su introducción a la edición Penguin de 1958 de *Los viajes de Marco Polo* (p. xx), llama la atención sobre el uso por Marco Polo de *domesce*, como «el más cercano equivalente de la idea de "civilización" pero con un sabor "mercantil"...». Catherine H. Berndt y Ronald M. Berndt: *The Barbarians, an Anthropological View*, Londres, 1973, p. 32, n.

16. C. Lévi-Strauss: ob. cit. en nota 3, p. 20.

17. C. Marx y F. Engels: *Manifiesto del Partido Comunista, Obras escogidas en tres tomos*, cit. en nota 12, t. I, p. 115.

18. Cf. Eduardo Galeano: *Las venas abiertas de América Latina*, La Habana, 1971; Walter Rodney: *How Europe underdeveloped Africa*, Dar es Salaam, 1972.

19. Fernando Ortiz: ob. cit. en nota 5, p. 41.

20. Paul Baran y Paul M. Sweezy: *Capital monopolístico. Un ensayo sobre la estructura socioeconómica norteamericana*, México, 1968, pp. 199-200.

21. Fernando Henriques: *Children of Caliban. Miscegenation*, Londres, 1974, p. 21. Cf. en este libro comentarios a la legislación racista en los Estados Unidos, «bastión de la pureza racial» (pp. 25-40), que el autor solo encuentra comparable a la de la Alemania de Hitler (p. 38).

22. Cf. Gordon Childe: *Man Makes Himself* [1936], Nueva York, 1952, p. 9. (Edición de la que cito.) Curiosamente, este libro ha sido publicado en español con el título discutible *Los orígenes de la civilización*.

23. Fernando Ortiz: ob. cit. en nota 5, p. 176.

24. *Llegada de europeos a América*, insisto, y no «descubrimiento». Este continente solo fue verdaderamente descubierto por los hombres que lo poblaron en un principio. Falseando la verdad, según su frecuente costumbre, Occidente llamó a esos hombres «indios» (lo que no eran); y a la segunda llegada aquí de los europeos, la llamó «descubrimiento» (lo que tampoco era). Un libro reciente de Gwyn Jones, *The Norse Atlantic Saga* (Londres, 1964), que trata sobre el establecimiento de los vikingos en Islandia, Groenlandia y América, ha sido publicado en español con el título *El primer descubrimiento de América*, Barcelona 1965. Una falsedad no se corrige con otra, sino con la pura y simple verdad.

25. Utilizo, con una alteración, una frase del libro de Lewis Hanke: «primer y vasto encuentro de razas de los tiempos modernos» (ob. cit. en nota 9, p. 33). «Pueblos» me parece más apropiado que «razas».

26. Cf. Alejandro Lipschütz: *El problema racial en la conquista de América y el mestizaje*, Santiago de Chile, 1963; Lewis Hanke: ob. cit. en nota 9; Hugo Tolentino: *Raza e historia en Santo Domingo*, t. I. *Los orígenes del prejuicio racial en América*, Santo Domingo, 1974.

27. Cit. por Lewis Hanke en ob. cit. en nota 9, p. 42. Como se sabe, Las Casas no estuvo solo en su lucha. Por el contrario, incluso puede decirse que él no hizo sino continuar (y engrandecer) la valiente prédica de fray Antón Montesino,

cuyo memorable sermón del 14 de diciembre de 1511 tuviera tanta influencia en Las Casas: cf. *El anticolonialismo europeo. Desde Las Casas a Marx,* selección de Marcel Merle y Roberto Mesa, Madrid, 1972, pp. 58-59. Otro español, Alonso de Zorita, «veía rasgos admirables en el carácter indígena, señalaba que no todos eran iguales y hasta afirmaba que los españoles también se considerarían bárbaros si se emplearan para juzgarlos las mismas normas aplicadas a los indios»: Lewis Hanke: ob. cit. en nota 9, p. 89. Hay numerosos ejemplos más mencionados en el libro de Hanke.

28. Juan Ginés de Sepúlveda: *Demócrates segundo o De las justas causas de la guerra contra los indios,* edición crítica bilingüe, traducción castellana, introducción, notas e índices por Ángel Losada, Madrid, 1951. Losada traduce la palabra latina «civiles» como «civilizados», y así había hecho ya Menéndez y Pelayo.

29. Humberto Pérez: *El subdesarrollo y la vía del desarrollo,* 3a. ed. corregida, La Habana, 1975, pp. 56-57. (Énfasis de R.F.R.)

30. Ob. cit. en nota 28, p. 33. El traductor, gran admirador de Sepúlveda (cuyo mayor título de gloria, para Losada, es haber sido «defensor del Imperio español», p. IX), observa que la última frase aparece en el manuscrito original de la obra, y no en otros (p. 33, n.): observación irrelevante para quien quiera apreciar debidamente a Sepúlveda.

31. Cit. por Lipschütz en ob. cit. en nota 26, p. 76.

32. Sarmiento no pudo conocer el texto de Sepúlveda, que solo vino a publicarse en 1892; la cercanía entre sus posiciones no se debe, pues, a influencia de uno sobre otro, sino a la continuidad y el desarrollo de una posición similar.

33. Cito por la ed. de Buenos Aires (Jackson), 1945, publicada con el título, hoy habitual, de *Facundo.* Como se sabe, el título original fue *Civilización y barbarie,* y a él seguiré refiriéndome. (Énfasis de R.F.R.)

34. Noël Salomon: *Juárez en la conciencia francesa, 1861-1867,* México, 1975, p. 86.

35. Tzvetan Todorov: *Nous et les autres. La réflexion française sur la diversité humaine,* París, 1989, pp. 222 y 422.

36. Varios: *Panorama histórico de América Latina hasta 1918* [1942], La Habana, 1966, pp. 104-105. La interpretación de la tarea del doctor Francia ha vuelto a cobrar actualidad con la publicación de la novela de Augusto Roa Bastos *Yo el Supremo* (México, 1974). Cf. Sergio Guerra Vilaboy: *Paraguay: de la independencia a la dominación imperialista 1811-1870,* La Habana, 1984, pp. 33-92.

37. Domingo F. Sarmiento: *Conflicto y armonías de las razas en América,* con una exposición de sus ideas sociológicas por José Ingenieros, Buenos Aires, 1915. Esta es la edición de la que cito. (Énfasis de R.F.R.)

38. *Prehistoria,* comp. por M.J. Alimen y M.J. Steve, trad. de varios, Madrid, 1970, p. 313.

39. Laurette Séjourné: *América Latina I. Antiguas culturas precolombinas,* traducción de Josefina Oliva de Coll, Madrid, 1971, p. 85.

40. Sarmiento: *Obras*, XXXVII, p. 195. Cit. por Jaime Alazraki: «El indigenismo de Martí y el antindigenismo de Sarmiento», *Cuadernos Americanos*, mayo-junio de 1965, p. 143.

41. Cit. por Darcy Ribeiro en *Las Américas y la civilización*. *Proceso de formación y causas del desarrollo desigual de los pueblos americanos*, trad. de R. Pi, 2a. ed. revisada y ampliada, Buenos Aires, 1972, p. 468. En las líneas que siguen de inmediato, me valgo de algunas ideas expuestas allí por D.R.

42. En «El pensamiento vivo de Domingo Faustino Sarmiento» (*El pensamiento vivo de Sarmiento*, Buenos Aires, 1941), Ricardo Rojas dice con razón que «no acertó Sarmiento en la primera versión de su mensaje [*Civilización...*], cuando condenó al gaucho y atribuyó a los campos la barbarie, ni acertó en la segunda [*Conflicto...*] cuando condenó al indio y a la raza española [sic] que constituían nuestra realidad histórica» (p. 21); pero Rojas yerra cuando escribe que «sus discípulos, interpretándolo erróneamente, creyeron que para civilizarnos bastaban los trasplantes materiales de la inmigración y la riqueza» (p. 15). Los que Rojas llama «sus discípulos» no hicieron sino continuar la obra de Sarmiento, quien había propugnado cosas como esta: «Muchas dificultades ha de presentar la ocupación de país tan extenso; pero nada ha de ser comparable con las ventajas de la extinción de las tribus salvajes o conservarlas tan debilitadas que dejen de ser un peligro social». (Cit. en el libro mencionado en nota 41, pp. 143-144.) Esto último se corresponde con el propósito de las «reservaciones» norteamericanas y los «bantustanes» sudafricanos.

43. Cit. por Darcy Ribeiro en ob. cit. en nota 41.

44. Jacques Arnault: *Historia del colonialismo*, trad. de Raúl Sciarreta, Buenos Aires, 1960, p. 12. Arnault sigue diciendo: «Se pensaba que Jules Ferry, que hacía tanto bien en París (la enseñanza), no podía proceder mal en Tonkín (las colonias). Sin embargo, la enseñanza pública y las empresas coloniales fueron dos aspectos de una misma necesidad» (ibíd.). Para sarmientistas y mitristas en un continente, y *Afrikaaners* en otro, «París» y «Tonkín» se encuentran en el mismo territorio, pero referidos a comunidades distintas: la de los «blancos», «civilizados», y la de los hombres «de color», «bárbaros».

45. Bien vio este punto Sarmiento, al escribir que «en Venezuela y la República Argentina los llaneros y los montoneros han ejercido suprema influencia en las guerras civiles, habilitando [¿habituando?] a las antiguas razas a mezclarse y refundirse, ejerciendo, como masas populares de a caballo, la más violenta acción contra la civilización colonial y las situaciones de origen europeo». (*Conflicto...*, p. 373).

46. José Martí: «Discurso pronunciado [...] el 19 de diciembre de 1889» («Madre América»), *O.C.*, VI, 134.

47. Cf. el libro de Noël Salomon citado en la nota 34, al que remiten las líneas que siguen de inmediato.

48. R.F.R.: «Nuestra América y Occidente», en este mismo libro. Me valgo en las líneas que siguen de algunas citas provenientes de ese trabajo.

49. José Martí: «Nuestra América», *O.C.*, VI, 22. (Énfasis de R.F.R.)

50. Cf. Fernando Ortiz: «En conclusión sea dicho, no hay razas humanas», ob. cit. en nota 5, p. 176.

51. Cit. por Federico Engels: *Anti–Dühring. La subversión de la ciencia por el señor Dühring*, La Habana, 1963, pp. 316–317.

52. Maurice Godelier: *Las sociedades primitivas y el nacimiento de la sociedad de clases según Marx y Engels. Un balance crítico*, trad. de M. Arrubla y J.O. Melo, Bogotá, 2a. ed. 1976, p. 15. La evidente evolución que experimentaron los fundadores del materialismo dialéctico e histórico a propósito del problema nacional y colonial, puede apreciarse también en *Materiales para la historia de América Latina*, selección de textos de Marx y Engels, preparada y traducida del alemán, con notas y advertencias, por Pedro Scaron, México, 3a. ed., 1975. Cf. también José Aricó: *Marx y América Latina* [1980], 3a. ed., Buenos Aires, 1988.

53. V.I. Lenin: «Nuestra Revolución. (A propósito de las notas de N. Sujánov)», *O.C.*, XXXIII, 439.

54. Cf. la recia polémica de Lenin contra los populistas rusos contemporáneos suyos; por ejemplo: «Para una caracterización del romanticismo económico. (Sismondi y nuestros sismondistas nacionales)», *O.C.*, II.

55. Cf. una selección de materiales de Lenin sobre este punto, central en su obra, en *La lucha de los pueblos de las colonias y países dependientes contra el imperialismo*, Moscú, s.f. El tema ha sido admirablemente tratado por Carlos Rafael Rodríguez en «Lenin y la cuestión colonial», *Casa de las Américas*, no. 59, marzo–abril de 1970.

56. Cf. Paulette Marquer: «L'etnographie», *Encyclopédie de La Pléiade. Histoire de la Science*, volumen publicado bajo la dirección de Maurice Daumas, París, 1957.

57. Gordon Childe: *La evolución de la sociedad*, trad. de María R. de Madariaga, La Habana, 1970, p. 13.

58. J. Grigulevich: «¿Cuál es el futuro de la antropología social?», *Casa de las Américas*, no. 94, enero–febrero de 1976. Grigulevich observa allí: «La ciencia etnográfica no tuvo suerte con el nombre [...] En los Estados Unidos arraigó el término de "antropología cultural"; en Inglaterra, el de "antropología social"» (p. 51).

59. Lewis Henry Morgan: *Ancient Society or Researches in the Lines of Human Progress from Savagery through Barbarism to Civilization* [1877], editado con una introducción y anotaciones por Eleanor Burke Leacock, Gloucester, Mass., 1963. Citaré de la traducción, *La sociedad antigua*, publicada en La Habana en 1966.

60. «En América, Morgan descubrió de nuevo, y a su modo, la teoría materialista de la historia, descubierta por Marx cuarenta [sic] años antes, y guiándose de ella, llegó, al contraponer la barbarie y la civilización, a los mismos resultados esenciales que Marx». F. Engels: *El origen...*, citado en nota 11, p. 3.

61. F. Engels: ob. cit. en nota 11, p. 17.

62. José Martí: «La historia del hombre contada por sus casas», *La Edad de Oro*, O.C., XVIII, 357.

63. Gordon Childe considera entre «las primeras sociedades civilizadas en el Viejo y el Nuevo Mundos» a los mayas, junto a los egipcios y sumerios (ob. cit. en nota 57, p. 42), aunque no ignora que «el arado era desconocido por los mayas civilizados, que no poseían además, en absoluto, animales domésticos» (p. 215). Un nutrido resumen de los comentarios (acertados y no) que ha merecido el libro de Morgan, al menos hasta hace unas tres décadas, se encuentra en las «Introducciones» con que E.B. Leacock enriqueció su edición, citada en la nota 59. A pesar de rectificaciones de variado tipo, inevitables en un texto aparecido hace más de un siglo, la obra de Morgan sigue conservando enorme interés: contra esto no han podido nada los ataques —ni los silencios— de los ideólogos burgueses. Ya Engels señaló cómo «"los maestros de la ciencia prehistórica" en Inglaterra procedieron con el *Ancient Society* de Morgan del mismo modo que se comportaron con *El capital* de Marx los economistas gremiales de Alemania, que estuvieron durante largos años plagiando a Marx con tanto celo como empeño en silenciarlo»: F. Engels: *El origen...*, cit. en nota 11, p. 3. El desvergonzado uso de la tarea de los «etnógrafos» o «antropólogos sociales» enviados por gobiernos, fundaciones, etc., de las metrópolis capitalistas «civilizadas», a hurgar en las peculiaridades del mundo colonial o semicolonial, «bárbaro», para facilitar su explotación, fue valientemente denunciado en años relativamente recientes por varios de esos mismos etnógrafos o antropólogos: cf. «Antropologie et impérialisme», *Les Temps Modernes*, no. 293-294, diciembre-enero, 1970-1971, y no. 299-300, junio-julio de 1971; y *Anthropologie et imperialisme*, textos escogidos y presentados por Jean Copans, París, 1975. La esclarecedora polémica fue desencadenada por la antropóloga estadunidense K. Gough en su artículo «New Proposals for Anthropologists», *Current Anthropology*, 1968, vol. 9, no. 5. Cf. también un comentario a esta polémica en el artículo de Grigulevich citado en la nota 58. Frente a esta crisis de los antropólogos que —concientemente o no— son herederos de los «ninguneadores» de Morgan en el mundo capitalista desarrollado, es interesante leer en un estudioso africano contemporáneo cosas como esta: «Nuestra comprensión del tribalismo debe sorprendentemente poco al voluminoso trabajo de los "antropólogos" británicos, norteamericanos y sudafricanos de las diversas escuelas [...] Salvo raras excepciones, la finalidad y las conclusiones de tales obras han sido y siguen siendo consejos y contribuciones a la política [..] de "dominio indirecto" del imperialismo por medio de la "autoridad nati-

va". Infinitamente más útiles son las obras del siglo XIX de Lewis H. Morgan, la interpretación hecha por Engels de su análisis de la esclavitud y la barbarie, y la atención dedicada a su importancia por Karl Marx». Hoser Jaffe: *Del tribalismo al socialismo*, trad. de Stella Mastrangelo, México, 1976, p. 28.

64. J.A. Maravall: trabajo citado en la nota 14.

65. Maurice Crouzet: «Prefacio general» a la *Historia general de las civilizaciones*, vol. I, *Oriente y Grecia antigua*, trad. de E.R.P., Barcelona, 1963, p. 20. Cf. sobre el tema, de Fernand Braudel: «L'histoire des civilisations: le passé explique le présent», *Écrits sur l'histoire*, París, 1969. En «L'ethnographie», cit. en la nota 56, se dice que «[l]a etnografía tiene por objeto el estudio comparativo de las civilizaciones humanas» (p. [1435]).

66. Cf. *Cultura, ideología y sociedad*, antología de estudios marxistas sobre la cultura, selección, presentación y traducción de Desiderio Navarro, La Habana, 1975.

67. Oswald Spengler: *La decadencia de Occidente. Bosquejo de una morfología de la historia universal*, trad. de Manuel G. Morente, Buenos Aires, 1952, t. I, p. 69.

68. Nikolái I. Konrad: «Carta de respuesta a Arnold Toynbee. (La cultura y la historia)», ob. cit. en nota 66, p. 138.

69. Gordon Childe: ob. cit. en nota 57, p. 51.

70. Sarmiento: *Facundo*, cit. en nota 33, p. 50.

71. Gabino Barreda: «Oración cívica…» [1867], *Estudios*, selección y prólogo de José Fuentes Mares, México, 1941, p. 95.

72. F. Engels: *El origen…*, cit. en nota 11, p. 155.

73. I. S. Kon: *El idealismo filosófico y la crisis en el pensamiento histórico*, trad. de Patricio Canto, La Habana, 1964, p. 49. Es interesante recordar lo que opinaba Lenin sobre Spengler:

> La vieja Europa burguesa e imperialista, que se había acostumbrado a considerarse el ombligo del mundo, se llenó de pus y reventó en la primera matanza imperialista como un absceso hediondo. Por mucho que gimoteen con este motivo los Spengler y todos los pequeñoburgueses instruidos capaces de admirarse (o por lo menos de ocuparse) de él, este decaimiento de la vieja Europa no es más que un episodio en la historia del decaimiento de la burguesía mundial, atiborrada con la rapiña imperialista y la opresión de la mayoría de la población de la tierra [«En el décimo aniversario de *Pravda*», ob. cit. en nota 54, p. 204].

74. Arnold Toynbee: ob. cit. en nota 10, p. 178.

75. «Barbarie» significa también, en castellano, una gran cantidad: por ejemplo: «una barbaridad de gente»; e incluso, por antífrasis, es término meliorativo: «una cosa bárbara» puede significar algo muy bueno. Me gustaría conocer más sobre el origen de Bárbaro, Bárbara, como nombres propios. Sé que había en el santoral católico una «Santa Bárbara» que, según un

diccionario antiguo, fue una «virgen y mártir que murió en el año 235 en Nicomedia o en el 306 en Heliópolis de Egipto», y es «Patrona de los artilleros»: en la religión sincrética cubana llamada santería, corresponde a Changó. Ignoro qué relación guarda con «barbarie». En todo caso, no conozco a nadie llamado Civilizado ni Civilizada, ni sé de ninguna Santa Civilizada.

76. Federico Engels: *Anti–Dühring*, cit. en la nota 51, p. 221. (Énfasis de R.F.R.)

77. Carlos Marx: «Futuros resultados de la dominación británica en la India», C.M. y F. Engels: *Acerca del colonialismo*, Moscú, s.f., p. 86. (Énfasis de R.F.R.)

78. V.I. Lenin: «Declaración de los derechos del pueblo trabajador y explotado», *O.C.*, XXVI, 406. (Énfasis de R.F.R.)

79. Cit. por Galo Gómez en «La situación educacional en Chile. (Carta a la UNESCO, octubre 1976)», publicado por el Comité Chileno de Solidaridad. *Anexos*, Boletín 103, Documento no. 99, p. 4, La Habana, s.f. (mimeografiado).

80. Cit. por Jacob Burkhardt, en ob. cit. en nota 6, p. 176.

81. Miguel de Montaigne: «De los caníbales», *Ensayos*, trad. de Constantino Román y Salamero, t. I, Buenos Aires, 1948, p. 248.

82. Engels advirtió cómo «en Rousseau nos encontramos [...] ya, no sólo con un proceso de ideas idénticas como dos gotas de agua a las que se desarrollan en *El capital* de Marx, sino además, en detalle, con toda una serie de los mismos giros dialécticos que Marx emplea»: *Anti–Dühring*, cit. en nota 51, p. 170. Cf. también Galvano Della Volpe: *Rousseau y Marx y otros ensayos de crítica materialista*, trad. de Roberto V. Raschella, Buenos Aires, 1963.

83. José Martí: «Mi raza» [1893], *O.C.*, II, 298.

84. Carlos Marx: «Prólogo» a *Contribución a la crítica de la Economía Política*, La Habana, 1975, p. 11.

85. Carlos Marx: Décima «Tesis sobre Feuerbach», C.M. y F. Engels: *Obras escogidas...*, cit. en nota 12, t. I, p. 9.

86. José Martí: «El poeta Walt Whitman» [1887], *O.C.*, XIII, 135.

Pensamiento de nuestra América: autorreflexiones y propuestas

1. Los títulos de los libros que no están traducidos al español aparecen en sus lenguas originales. Las ciudades y las fechas mencionadas a continuación de los títulos (incluso de los que están en español) se refieren a la primera edición.

2. Las traducciones de esta cita y de las demás son mías.

De Drácula, Occidente, América y otras invenciones

1. Bram Stoker: *Dracula* [...], ed. por Nina Auerbach y David J. Skal, A Norton Critical Edition, Nueva York y Londres, 1997, p. 9.

2. *Antología de la literatura fantástica*, Buenos Aires, 1940, p. 14.

3. Garcilaso de la Vega: *Obras completas con comentarios*, edición crítica de Elías L. Rivers, Madrid, 1974, p. 186.

4. José Juan Arrom: «Estudio preliminar» a la primera edición de la obra de Pérez de Oliva, Bogotá, 1965, p. 23. Es lástima que no se tome en consideración a Pérez de Oliva en el libro de Mauricio Bechot *La querella de la conquista en el siglo XVI*, México, 1992.

5. *The invention of Ethnicity*, ed. por Werner Sollors, Nueva York, 1991, p. [IX]-X.

6. Cf. Fernando Ortiz: *El engaño de las razas*, La Habana, 1946, *passim*; Paul Baran y Paul M. Sweezy: *Capital monopolístico. Un ensayo sobre la estructura socioeconómica norteamericana*, La Habana, 1969, pp. 199-200.

7. Cf. Edmond Pognon: *L'An Mille...*, París, 1947 (E. P. fue el editor) y *La vie quotidienne en l'An Mille* (París, 1981); y *L'An Mil*, presentado por Georges Duby, París, 1980.

8. Pierre Chaunu: *L'expansion européenne du XIIIe siècle au XVe siècle*, París, 1969.

9. Noam Chomsky: *Year 501. The Conquest Continues*, Londres, Nueva York, 1993.

10. Immanuel Wallerstein: *The Modern World-System. Capitalist Agriculture and the Origins of the European World-Economy in the Sixteenth Century*, Nueva York, 1974.

11. Karl Marx: *El capital*, tomo I, vol. 3, Libro primero. *El proceso de producción del capital*, trad., advertencia y notas de Pedro Scaron, México, 1975, pp. 894-895, nota, y 939.

12. José Carlos Mariátegui: *Siete ensayos de interpretación de la realidad peruana* [1928], La Habana, 1963, p. 5.

13. Leopoldo Zea: *América en la historia*, México, 1957, p. 80.

14. John Elson: «The Millennium of Discovery. How Europe emerged from the Dark Ages and developed a civilization that came to dominate the entire World», *Time. Special Issue. Beyond the Year 2000. What to expect in the new Millennium*, Octubre, 1992, p. 18.

15. Roberto Fernández Retamar: «Ensayo de otro mundo», *Ensayo de otro mundo*, La Habana, 1967, p. 14.

16. Darcy Ribeiro: *Las Américas y la civilización. Proceso de formación y causas del desarrollo desigual de los pueblos americanos* [1969], trad. de Renzo Pi Hugarte, 2a. ed. revisada y ampliada, Buenos Aires, 1972, esp. pp. 401-489.

17. Cf. la entrevista que María Esther Gilio le hiciera a Chomsky y apareció, con el título «Estados Unidos: de la libertad al conformismo fascista», en *Brecha* el 29 de junio de 1990.

18. Ernesto Che Guevara: «Discurso en Argel», *Obras 1957-1967*, tomo II, La Habana, 1970, esp. pp. 578 y 579.

19. Clive Leatherdale: *Dracula. The Novel and the Legend. A Story of Bram Stoker's Gothic Masterpiece*, Wellingsborough, Northamptonshire, 2a. ed., 1986, pp. 219-222. Cf. en *Dracula*, cit. en nota 1, otros enfoques como los de Franco Moretti «[A Capital *Drácula*]» y Stephen D. Arata «The Occidental Tourist: *Dracula* and the Anxiety of Reverse Colonization».

20. Cf. Eric J. Hobsbawm: *The Age of Extremes. The Short Twentieth Century, 1914-1991*, Londres, 1994.

21. Karl Marx: *El capital...*, t. 1, vol. 1, 4a. ed. en español, 1976, cit. en la nota 11, p. 8.

22. Cf. por ejemplo la proclamación firmada por J.J. Dessalines el primero de enero de 1804, en el violento panfleto de Boisrond Tonnerre *Memoires pour servir à l'histoire d'Haiti* [1804], Puerto Príncipe, 1991, p. 28.

23. C. Marx y F. Engels: *Acerca del colonialismo*, Moscú, s. f., pp. 86 y 38-39.

24. Aijaz Ahmad: «Marx on India: A Clarification», *In Theory, Classes, Nations, Literature*, Londres, Nueva York, 1992.

25. Cf. Leonard Thomson: *A History of South Africa*, ed. revisada, New Haven y Londres, 1995.

26. Jean Christophe Rufin: *L'empire et les nouveaux barbares*, París, 1991, p. 149.

27. Ignacio Ramonet: «L'empire americain», *Le Monde Diplomatique*, febrero de 1997, p. 1.

28. Jeffrey E. Garten: *A Cold Peace. America, Japan, Germany, and the Struggle for Supremacy*, Nueva York; Lester Thurow: *Head to Head. The Coming Economic Battle Among Japan, Europe, and America*, Nueva York, 1992.

29. Cit. por Walter D. Mignolo en «Herencias coloniales y teorías postcoloniales», *Cultura y tercer mundo*, tomo I, comp. por Beatriz González Stephan, Caracas, 1996, p. 125.

II.
Fanon y la América Latina

1. Frantz Fanon: *Los condenados de la tierra*, prefacio de Jean-Paul Sartre, traducción de Julieta Campos, Ediciones Venceremos, La Habana, 1965.

2. De esta generación ha escrito el propio Fanon: «Cada generación, dentro de una relativa opacidad, tiene que descubrir su misión, cumplirla o traicionarla. En los países subdesarrollados, las generaciones anteriores

han resistido la labor de erosión realizada por el colonialismo, y al mismo tiempo han preparado la maduración de las luchas actuales. Hay que abandonar la costumbre, ahora que estamos en el corazón del combate, de reducir al mínimo la acción de nuestros padres o fingir incomprensión frente a su silencio o su pasividad. Ellos lucharon como pudieron, con las armas que poseían entonces, y si los ecos de su lucha no repercutieron en la arena internacional, hay que ver la razón menos en la falta de heroísmo que en una situación internacional fundamentalmente diferente [...] // Nuestra misión histórica, para nosotros que hemos tomado la decisión de romper las riendas del colonialismo, es ordenar todas las rebeldías, todos los actos desesperados, todas las tentativas abortadas y ahogadas en sangre». (*Los condenados...*, pp. 190-191).

3. Frantz Fanon: *Peau noire, masques blancs*, París, Editions du Seuil, 1952.

4. Este texto fue escrito a mediados de 1965, cuando se ignoraba aún que el Che Guevara había salido de Cuba. La carta suya dirigida a Fidel Castro que este haría pública el 3 de octubre de ese año, ratifica dramáticamente lo que dije en aquellas líneas. Por otra parte, el parentesco entre Fanon y el Che Guevara es considerable. No es extraño que *Los condenados de la tierra* se publicara en Cuba a sugerencia del Che. La cercanía de estos dos hombres abarca incluso aspectos profesionales: Fanon fue médico siquiatra, y el Che es médico, y se sintió atraído a la medicina, según me dijo, por las obras de Freud. Fanon adquirió una sólida formación cultural en Francia, y el Che, aunque más autodidacta, es buen conocedor de literaturas hispánicas y francesas, y versado en varias disciplinas científicas. Ha escrito versos, y escribe una excelente prosa. Pero ambos descubrieron la imposibilidad de aplicar mecánicamente formas europeas para interpretar y expresar a nuestros países, exaltaron la violencia y defendieron la dolorosa especificidad de nuestro mundo. Para ello los ayudó el desplazamiento físico más allá de sus fronteras nacionales, la certidumbre de pertenecer a una vasta comunidad de desheredados. Si Fanon va a identificarse con un país africano que le permitirá comprender al Tercer Mundo en su conjunto, el Che Guevara, después de desempeñar una tarea de primer orden en la revolución latinoamericana, será impresionado vivamente por África, antes de partir hacia «otras tierras del mundo». Más completo aún que el martiniqueño, el argentino, uno de los hombres más conmovedores y ejemplares de este siglo, ha podido estar, en la acción, a la altura de su pensamiento, y todavía nos reserva sorpresas y lecciones. (Nota de agosto de 1966.)

5. Véase una cálida evocación de los últimos días de Fanon, y en general de varios contactos con él, en el último tomo de las memorias de Simone de Beauvoir: *La force des choses*, París, Gallimard, 1963, pp. 619-624, 633-635.

6. Es interesante confrontar esta con su intervención en el Primer Congreso, París, 1956, que ha sido publicada con el nombre «Racismo y cultura» en su libro póstumo *Pour la révolution africaine (écrits politiques)*, París, Maspero,

1964. Este libro, que contiene varios trabajos suyos escritos durante la guerra argelina y publicados la mayor parte en periódicos, es un importante complemento de *Los condenados...* (Hay edición cubana. Nota de 1967.)

Martínez Estrada: razón de homenaje

1. Rubén Darío: «Unamuno, poeta», prólogo a Miguel de Unamuno: *Teresa*, Madrid, 1923, p. 5.

2. Jorge Luis Borges: «Prólogo» a la *Antología poética argentina*, compilada por J.L.B., Silvina Ocampo y Adolfo Bioy Casares, Buenos Aires, 1941, p. 7.

3. Ezequiel Martínez Estrada: *El hermano Quiroga*, Montevideo, 1957, p. 8. Este libro es de la mayor importancia para conocer al propio Martínez Estrada, por lo que de él mismo nos dice allí. En relación con el cambio de su «orientación literaria», ha escrito también: «Él [Quiroga] me inició en la lectura de obras desagradables, que había considerado yo de menor cuantía fuera de los cánones del gran estilo, y extinguió en mí la lámpara mortecina de la poesía» (p. 70).

4. Ezequiel Martínez Estrada: «Prólogo inútil», en *Antología*, México, 1964. Se reproduce en *Casa de las Américas*, no. 33.

5. Enrique Anderson Imbert: *Historia de la literatura hispanoamericana*, II, Época contemporánea, México, 4a. ed., 1964, p. 141.

6. Jorge Luis Borges: *El tamaño de mi esperanza*, Buenos Aires, 1926, p. 8.

7. Ibídem, p. 5.

8. Jorge Luis Borges: «El escritor argentino y la tradición», *Sur*, no. 232, enero y febrero de 1955, p. 7.

9. Manuel Pedro González: «Proceso y sentencia en la historia argentina», *Estudios sobre literatura hispanoamericana. Glosas y semblanzas*, México, 1951, p. 76.

10. Ibídem, p. 103.

11. León Rozitchner: *Persona, cultura y subdesarrollo*, Buenos Aires, 1961.

12. David Viñas: *Literatura argentina y realidad política*, Buenos Aires, 1964, p. 3.

13. Juan Carlos Portantiero: *Realismo y realidad en la narrativa argentina*, Buenos Aires, 1961, p. 85.

14. Ibídem, p. 91.

15. Una parte de las cartas que me enviara fue publicada en «Para un epistolario cubano de don Ezequiel Martínez Estrada», *Islas*, vol. VII, no. 2, julio–septiembre, 1963. He preferido posponer la publicación de otras cartas, en gran medida por las alusiones que conllevan para personas a quienes, a menudo, don Ezequiel quería bien. Incidentes desdichados, como uno ocurrido a un amigo, lo sacaban de sus casillas. Pero aun sin tales

incidentes, solía emplear, al final de su vida, un lenguaje áspero. Con razón —y a veces sin ella— se quejaba de no recibir cartas, de recibirlas como no querría, de olvidos. De esas cartas publicaré, pues, las líneas que interesan a este trabajo.

Desde el Martí de Ezequiel Martínez Estrada

1. Con el título «Martínez Estrada: razón de homenaje», se recoge en este libro, p. 229.

Reyes desde otra revolución

1. Véase una apasionante visión cubana de estos sucesos, de quien era entonces embajador de Cuba en México, Manuel Márquez Sterling, en su libro de 1917 *Los últimos días del presidente Madero* (nueva edición [La Habana, 1960]).

Releyendo el undécimo tomo

1. Stephen W. Hawking: *A Brief History of Time*, Nueva York, 1988.

2. Roberto Fernández Retamar: «En torno a la obra poética de Alfonso Reyes», *Orígenes*, no. 34, 1953.

3. Roberto Fernández Retamar: *Para una teoría de la literatura hispanoamericana*, *passim*, cuya primera edición completa la hizo en Bogotá, en 1995, el Instituto Caro y Cuervo. (Nota revisada en 1999.)

4. «Avisos», *Nueva Revista Cubana*, no. 2, 1960, pp. 214-215. Apareció sin firma.

5. Ese prólogo se recoge en este libro con el título «Reyes desde otra revolución», p. 269.

6. Me refiero a «De Reyes y vasallos» y «Unas líneas sobre Reyes», que me fueron solicitados, respectivamente, para la *Revista Mexicana de Cultura*, suplemento del periódico *El Nacional*, y *La Gaceta de Cuba*, mayo de 1989. Fundí y amplié esos artículos en «De Reyes y vasallos», incluido en mi libro *Recuerdo a*, La Habana, 1998. Cf. también «Alfonso Reyes–Roberto Fernández Retamar: Correspondencia (1951–1959)», *Revista de la Biblioteca Nacional José Martí*, año 91/Cuarta Época, enero–junio 2000, no. 1-2. Nota ampliada en 2002.

7. Básteme citar *Caliban* (México, 1971, y numerosas ediciones posteriores).

8. *El deslinde* [1944], en Alfonso Reyes: *Obras completas*, t. XV, p. 255.

9. Alfonso Reyes: *Anecdotario*, prólogo de Alicia Reyes, México, 1968, p. 108.

10. En la «Noticia» de *No hay lugar...* se dice que «las [notas] número 1, 2, 3, 4 y 5 se enviaron a la revista habanera *Bohemia* entre noviembre de 1955 y febrero de 1956, aunque nunca fue posible saber si todas se habían publicado» (p. 336). He revisado y hecho revisar todos los números de *Bohemia* publicados entre esas fechas, sin encontrar una sola colaboración de Reyes.

11. Me refiero a «Orgullo de ser cubanos», que apareció en el periódico *Revolución*, La Habana, el 8 de enero de 1959, y recogí luego en mi libro *Papelería*, Universidad Central de las Villas, 1962.

12. Pedro Henríquez Ureña: «La utopía de América» (1922), en *Ensayos en busca de nuestra expresión*, prólogos de Alfonso Reyes y Ezequiel Martínez Estrada, Buenos Aires, 1952, pp. 23 y 26.

13. Jorge Mañach: «In Praise of the Other America», *The New York Times Book Review*, 22 de octubre de 1950.

14. Ezequiel Martínez Estrada: «Homenaje a Alfonso Reyes», *Cuadernos Americanos*, no. 2, 1960, pp. 21–22.

ROBERTO FERNÁNDEZ RETAMAR (La Habana, 1930), poeta, ensayista y profesor universitario, realizó estudios de humanidades en las Universidades de La Habana, París y Londres. Es Doctor en Ciencias Filológicas e Investigador Titular de su país, Profesor Honorario de la Universidad de San Marcos (Lima) y Doctor Honoris Causa de las Universidades de Sofía y Buenos Aires. Desde 1955, ha sido profesor de la Universidad de La Habana, que en 1995 lo nombró Profesor Emérito. Fue colaborador desde 1951 de la revista *Orígenes*, director de la *Nueva Revista Cubana* (1959-1960), consejero cultural de Cuba en París (1960) y secretario de la Unión de Escritores y Artistas de Cuba (1961-1964), donde codirigió de 1962 a 1964 la revista *Unión*. Fundó en 1977 y dirigió hasta 1986 el Centro de Estudios Martianos y su *Anuario*. Desde 1986 es presidente de la Casa de las Américas, institución cultural cuya revista homónima dirige a partir de 1965. Fue electo en 2008 Director de la Academia Cubana de la Lengua, de la cual forma parte desde 1995.

En su obra se distinguen los poemarios *Patrias*, Premio Nacional de Poesía en 1952, *Alabanzas, conversaciones* (1955), *Vuelta de la antigua esperanza* (1959), *Historia antigua* (1964), *Que veremos arder* (1970), *Cuaderno paralelo* (1973), *Circunstancia de poesía* (1974), *Juana y otros poemas personales* (1981), *Hacia la nueva* (1989), *Aquí* (1995), además de numerosas antologías. Entre sus libros de ensayo se destacan *Papelería* (1962), *Ensayo de otro mundo* (1967), *Caliban* (1971), *El son de vuelo popular* (1972), *Para una teoría de la literatura hispanoamericana* (1975), *Introducción a José Martí* (1978), *Algunos usos de civilización y barbarie* (1989), *La poesía, reino autónomo* (2000), *Concierto para la mano izquierda* (2001), *Cuba defendida* (2004) y *Pensamiento de nuestra América* (2006).

www.ingramcontent.com/pod-product-compliance
Lightning Source LLC
Chambersburg PA
CBHW021106270326
41929CB00009B/757